누워서 읽는 마케팅

김광희 저

내하출판사

누워서 읽는 마케팅

대한민국에서 가장 쉽고 유쾌한
마케팅 이야기!

김광희 저

MARKETING

들어가는 말

무례하지만 그래도 한 마디!
이 책을 집어든 그대, 과연 읽을 자격이 있을까?

누구건 간단히 집어 들거나 소유할 수 있을지언정, 아무나 읽을 수는 없는 책이 바로 "누워서 읽는 마케팅"이다.

"마케팅의 '마'자도 모르는 왕초보!"
"각종 수험생!"
"대학생 · 주부 · 직장인!"
"자칭 마케팅 전문가!"
"기업 대표 · 자영업 사장님!"
"평소 마케팅에 관심이 많은 사람!"
"시간이 남아 주체할 길 없는 사람!"

위 가운데 한 가지라도 해당된다면, 그대는 좁디좁은 바늘구멍을 통과한 셈이다. 즉, 이 책을 읽을 자격이 주어졌다. 참으로 행운아가 아닐 수 없다. (짝짝짝~)

필자는 십수 년에 걸쳐 경영학과 마케팅, 창의력을 공부해 오고 있으면서 관련 저서를 40여 권 출간했다. 운 좋게 그 가운데 몇 권은 해외로 수출되기도 했다. 그럼에도 필자의 마케팅 관련 지식은 여전히 갈 길이 멀다. 그저 필자를 마케팅이란 세계로 함께 여행하는 동료쯤으로 생각해 주면 좋겠다.

마케팅이라는 말을 접하고는 "전문 지식을 가진 담당자가 잘 알아서 하면 된다거나 자신과는 아무런 상관이 없다"고 생각하는 이들이 있을지 모른다. 허나 그건 큰 오해다.

왜냐하면 오늘날 마케팅이라는 존재는 결코 떼려야 뗄 수 없는 우리 삶의 일부이기 때문이다.

로버트 리프레이가 쓴 "믿거나 말거나"라는 책에는 이런 대목이 등장한다.

"고물상에 팔면 3천 원 받을 쇳덩이를 말발굽 창을 만들면 3만 원, 섬세한 바늘로 만들면 30만 원, 날카로운 면도날을 만들면 300만 원, 시계 스프링을 만들면 무려 3억 원이 된다."

단언한다. 여기에다 '마케팅 지식'까지 부가된다면, 3억 원을 넘어 300억 원, 나아가 3,000억 원의 부가가치도 창출될 수 있다. 이것이 바로 마케팅의 어마어마한 잠재력이다.

지금까지 상아탑의 마케팅 관련 전공학생이나 수험생을 대상으로 한 마케팅 교재는 이루 헤아릴 수 없을 만큼 다양하게 출간되어 왔다. 그럼에도 평소 마케팅과 관련된 분야를 접해보지 못한 사람이나 초보자를 대상으로 한 서적은 그리 많지 않았다. 무엇보다 마케팅 분야는 국내 실정이나 정서와는 거리가 먼 외국 번역서가 주류를 차지하고 있어 안타깝기 그지없다.

그러다보니 지나치게 원론적이거나 용어가 난해하여 때로는 오해와 혼란을 불러일으키기까지 한다. 또한 해외로의 막대한 로열티 지급은 물론 맹목적 지식사대주의 국가라는 불명예마저 안게 되었다.

미리 말하지만, 이 책은 철저히 초보를 위한 '마케팅 입문서'로 기획하였다. 그 제목에서 알 수 있듯 딱딱한 교재나 난해한 이론서가 아니라, 마케팅에 조금이라도 관심을 가진 독자라면 가장 기초적이고 동시에 필수 마케팅 지식을 단시간에 이해할 수 있도록 쓰였다. 더해 마케팅을 둘러싼 흥미로운 이야기와 사진, 그림 등을 이론과 함께 섞어 지루함은 반으로 줄이고 재미는 배로 늘렸다.

"논문 쓰듯 하지 말고, 스케치 하듯 보여줘!"

한 마디로 '말하지 말고 보여줘(Show, Don't tell.)'라는 요청이다. 하여 필자 스스로 평론가가 되어 상황을 말하거나 의미부여 하려는 시도는 자제했다. 저자는 자기 글을 객관화할 수 없다고 하는데, 최대한 관찰자의 입장에서 있는 그대로를 정확히 묘사해 독자들이 쉽게 이해하고 판단하게끔 책을 구성하려고 노력했다.

아무쪼록 필자의 책을 통해 마케팅이란 황홀한 세계를 접하고, 와우(wow) 하는 감탄과 함께 지식을 한 단계 업그레이드 시키는 기회로 삼길 바란다. 무엇보다 그런 지식을 일상과 수험, 비즈니스 등에서 적극 활용할 수 있게 된다면, 필자로서는 무한한 명예요, 행복이다.

끝으로 내하출판사 모홍숙 사장님의 배려와 관심 덕분에 책은 세상에 나올 수 있게 되었다. 모 사장님을 비롯해 편집부 박은성 실장님에게 심심한 감사를 드린다. 感謝.

2022년 8월
더위가 목 줄기를 휘감는 연구실에서
김 광 희

CONTENTS

PART 03
시장분석과 경쟁전략

INTRODUCTION TO MARKETING

마케팅의 기초

마케팅을 한 단어로 얘기하면?

마케팅의 다른 이름 '○○○'

나는 세상에서 가장 희소성을 띈 존재다. 못 믿겠다고? 우주는 지금으로부터 138억 년 전에 시작되었고, 지구도 46억 년이란 장구한 역사를 가졌다. 현재 80억에 달하는 지구인의 99.9%는 나를 포함해 태어난 지 100년이 채 못 된다. 그럼에도 내 외모와 체력, 지력, 창의력은 138억 년 역사 속에 존재했었던 그 어떤 생물과도 같지 않은 유일무이(唯一無二)한 존재다.

딱 한 단어로 말해봐!

"마케팅을 '딱 한 단어'로 말하면 뭐가 될까요?"

강의 첫 시간, 한 학생이 번쩍 손을 들더니 좀 당돌하게 물어왔다.

"으음, 딱 한 단어라…….."

지극히 근원적인 물음이자 꽤나 참신한 질문이다. 이에 필자는 "누가 답할 수 있는 사람?"하고 되받아 수강생에게로 질문을 돌렸다.

강의실에는 잠시 깊은 침묵이 흐른다. 이윽고 퍼스트 펭귄(first penguin)처럼 한 학생이 용기를 내 입을 떼자, 그 순간부터 봇물 터지듯 여기저기서 학생들이 손을 든다. 위 질문에 이 책을 대하고 있는 그대는 어떤 대답을 할 것인가?

퍼스트 펭귄에 해당하는 학생의 대답은 이랬다.

"4P"

근래 마케팅 관련 과목을 수강한 학생이 아닐까 하고 생각해본다. 4P란 제품(product), 가격(price), 유통(place), 판매촉진(promotion)을 가리킨다. 솔직히 마케팅을 공부한다는 것은 4P를 배우는 것이기도 하다. 마케팅 교과서를 펼쳐 보면 금방 납득한다. 4P는 다른 말로 마케팅 믹스(marketing mix)라고도 부른다.

이어 잽싸게 한 학생이 말을 이어받는다.

"판매"

일반인들이 가장 많이 오해하는 것 가운데 하나가 '마케팅 = 판매'라는 등식이다. 일찍이 마케팅이란 개념을 배운 적이 없으니 충분히 납득은 간다.

과거 이에 관해 촌철살인의 멘트를 날렸던 학자가 있었다. 마케팅의 신이라 불렸던 테오도르 레빗(Theodore Levitt) 하버드대학 교수가 주인공이다.

"마케팅과 판매의 차이는 생각 이상으로 크다. 판매는 판매자(생산자)의 욕구에 초점을 맞추고, 마케팅은 구매자(소비자)의 욕구에 초점을 맞춘다.(The difference between marketing and selling is more than semantic. Selling focuses on the needs of the seller, marketing on the needs of the buyer.)"

판매가 단순히 물건을 고객에게 파는 것에 한정된다면, 마케팅은 그와는 전혀 다른 고객에게 모든 무게중심이 놓여 있다는 설파다. 어쩌면 판매가 필요하지 않는 단계가 바로 마케팅이라는 얘기는 아닐까.

뒤이어 말문을 연 학생은 매우 감상적이다.

"고객농사"

흔히 농작물은 농부의 발자국 소리를 들으며 자란다고 한다. 농사는 농부와 농작물 사이에 존재하는 친밀한 교감과 지극 정성이 가장 중요함을 일컫는다. 마찬가지로 고객을 대하는 기업의 정성이 갸륵해야 비로소 풍년(기업의 이익실현)을 기약할 수 있다. 그런 고객을 둘러싼 농사가 바로 마케팅이라는 것이다. 끄덕끄덕, 무척 공감 가는 답변이다.

또 다른 학생은 이렇게 말했다.
"포지셔닝"
필시 어딘가에서 마케팅을 접해본 이력의 주인공이리라. 제법 전문적이고 깊이가 있는 단어를 선택하고 있는 때문이다. 참고로 포지셔닝(positioning)이란 소비자의 머릿속에 우리 제품(서비스)에 대한 바람직한 이미지(인식)를 뚜렷이 심어주는 것을 말한다. 소비자가 해당 제품에 긍정적인 인식을 지닌다면 충성도를 가짐으로써 반복구매로 이어진다.

그 외에도 '영업'이라거나 '홍보', '고객관리' 등이 나왔다. 다양한 학생들의 대답은, 마케팅 본연의 의미나 가치와 대척점에 있거나 크게 괴리가 있다고 보이지는 않는다. 하여 짝짝짝, 칭찬과 함께 큰 박수를 보냈다.

차별화, 차별화, 또 차별화!

안다, 마케팅을 한 단어로 축약해 표현하기란 결코 쉽지 않은 작업이다.

강의 첫 시간, 위 학생의 질문에 필자는 어떤 대답을 했을까? 실은 일말의 머뭇거림도 없었다.

"차별화(differentiation)"

오늘날 시장에는 수많은 제품과 서비스로 넘쳐나고 있다. 홍수처럼 쏟아지는 제품(서비스) 속에서 기업은 "제품을 고객에게 어떻게 알릴까" "경쟁상대를 어떻게 앞설까"를 하루에도 수 만 번 고민한다. 그러다 종국에 깨닫게 되는 것은 마케팅은 '차별화(差別化)' 이상도 이하도 아니라는 사실이다.

경쟁이 날로 다양화하고 치열해지는 오늘날, 마케팅은 제품이든 서비스든 '차별화'에다 많은 화력을 쏟아 부어야 한다. 그런 까닭에 차별화는 마케팅의 다른 이름이라 불러도 무방하다. 경쟁사 제품과 다른 점, 뛰어난 점, 우리만이 가진 기능 등을 부각해, 고객이 우리 제품(서비스)을 선택하도록 만들어야 마케팅은 성공한다.

유의해야 할 점은 악마를 욕하고 미워하다 어느 순간부터 자신도 악마로 돌변하는 것처럼, 경쟁사와 시장을 두고 치열하게 경쟁하다 자칫 경쟁사와 모든 것이 유사해지는 일이 벌어진다면 그건 최악이다. 차별화, 천천히 서둘러라.(Festina lente.) 어떤 누구도 생각하지 못한 엄청난 차별화를 떠올리면서.

평균 시대의 종언!

"경쟁자와 10%만 다르면 매출은 9배가 달라진다."

아마존 창업자 제프 베조스의 지적이다. 조금만 남들과 다르게 하고 고객가치를 창출하면 성공한다는 얘기다.

"남이 버리면 내가 취하고, 남이 취하면 내가 버린다.(人棄我取 人取我與)"

중국에서 '상업의 조사(祖師)'로 추앙받는 주나라 백규(白圭)의 말이다. 즉, 세상과 철저히 반대로 한 것이 부의 원천이라고 했다. 요지는 차별화다.

"남들과 차별화되는 구체적 사례를 통해 본인을 어필하세요."

기업의 인재개발팀은 자기소개서 작성 방법을 놓고 고민하는 구직자에게 매번 그렇게 충고한다. 면접관이 관심을 가질 만한 구직자의 차별화된 사례가 있어야 한다는 것이다.

그저 시키는 대로 성적 잘 받고, 스펙 잘 만들어 그럴듯한 대학 간판을 딴 사람보다, 창의력이나 공감 능력, 자발적 동기부여 같은 인공지능(AI)과 차별화된 능력을 가진 사람이 앞으로의 세상에서는 훨씬 경쟁력을 지닌다.

단언하거니와 너나 할 것 없이 학교에서 배운 것(간판)으로 평생 먹고 사는 '평균 시대'는 끝났다. 새로운 시작은 스스로가 이미 명확히 차별화된 존재임을 깨닫는데서 부터다. I am what I am.(나는 나다.)

생각해 보기!

1 마케팅을 '한 단어'로 정의하자면?

2 '차별화, 천천히 서둘러라'라는 말은 무슨 뜻일까?

3 '평균 시대의 종언'에 대해 설명해보자.

망하려면 똑같이 생각해라!

마케팅과 창의력의 관계

네모난 구멍에 둥근 막대 꽂기!

새까만 하프터틀넥 상의에다 유행 지난 헐렁한 청바지. 까칠함에다 반항아 기질 그리고 넘치는 자신감!

이는 모두 애플(Apple)의 창업자 스티브 잡스(Steve Jobs)를 일컫는다.

생전 그가 보여준 아이맥, 아이팟, 아이폰, 아이패드, 아이클라우드로 이어지는 애플의 '아이(i) 매직'과 그 혁신의 비결은 어디에서 발현되었을까?

당시 그가 전 세계의 주목을 받았던 이유는, 한 마디로 창의적 문제해결 능력과 아무도 시도해 본 적이 없는 혁신적인 제품을 개발해 내는 끝없는 도전정신에 있었다.

잡스는 경영자로서는 어떤 누구보다 파란만장한 삶을 살다간 인물 가운데 한 사람이다. 자신이 피땀 흘려 세운 애플에서 쫓겨난 특이한 이력의 소유자이며, 절치부심 끝에 11년 만에 다시 복귀한 후 창조와 혁신을 모티브로 시장에서 대성공을 거두면서 애플 신드롬을 낳았다. 말년에 췌장암과 싸우면서도 최고의 기술과 디자인을 갖춘 제품만을 고집한 그의 집념은 세계인을 감동의 도가니로 몰아넣었다.

여전히 우리 뇌리에 뚜렷이 각인되어 있는 광고 하나가 있다.

'Think different.'

이는 잡스가 애플에 복귀한 후 내건 캠페인의 카피다. 이 카피는 애플 뿐만 아니라 전 세계인의 스포트라이트를 받으면서 당시 광고업계에서는 하나의 분기점이라는 격찬까지 쏟아졌다. 여기에는 '사물에 대한 남다른 관점과 고정관념이 배제된 창의적 발상'을 하자는 심오한 의미가 담겨있다.

이 캠페인에는 세계를 전복(?)시키려 한 인물들이 등장한다. 아인슈타인에서 피카소, 존 레논과 오노 요코, 간디, 마틴 루터 킹, 무하마드 알리, 에디슨, 스티브 잡스에 이르기까지 세계적 유명 인사들이 광고 프로모션에 기용되면서 주목을 받았다.

그들의 면면을 살펴보면 하나의 공통점이 보인다. 인류사에 대단한 업적을 남겼다는 사실 이외에도 항상 남들과는 다른 자신만의 창의적 사고를 지녔다는 점이다.

그 캠페인에 이어 과히 혁명적이라 할 수 있는 누드 컴퓨터 아이맥 (iMac)을 세계 시장에 출시했다. 이를 통해 큼지막한 150미터짜리 장외 홈런포를 쏘아 올렸다.

잡스는 아이맥 개발 과정을 이렇게 설명했다.

"우리가 그것(개발 계획)을 들고 엔지니어들에게 갔을 때 그들은 그것이 불가능한 이유를 38가지나 들이댔습니다. 제가 말했죠. '그래도 우리는 이대로 만들 겁니다.' 그들이 묻더군요. '왜요?' 제가 답했습니다. '난 CEO이고 그게 가능하다고 생각하니까….' 대 히트 제품은 이렇게 탄생했습니다."

_엘리엇 · 윌리엄 사이먼, "아이리더십"

경이로운 캠페인

Think Different 캠페인의 부각은, 이 광고 캠페인에 삽입되어 흘러나오는 내레이션이 큰 몫을 했다. "Here's to the crazy ones"이라는 제목의 시를 "아메리칸 그래프티"의 주연이었던 미 영화배우 리차드 드레이퓨즈(Richard Dreyfus)가 낭독한다.

여기 미치광이들이 있다.
현실 부적응자들.
반항아들.

문제아들.

네모난 구멍에 둥근 막대를 꽂는 이들.

사물을 다르게 바라보는 이들.

그들은 규칙을 싫어한다.

그리고 그들은 현상 유지를 달가워하지 않는다.

그런 그들을 칭찬하는 것도, 반대하는 것도, 인용하는 것도,

믿지 않는 것도, 명예를 부여하는 것도, 비방하는 것도

모두 당신의 자유다.

하지만 어느 누구도 그들을 무시할 수는 없다.

왜냐면 그들은 세상을 바꿔놓았기 때문이다.

그들은 인류를 진전시켰다.

이런 그들은 미치광이라고 불리지만,

우리는 그들을 천재라 생각한다.

세상을 바꿀 수 있다고 확신하는 미치광이들이야말로

진정으로 세상을 바꿀 수 있기 때문이다.

(Here's to the crazy ones. The misfits. The rebels. The trouble-makers. The round heads in the square holes. The ones who see things differently. They're not fond of rules. And they have no respect for the status-quo. You can quote them. Disagree with them. Glorify, or vilify them. But the only thing you can't do is ignore them. Because they change things. They push the human race forward. And while some may see them as the crazy ones, we see genius. Because the people who are crazy enough to think they can change the world Are the ones who do.)

언제 들어도 가슴 뭉클해지며 감동이 절로 묻어난다. 더해 창의력 넘치는 본연의 가치와 열정을 체감하게 하는 내용이다.

우주에 흔적 남기기!

'Think Different.'

이 캠페인의 카피는 많은 논란을 불러 일으켰다. 'Think Different'
는 문법적으로 틀렸으며, 'Think Differently'로 표현해야 문장이 완벽
하다는 지적이다.

문법 오류의 비난이 여기저기서 일자, 애플은 곧바로 'Think Different'
는 'Think something different'의 줄임말이라고 해명한다. 이는 '다르
게 생각하라'가 아니라, '다른 것을 생각하라'라는 의미다.

이 카피는 소비자들의 머릿속에 호기심과 상상력을 불러일으키고 또
다른 관점으로 세상을 보자는 메시지를 잘 전달하고 있다. 더해 어감이
나 리듬감도 -ly보다 더 좋다. 어차피 광고라는 것은 소비자의 머릿속
에 얼마나 빠르게 어떻게 각인되느냐가 승부의 관건이다.

반면 애플은 이러한 사회적 논란에 쾌재를 불렀을 것이다. 입소문 때
문에 저절로 홍보가 되어 기대이상의 효과를 일으켰으니 말이다. 이른바
노이즈(noise) 마케팅에도 성공한 셈이다.

예상대로 Think Different는 애플 부활의 서막을 알리게 된다. 매
출도 V자 곡선을 그리며 성장했다. 관점에 따라서는 굳이 Think
Different 캠페인이 아니었더라도 애플은 잡스의 지휘 아래서 재기에
성공했을 수도 있다. 그랬다면 아마 애플에 대한 고객의 인식은 지금과
는 180° 다른 그저 그런 회사쯤으로 각인되었을지도 모른다.

이런 까닭에 Think Different는 단지 광고카피가 아닌 애플과 잡스
만의 혁신적이고 창의적인 표현 방식이 표출된 것이라 판단된다.

마케팅 전문가들은 지금의 애플 제품은 단순한 '제품'이 아니라 '하나
의 문화 코드'라고 인식한다. 실제로 애플은 전 세계에 걸쳐 폭넓은 마니
아층을 가진 기업이다.

이른바 '애플빠'들은 애플 제품에 늘 열광적인 지지를 보낸다. 그들은 새로운 정보기술 흐름과 디자인을 중시하는 20~30대 젊은 소비층이 대다수로 애플 제품을 보유한 사실 자체만으로도 강한 자부심을 가지며 경쟁사 제품과 애플 제품을 비교하는 것 자체를 거부한다.

애플 제품에 열광하는 소비자가 많은 이유는 제품에 담긴 애플 고유의 문화 때문이다. 새로운 정보기기를 사용하는 데 따른 편의성이나 기능성만을 고려했다면, 애플 마니아층이 지금처럼 확대되지 않았을 것이란 평가다.

회사명 '애플'에 로고 역시 '사과' 모양이다. 한 입 베어 먹은 무지개 사과 로고는 체리 같은 과일과 헷갈리지 않게 한 디자인이라고 한다. 내일 지구의 종말이 올지라도 나는 오늘 한 그루의 사과나무를 심겠다는 심정이었을까! 영어로 '한 입(bite)'과 '컴퓨터 메모리의 단위 바이트(byte)'가 동음어라는 사실 또한 흥미롭다.

스티브 잡스의 명구(名句)를 하나 들려준다. 지난 2005년 스탠포드대학의 졸업식 축사에서 행한 마무리 발언이다. 여기에는 그의 삶과 내면의 생각을 엿볼 수 있다.

"Stay Hungry, Stay Foolish!"
(늘 배고파 뭔가를 갈구하고, 늘 어리석어 엉뚱한 도전을 멈추지 말라.)

이 시대는 수 십 명의 우수 인력이나 몇 만 명의 보통 인력보다 스티브 잡스와 같이 도전적이고 창의적인 한 명을 더욱 필요로 하는지도 모른다.

"우리는 우주에 흔적을 남기기 위해 여기에 있다. 그게 아니라면 왜 여기에 있겠는가?"(We are here to put a dent in the universe, otherwise why else even be here?)

이 또한 스티브 잡스의 말이다. 늘 무언가에 대한 호기심을 잃지 말고, 남다른 관점으로 창의적 생각을 멈추지 말라는 조언이다.

보다 더 좋은, 또 다른 방법이 없을지를 늘 고민하라. 왜(Why)? 만약(If)? 왜 안 돼(Why not)? 이런 의문과 호기심을 지녀라. 그러고 보니 마케팅은 창의력과 늘 맞 닿아있다.

기업은 생존전략의 많은 부분을 창의력에서 찾아야 한다. 이제는 덩치 큰 회사가 아니라 더 기민하고 유연하고 빠르게 움직이는 기업이 생존하는 시대다.

재빨리 적응하고 다음 흐름을 예측하려면 창의적인 아이디어가 필요하고 그런 아이디어를 과감하게 수용하고 실험하는 정신이 조직에 요구된다. 창의력은 이제 기업의 생존 나아가 마케팅과 분리될 수 없는 존재가 되었다.

차별화란 무엇인가?

차별화 노하우

'천상천하유아독존(天上天下唯我獨尊)'

"세상에서 나보다 더 존귀한 존재는 없다"라고 석가는 태어나면서 그렇게 외쳤다. 나와 똑같은 외모, 나와 똑같은 생각을 지닌 존재는 우주 역사 138억 년 전에도 현재에도 미래에도 결코 존재하지 않았고, 존재하지 않으며, 존재할 수 없다.

세상은 나를 중심으로 돈다!

태어날 때부터 나는 이미 완벽히 차별화된 존재다.

이러한 진실은 세상 그 어떤 누구도 부정할 수 없다. 설령 절대자라 할지라도 말이다. 그 진실을 어찌된 까닭인지 나 자신은 좀처럼 인정하지 못한다.

그러다보니 자꾸 다른 사람의 말과 행동을 곁눈질한다. 이것을 마케팅에서는 '벤치마킹'이라고 아름답게 포장도 한다.

하지만 잊지 말아야 할 것이 있다. 타인의 정답이 나에게도 정답일 수는 없는 노릇이다. 또 인간은 자신의 주장과 결정을 드러내는데 꽤나 서툰 존재다. 충돌과 논쟁을 꺼리며 집단에 보조를 맞춰가는 유약한 존재인 탓이다.

남을 따라하거나 남보다 잘하는 것이 중요하지 않다. 남과 다르게 하는 것이 핵심이다. '넘버원(number one)'이 아니라 '온리원(only one)'이 중요한 까닭이다. 저만치 앞서 가는 경쟁자를 따라잡아 추월하는 것만이 능사는 아니다. 가장 나다울 때 탁월한 경쟁력과 창의력을 지닌 대단히 차별화된 존재로 거듭날 수 있다.

일전 머슬퀸을 뽑는 국내 한 대회에서 놀라운 장면을 목격했다.

대회에 참가하는 피트니스 모델들은 자신의 잘 가꾸어진 탄탄한 몸매를 부각시키기 위해 하나 같이 갈색 피부로 태닝(tanning)을 했다. 이런 종류의 대회에서 건강미 넘치는 태닝은 당연시 된다.

그런 구릿빛 몸매로 무장한 모델들이 서로 자신을 어필하고 있는 가운데 유독 한 모델만이 백옥 같이 뽀얀 피부를 하고 있었다. 한 마디로 모두들 흑칠하고 기름칠한 몸매를 내세우는 상황에서 이 모델은 역으로 가공하거나 덧칠하지 않은 본연의 하얀 피부를 부각시키고 있었다.

모델은 천연 그대로의 하얀 피부라는 '차별화'를 무기로 내세운 덕분인지 각종 매체의 주목은 물론 대회 수상의 영광까지 안았다. 이처럼 기업 마케팅뿐 아니라, 개인 마케팅에서도 차별화는 더없이 소중하다.

차별화의 개념!

차별화의 정의는 무엇일까?

일반적 의미에서의 차별화란, 나와 상대와의 다른 점을 두드러지게 하는 것이다.

한편 기업에서 말하는 차별화는, 상대와의 다른 점을 부각시키는 일반적 의미의 차별화와는 좀 다르다. 경쟁사와 뚜렷한 특이성을 만들고 경쟁우위를 창출해, 가격이 비싸도 소비자가 손을 내밀어 줄 수 있는 상태가 기업에서의 차별화다.

"○○제품은 다른 회사와 비교해 기능(품질)이 월등하다."

이런 평가나 찬사를 소비자로부터 받는다면, 진정한 의미의 차별화에 성공했다고 하겠다. 경쟁사 제품(서비스)과 비교해 뚜렷한 특징을 가지고 있을 뿐만 아니라, 고가격이 책정된 제품임에도 소비자의 적극적 지지를 받을 수 있어야 진정한 차별화가 완성된다.

현대는 과잉생산 시대라 차별화는 한층 어려워졌고 경쟁은 날로 작열하다. 차별화에는 자신이나 기업 특성에 맞는 독특한 무언가를 담고 있어야 한다. 남들이 이미 하고 있거나 어느 기업에나 적용시킬 수 있는 방법이라면 차별화와는 거리가 있다. 잊지 말자. 차별화는 상대로부터 간단히 모방되지 않는 것이어야 한다.

차별화의 종류!

기업이 창출해 고객에게 제공하는 '제품과 서비스'. 통상 그 차별화에는 대표적으로 다음과 같은 것이 있다.

기능적 차별화

다각도로 기능을 부가(보완)해 소비자를 끌어오려는 차별화이다. 현대인의 필수품 스마트폰을 예로 들어보자. 최첨단 생체인식 기능과 고성능 카메라, 차량 내비게이션과 치밀한 연계, 각종 건강관리 기능 등을 모두 장착해 소비자들의 이목을 사로잡는다.

외형적 차별화

디자인과 칼라, 스타일 등의 변신을 통해 외부로 드러나는 표면적 차이를 강조한 차별화이다. 이를 테면, 기존에 접할 수 없었던 특이하거나 빼어난 외형(자동차, 아파트 등) 디자인으로 경쟁 상대를 압도한다.

심리적 차별화

브랜드 이미지와 유행 등을 담아 소비자의 심리적 감수성을 자극하는 차별화이다. 벤츠의 삼각별(로고)이 큼직하게 박힌 자동차로 소비자의 마음을 흔들거나, 루이뷔통의 현란한 문양이 들어간 가방으로 뭇 여성들의 시선을 가로챈다.

이게 다는 아니다. 제품 품질과 무관하게 그 개발에서 납품까지의 기간 단축, 부가가치의 향상도 차별화의 하나이다. 또 가격을 비롯해 풍부하고 유용한 콘텐츠, 디자인, 납기 단축 등 눈을 돌리면 세상에는 얼마든 차별화 요소가 존재한다.

마케팅 분야의 구루인 세스 고딘(Seth Godin)은 경고한다.

"저렴한 가격은 좋은 아이디어가 다 떨어진 마케터의 마지막 피난처일 뿐이다.(Low price is the last refuge of a marketer who has run out of generous ideas.)"

기업은 치킨게임으로 돌변할 수 있는 금전적 비용 중심의 차별화 전략보다는, 비(非)금전적 비용 중심의 차별화 전략을 적극 고심하라는 지적이다.

완벽한 차별화 … Why not?

일전 교장선생님 대상으로 '창의력' 특강을 진행했다. 이튿날 한 선생님으로부터 창의력 계발 관련서 10권을 추천해달라는 요청을 받았다. 창의력에 공감한 바가 커서 책을 교직원들에게 나눠주어 읽도록 하겠다는 취지다.

이에 필자는 진담 반, 농담 반을 섞어 이렇게 답했다.

"어떡하죠. 제가 아직 7권밖에 출간하지 않았는데…"

우리 삶에서 이 정도 건방짐(자존감)과 자신감 그리고 유머는 필요하지 않을까!

아침에 눈을 뜨면
뭐가 달라질까
밤잠을 설치다가

문득 생각이 나
이토록 모자란 난
어떤 쓸모일까

_윤하의 "답을 찾지 못한 날" 가사 중에서

내세우거나 차별화할 만한 것이라고는 코딱지만큼도 없다. 맨날 시간의 쳇바퀴 위에서 종종거리며 위아래 눈치 보고 살아간다는 위 가사의 주인공 범생(凡生)에게 묻는다.

지금 우리가 살고 있는 이 질서정연한 우주(cosmos)가 생성될 확률은 얼마나 될까?

놀라지 마라. 이를 계산한 학자가 있다. 2020년 노벨물리학상 수상자이자 수학자인 로저 펜로즈(Roger Penrose) 얘기다.

그는 '10의 10승의 123승 분의 1($1/10^{10^{123}}$)보다 작다'는 결론을 도출한다. 참고로 '$10^{10^{123}}$'이란 세는 데만도 150억 년 이상 걸릴 만큼 상상을 초월하는 숫자다.

여기서 간과해서는 안 될 것이 있다. 위는 지구상 무수한 생명체의 탄생 확률이 제외된 계산이란 사실이다.

때문에 우주에서 내가 지금 지구에 존재한다는 걸 확률로 따지면 $1/10^{10^{123}}$보다 훨씬 더 · 더 · 더 작다. 확률적으로 가능성 제로(0)인 경악할 일이 우리 눈앞에 펼쳐지고 있는 것이 이 세상이다. 실로 경이로운 얘기가 아닌가.

빅뱅 이래 최고의 명품이자 유일무이한 존재가 '나'다. 완벽히 차별화된 존재다. 오늘 내 모습은 우주 역사 138억 년 가운데 단 한 번뿐. 그런 점을 깨우쳤다면, 마케팅에서도 그런 자신의 가치를 한껏 녹여내야 옳다. You can be king.

생각해 보기!

1 '넘버원(number one)'과 '온리원(only one)'의 차이는 무엇인가?

2 제품(서비스) 차별화란 무엇인가?

3 '10의 10승의 123승(10^10^123)'은 얼마나 큰 수일까?

3가지 차별화로 싸움판을 뒤집어라!
1.3배라는 놀라운 마법!

경쟁자 물리치기!

관련 시장에 남보다 뒤늦게 뛰어든 기업(후발자)이 가지는 '비애(悲哀)'.

후발자는 기존 경쟁기업(동종 선발자)을 좀처럼 따라잡을 수 없다는 것이 업계 정설이다.

특히, 기존 시장에 동종업자가 탄탄히 뿌리를 내린 경우라면, 웬만한 노력으로 이를 극복하기란 쉽지 않다. 그렇다고 전혀 희망이 없다는 얘기는 아니다.

가족과 조직의 생사가 걸린 문제라면 어떡하든 현 상황을 돌파해야 한다. 그렇다면 기존의 역학관계를 뿌리 채 뒤흔들 참신한 아이템과 차별화 전략을 모색해야 성공할 수 있다.

만일 소자본의 개인 기업(가게)이 몰려있는 시장이라면, 거대 자본이 지배하는 세계와는 달리 그다지 어렵지 않게 선발자를 누르고 역전승이 가능하다. 바로 덧셈(곱셈)의 철학을 적용하는 것이다. 크게 세 가지다.

"점포 규모"
"가격대"
"아이템(서비스) 수"

이 세 가지 요인을 적절히 조합해 강력한 무기로 활용한다. 방법론은 경쟁자보다 더 넓고, 더 큰 규모의 점포와 저렴한 가격대 그리고 다양한 아이템(서비스)으로 맞선다.

덧붙여 신규 점포라는 이미지를 소비자에게 최대한 각인시켜 경쟁 점포의 고객마저 자신의 가게로 흡수한다. 구체적인 방법론은 다음과 같다.

점포 규모로 승부!

갈수록 점포 규모가 대형화(전문화)되는 추세다. 때문에 경쟁 점포에 비해 건물 규모나 내부 시설이 작다면 첫 걸음부터 불리할 수밖에 없다. 제과점이나 약국, 부동산, 미용실, 할인점 등과 같은 업종은 그 규모가 승부를 결정짓는 핵심요인으로 급부상했다.

그렇다고 무작정 규모를 늘릴 수는 없는 노릇이다. 개인이 동원할 수 있는 자본에는 한계가 있고, 더해 고정비도 무시할 수 없는 탓이다.

규모 측면에서 차별화하기 위해서는, 흔히 '1.3 대 1'이라고 하는 심리학에서 말하는 차별화 숫자를 적용한다.

이를 테면 '1.3'은 심리학에서 차이를 명확히 설명할 때 사용하는 숫자로, 1m와 1.1m, 1.2m의 경우 그 차이가 곧바로 인간에게 인식되지 않지만, 1.3m 즉 크기나 수량이 1.3배 이상 되는 순간 그 차이가 뚜렷이 구별된다는 점에 근거한다.

나아가 1.3의 2제곱인 1.7배 이상이 되면, 인간은 압도적으로 그 차이를 인지할 수 있다. 이러한 심리적 효과를 낳는 수치를 '차별화 배율'이라고 부른다. 이 차별화 배율을 마케팅 전략으로 활용해보자.

점포 면적의 가로와 세로를 1.3배씩 하게 되면 '1.3×1.3=1.69'가 되어 약 1.7배가 된다. 이 경우 소비자는 해당 점포의 규모(넓이)가 압도적으로 크다는 인식을 가진다.

신규로 점포를 내는 경우, 근처 라이벌 점포가 70평(231㎡)일 때는 120평(70×1.7)을, 90평(298㎡)일 때는 150평(90×1.7)의 매장을 갖출 수 있으면, 라이벌 점포와의 경쟁에서 승리는 그리 멀지 않다.

● 규모의 차별화

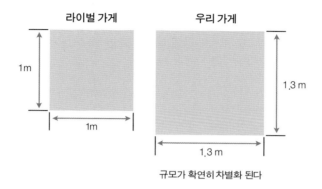

규모가 확연히 차별화 된다

가격으로 압도!

가격 설정도 앞서 설명한 점포 규모와 동일한 논리가 적용된다. 라이벌 점포가 어떤 제품을 10,000원에 판매하고 있는 경우, 우리 점포에서는 이를 7,700원(10,000÷1.3=7,700)에 판매한다고 생각해보라.

자고로 SNS가 지배하는 세상이다. 소비자들은 어디선가 그 얘기를 전해 듣고선 곧장 우리 점포로 몰려온다. 일반 가격대의 2/3에 가깝게 책정된 가격이 곧장 소비자의 시선을 사로잡은 때문이다.

즉, 소비자는 해당 점포의 물건이 매우 저렴하다고 느낀 것이다. 그 결과 방문자 수가 늘면서 점포 전체의 매출액이 오른다.

● 가격대의 차별화

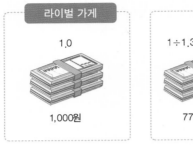

라이벌 가게	우리 가게	
1.0	1÷1.3 = 0.77	1÷1.7 = 0.59
1,000원	770원	590원

가격이 훨씬 저렴하게 느껴진다.

아이템(서비스) 수로 제압!

마지막으로 아이템 수로 상대를 제압한다. 가령, 라이벌 점포가 5종류의 메뉴를 광고 전단지나 메뉴판에 싣는다면, 우리 쪽에서는 '5종류×1.3≒7종류' 이상의 메뉴를 게재해 맞서라!

다시 말해 '1.3배 법칙'을 활용해 메뉴를 늘려 게재한다면, 라이벌 점포와 명확한 차별화를 이루어낼 수 있다. 불과 1.3배 아이템이 늘었음에도 소비자가 느끼는 점(효과)은 그 이상이다.

● 아이템 수의 차별화

라이벌 가게	우리 가게
아이템 : 5개	아이템 : 7개

　이상과 같이 기존 경쟁자보다 더 큰 규모의 점포와 저렴한 가격대 그리고 다양한 아이템(서비스)으로 맞설 수 있다면, 후발자라도 기존의 주류 시장을 얼마든 뒤흔들어 주도권을 잡을 수 있다. 다만, 여기에는 제약조건 하나가 따른다. 바로 돈(money)이다.

'막걸리' 찾는 아저씨에게 뭘 팔지?
마케팅의 출발점!

> "미끼는 낚시꾼의 입맛이 아니라, 물고기의 입맛에 맞아야 한다.
> (The worm has to taste good to the fish, not the fisherman.)"
>
> _폭스바겐그룹 노조 대표 베른트 오스터로〈Bernd Osterloh〉

싼 게 정말 비지떡일까?

"허기진 뒤 먹으면 채소도 산해진미보다 맛나고, 배부른 뒤엔 고기반찬도 누가 빨리 치워버리길 바란다."(송나라 문인 소동파〈蘇東坡〉)

우리 속담에도 비슷한 말이 있다.

"비지 먹은 배는 연약과(軟藥果)도 싫다 한다."

그 의미인즉 '제 아무리 하찮은 음식일지라도 먹어서 배가 잔뜩 부르면, 연한 약과와 같은 맛있는 음식에도 더 이상 식욕이 돋지 않는다'는 것이다.

"싼 게 비지떡!"

종종 접하는 말로 '값이 저렴한 물건은 품질도 그만큼 좋지 못하다'는 뜻이다. 모든 물건은 제값을 한다는 의미이기도 하다.

　두 속담에 등장하는 '비지'의 자리매김을 통해 우리네 밥상에서 차지하는 비지의 위상을 짐작하고도 남음이 있으리라!

　실제로 비지는 두부를 만들 때 두유(豆乳)를 짜고 남은 찌꺼기로, 가용성 단백질이 대부분 제거된 식품이다. 또 섬유질만 주로 남아있어 껄끄럽기 그지없다. 때문에 식품으로는 적당하지 않아 대부분 가축의 사료로 이용된다.

　두부 전문점에서 맛있게 두부요리를 먹고 나오면 출입문 옆 탁자 위에 불룩한 비닐봉지들이 놓여 있다. 내용물은 다름 아닌 비지다. 그 앞에 붙어있는 메모지에는 "한 봉지씩 가져가세요"라는 짤막한 문구가 빨간 매직으로 쓰여 있다.

　두부 만들고 남은 찌꺼기 비지이건만 공짜라면 양잿물도 마다 않는 공짜마니아로서 한 봉지씩 들고 털레털레 두부 전문점을 나선다.

　시장골목 끄트머리에는 식료품 가게 하나가 있다.

　옆구리에 시장바구니를 낀 후덕한 아줌마 한 분이 가게로 들어온다.

　"아저씨, 비지 있어요?"

　"예, 그럼요."

　이 대목에서 가게 주인아저씨는 자본주의 상혼(商魂)을 최대한 발휘해야 한다.

　가령, 이 아줌마가 주인이 가리킨 비지를 쳐다보는가 싶더니 식료품 진열대를 한번 '잰 걸음으로 휘익~'하니 둘러보고서 곧장 나가버린다면, 이건 실패 가운데서도 최악이다.

　또한 이 아줌마에게 너무도 정직하게 달랑 비지 한 덩이만 팔았다면 그것 역시 실패한 것이다. 처음부터 비지를 찾았기에 '비지만 팔았다'는 항변이 먹힐 것 같지만, 천만의 말씀 만만의 비지떡이다. 적어도 제대로 된 장사꾼이라면 분명 비지 이상의 뭔가를 아줌마에게 팔아야 한다.

마지막으로 이 아줌마에게 비지가 아닌 두부를 팔았다면 어떠할까? 비지 이상의 것을 아줌마에게 팔았다는 측면에서 우선 성공이라고도 볼 수 있으나, 이것 역시 큰 성공은 아니다.

그럼 대체 무엇을 팔아야 큰 성공이라 말할 수 있을까?

진정 마케팅을 안다면!

위 질문의 답변에 앞서, 두부가 그 진가를 발휘하는 담백하면서도 얼큰한 '두부찌개'의 재료들을 한번 점검해보자.

물론 들어가는 재료나 부재료는 가정이나 개인의 취향에 따라 서로 다르다는 것을 전제하고, 울긋불긋하고 푸릇푸릇한 맛있는 두부찌개를 만들어 보자. 갖은 재료를 송송 썰어 넣어 지글지글 짝~짝! 보글보글 짝~짝!

주재료 ::

두부 1모, 돼지고기 300g, 애호박 1/2개, 고추장 2큰술, 마늘 1/2큰술, 청주 1/2큰술, 감자 100g, 양파 50g, 대파 50g, 청양고추 2개, 붉은 고추 2개, 식용유 1/2큰술, 소금 1/2큰술 등

보통 아줌마들이 시장 모퉁이에서 비지를 살 때는 반드시 어떤 목적이 있을 것이다. 단순히 다른 재료보다 싸다는 이유만으로 구입하지는 않는다.

연일 직장 스트레스로 피곤해하는 남편과 학교 공부에 지친 아이들에게 밥상위에 비지를 주원료로 한 맛있는 음식을 만들 예정인 것이다.

비지를 활용해 만들 수 있는 음식의 첫 번째는 누가 뭐래도 '찌개'다(물론 전 요리를 해먹겠다는 사람도 일부 있겠지만). 대부분이 시장 골목에서 비지를 구입하는 아줌마들은 찌개거리를 떠올리며 비지를 구입하는 경우가 많다. 그렇다면 비지를 찾는 고객에게 달랑 비지만 팔아서는 안 된다.

찌개의 핵심 재료로 비지대신에 부가가치가 높고 영양이 많은 두부를 제안할 수 있어야 한다. 사실 둘 다 콩이 주원료이기 때문에 큰 문제는 없다. 따라서 비지는 덤으로 조금 싸드려 훈훈한 인심을 팔아라!

또 시장 골목 맨 끝에 있는 식료품 가게까지 찾아 온 고객이라면 어떤 물건을 사야 할지를 정하지 않은 경우가 많다. 둘러보며 적당한 식재료를 찾고자 여기까지 온 것이다.

두부찌개에는 두부만 들어가는 것이 아니라 주재료로 애호박이나 감자, 바지락, 양파, 청양고추, 마늘 등도 들어가야 한다. 이러한 재료들도 두부와 함께 권유해 구매로 연결지어야 한다.

또한 물건을 판매하고 난 후 소비자의 만족도를 체크해야 옳다. 적어도 두부와 주재료를 사 간 아줌마가 다음번에도 찾아와 반드시 이런 말을 해야 한다.

"아저씨, 지난번에 사간 두부, 너무 고소하던데요. 고추도 진짜 청양고추고, 바지락도 싱싱하고! 그래서 오늘은 옆집 아줌마랑 같이 왔어요."

이런 결과를 얻기 위해서는 식료품상 아저씨의 '싹싹함'이나 '두둑한 배짱', 그리고 막무가내 '똥고집'만으로 되는 것이 아니다. 스스로 '뭔가'

를 열심히 탐구하고 체득해 자신만의 노하우를 축적해야 한다.

그 뭔가가 바로 '마케팅(marketing)'이다. 스마트 시대를 살아가고 있는 오늘날 마케팅을 모르면서 더 이상 '고객만족'이니 '경쟁력'이니 '전략' 등의 단어를 입에 올려서는 안 된다.

● '비지' 사러온 아줌마 그리고 마케팅 시작

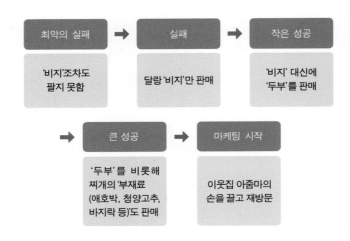

다른 제품의 예를 들어보자.

'막걸리' 사러 온 아저씨에게는 무엇을 팔아야 성공한 마케팅이라 할 수 있을까?

막걸리를 대신해 맥주나 백세주(복분자주)를 팔 수 있다면 더욱 좋겠지만, 굳이 막걸리만을 고집하는 아저씨라면 발 빠르게 대응 전략을 바꾸어야 한다.

막걸리와 가장 잘 어울리는 안주가 무엇일까를 떠올려본다. 두부와 두부 김치, 오이에다 쌈장, 머리 고기 따위의 안주 말고 다른 건 없을까? 부침개 만들어 드시라고 파(부추)와 부침가루, 골뱅이, 쥐포, 족발. 아무튼 부가가치가 높은 안주류라면 좋겠는데……!

하지만 정작 중요한 것은 막걸리를 구입한 아저씨가 언제, 어디서, 누구와 어떻게 마실 건지 하는 점이다. 집에서 반주로 마시기 위해 구입하는 건지. 등산하다 컬컬할 즈음 목을 축이려고 하는 것인지. 아니면 운동장에 불알친구 모아놓고 족구 한판한 뒤 막걸리 파티(?)를 열려고 하는지. 그런 세부 정보를 파악할 수 있다면, 막걸리 안주를 통해 보다 쉽게 객단가(customer transaction)를 끌어올릴 수 있지 않을까.

생각해 보기!

1 '싼 게 비지떡'은 무슨 뜻인가?

2 '고객만족(顧客滿足, customer satisfaction)'이란?

3 '객단가(客單價, customer transaction)'는 무엇일까?

익숙한 불안, 낯선 희망. 선택은?

미래를 이끌 3가지 비즈니스!

현재와 같은 산업구조로 장래 대한민국은 살아남을 수 있을까?

이제 기업의 마케터(marketer)는 미래 산업을 꿰뚫는 전문가로 변신해야 한다.

'미래(future)'라는 희망을 끈을 부여잡고, 치밀한 관찰과 적극적인 투자, 그리고 광범위한 협력이 필요한 빅(big) 비즈니스가 여기 있다. 크게세 가지다.

"수명연장"

"우주산업"

"인공지능"

수명연장 (extension of life span)

"인간의 사망률은 정확히 100%다."

오래전 한 책속에서 발견한 글귀다. 뜨끔 하는 한편 괴리가 느껴진다. 생존율 50%라는 의사 말에 환자 얼굴은 흙빛으로 변한다. 다리가 풀린 환자는 급기야 쓰러진다. 그러하거늘 '사망률이 100%'란 말에도 어찌된 일인지 우리는 담담하다. 죽는다는 사실은 알지만 절대 다음 차례는 내가 아님을 확신하는 까닭인가!

삶의 시작과 더불어 죽음도 시작되고, 나이란 불치병을 가진 시한부 인생이 우리다. 누군가 인간은 호흡하고 똥 싸는 고깃덩어리라고 했지만, 언젠가 자신이 소멸됨을 아는 유일한 동물이다. 삶이란 장거리 열차에 올라탄 우리들, 언젠가는 그 열차에서 모두 내려야 한다.

그렇다면 그 열차를 누구보다 오랫동안 타고 싶다. 장수는 인간의 가장 오래된 꿈이자 불멸 과제다. 평균수명은 산업혁명 이전만 해도 30세 전후였다. 이제는 100세 시대가 코앞이다.

문명발달은 300년 만에 수명을 3배나 늘렸다. 더해 동물수명은 성장기의 최대 6배(120세)라는 한계수명론이 생체이식 보편화와 유전자 조작, 맞춤 의약품 등으로 점차 퇴색하고 있다.

생명체는 시간과 함께 기능이 쇠퇴한다는 생자필멸(生者必滅)의 명제가, 머잖아 불로장생을 거쳐 영생불사(永生不死)로 바뀔 태세다. 수명연장이란 욕망의 크기만큼 그 시장도 덩달아 부풀고 있다. 오늘 뛰지 않으면, 내일 날아야 할 터! 처방은 '뛰며 생각하라'이다.

우주산업 (space industry)

"내비게이션, 공기청정기, 전자레인지, 정수기, 진공청소기"

위는 하나 같이 일상과 뗄 수 없는 제품들이다. 아는가, 이들 제품의 공통점? 놀랍게도 모두 우주기술에서 파생된 제품이다. 거대과학인 우주기술의 벽을 뚫어야 선진국이다.

장삼이사(張三李四)에게 우주산업은 별나라 얘기다. 그동안 선진국 주도의 대규모 투자와 프로젝트(로켓, 위성 등)를 통해 성장해 온 탓이다. 세계 유력기업들은 일찍부터 우주에 주목해 투자에 적극적이다. 미래의 에너지 · 자원 · 환경 · 통신과 첨단 군사무기체계 운영에 우주가 결정적 요소다. 지구에서 희소성이 크거나 고갈될 자원이 우주에 풍부하다는 사실이 알려지면서 우주경쟁의 도화선에 불을 붙였다.

물리학자 스티븐 호킹은 생전 마지막 강연에서 이런 말을 했다.

"고개 숙여 발을 보지 말고 고개 들어 별을 보라. 보이는 것을 이해하려 노력하고 무엇이 우주를 존재하게 하는지 상상해보라. 호기심을 품으라.(Remember to look up at the stars and not down at your feet. Try to make sense of what you see and wonder about what makes the universe exist. Be curious.)"

빅뱅과 블랙홀을 탐구한 이론물리학의 거장이 권한 것은 '고개를 들어 별을 보라'는 것이었다. 그 무수한 별들은 모두 우주에 있다.

우주는 블루오션(blue ocean)이다. 주인도 질서도 없는 세상이다. 때문에 선점이 더 없이 중요하다. 인류의 마지막 투자처 '우주'. 억만장자를 넘어 조만장자는 우주산업에서 나올 것이다. 현재 우주질서와 이에 수반하는 법과 규범·제도 마련을 위해 미국과 중국 등 선진국은 치열한 경쟁을 벌이고 있다.

우주산업은 국가안보의 핵심이자 미래 고부가가치 산업이다. 땅만 쳐다보다간 무지개를 놓칠 터! 처방은 '과감한 결단'과 이를 통한 '선점'이다.

인공지능 (AI)

"작고, 빠르고, 정확하며, 대량으로, 저렴하게, 자율적으로!"

이는 기술 진보의 본질로 동서고금에 걸쳐 바뀐 것이 없다. 4차 산업혁명의 중추 인공지능이 구현할 미래상과도 정확히 일치한다.

인공지능은 예상을 초월하는 속도로 진화를 거듭하며 모든 비즈니스를 빨아들인다. 19세기 후반 농업경제에서 산업경제로의 전환을 뛰어넘는 대변혁이다. 혁신이자 혁명이다.

세계경제포럼(WEF)은 2025년까지 고용주가 배분하게 될 일의 비율은, 인간과 기계가 균등할 것으로 전망했다. 인간이 비교우위를 가질 역량은, 창의력과 경영, 비판적 사고, 의사 결정과 소통 등이다.

세상은 기업과 인공지능의 결합을 가속화시켜 일의 미래를 앞당길 것이 자명하다. 불확실할 때야 말로 모든 것이 가능할 터! 처방은 '선제적 대응'이다.

위의 세 영역은 서로 밀접하게 연계되어 있다. 수시 다각도로 영향을 주고받는다.

특히 주목해야 하는 것은 '인공지능'이다. 초(超)연결, 초지능을 지향하며, 인류가 지금껏 경험해보지 못했던 세계로, 모든 것을 융합해 전혀 새로운 것을 창조하는 사회가 도래한다. 오늘날 인공지능의 혜택을 가장 많이 보고 있거나, 향후 보게 될 분야라면 단연 '마케팅'이다.

근 미래에는 선발우위와 선수필승(先手必勝)이 고착화되며 격차와 불평등이 몰려온다. 결국에는 '적자생존'이고, 냉혹하게도 '승자독식'이다.

기술적으로도 탈피(脫皮)의 기로에 서 있다. 모든 것이 복잡하고 다양화하고 불확실한 캄캄한 세태에도, 기업은 또랑또랑한 눈으로 미래 시장의 지배권을 위해 전력투구하라. 기회의 창은 조만간 닫힌다.

마케팅이란 무엇인가?
마케팅의 진실!

마케팅이란?

Market + Ing

시장을 창출하는 매우 전략적이고 체계적인 행위?

까다롭고 거만한 고객 니즈를 만족시키고자 치밀히 계산된 노하우?

마케팅, 마케팅, 또 마케팅!

다음 주장(대화)을 들어보자.

"마케팅 전략에서 밀렸다."

"이제는 기술이 아니라 마케팅이다!"

"마케팅 부문 활성화 없이는 생존도 없다."

세상은 마케팅 천지다. 마치 일상 어디에서나 들려오는 '잡음'마냥.
'마케팅'이란 용어처럼 언제 어디서나 수많은 사람의 입에 빈번히 오르내리고 친숙하게 회자(膾炙)되는 것도 드물다. 이제는 어떤 단어나 문장과 조합을 하더라도 잘 어울리는 대표적 용어로 거듭났다.

전공 대학생은 물론이거니와 직장인, 주부의 일상 대화 속에도 마케팅은 등장한다. 매월 발간되는 사보 속에도 투자 요청서에도 기획서나 결재 서류에서도 마케팅이란 단어는 빠지지 않는다. 점심시간을 이용해 잠시 방문한 지하 서점에서도 마케팅 관련 서적들만 모아 놓은 별도 코너는 쉽게 발견된다. 스마트폰에 수시로 뜨는 각종 배너에서도 마찬가지다.

휴렛패커드(HP)의 설립자 가운데 한 사람인 '데이빗 패커드(David Packard)'는 마케팅을 이렇게 평가했다.

"마케팅은 너무나도 중요한 사안이므로 마케팅 부서만의 전담 사안이 아니다.(Marketing is far too important to leave to the marketing department.)"

마케팅의 무게감과 의미를 단순명쾌하게 설명할 때 가장 어울리는 말이다. 마케팅은 더 이상 특정 부서만의 일이 아니다. 모든 구성원이 전사적으로 달라붙어야 하는 핵심 사안이다. 때문에 기업의 CEO를 포함해 모든 부문의 구성원은 마케팅에 대한 전략적 대응과 지속적 관심이 필요하다.

그럼에도 막상 "마케팅이 뭘까?"라는 물음에 확신을 가지고 대답할 수 있는 사람은 그리 많지 않다. 절대적인 개념 정의가 존재하지 않는 탓일까?

어쩌면 사람들의 입에 오르내리는 수만큼이나 대답이 다양하기도 하고, 시장 환경의 변화에 따라 얼마든 달리 표현될 수 있기 때문인지도 모른다.

본시 '마케팅(Marketing)'이라고 하는 말은 시장에서 거래행위를 한다는 의미의 동사(動詞) '마켓(Market)'으로부터 파생된 동명사(動名詞)이다. 'ing'가 붙은 까닭은 시장(사람)이 존재하는 한 마케팅은 영원히 존속하며 그 행위를 지속해야 한다는 의미를 담고 있다.

마케팅 시작과 고객 머릿속!

마케팅이란 용어는 20세기 초 미국에서 처음 만들어졌다.

당시 미국은 산업혁명을 통해 선진공업국이 되었던 영국이나 독일, 프랑스와는 달리 해외 시장을 거의 가지고 있지 않았다.

이런 상황에서 미국 내 공산품의 생산력이 급속히 높아지면서 마침내 생산과 소비의 균형이 무너져버린다. 이는 결국 미국 내 시장점유율을 두고 기업 사이의 격렬한 판매경쟁을 불러왔다.

즉, 기업 생산력이 소비 규모를 뛰어넘게 되었고, 이에 재고(stocks)를 떠안게 된 기업은 모든 수단을 강구해서라도 그 재고를 소진시켜야 했다. 이를 위해서는 시장점유율 확대를 위한 치밀하고 전략적인 판매활동과 수요를 창출할 수 있는 새로운 경영기법이 필요했다. 그런 가운데 창조된 새로운 경영기법이 바로 '마케팅'이다.

"경제학 콘서트"의 저자 '팀 하포드'는 스타벅스 커피 값이 비싼 것은 어떤 이유에서든 기꺼이 그 값을 치르려는 고객이 존재하기 때문이라고 했다. 마케팅은 이런 고객을 많이 유치하고 가급적 오랫동안 창출하려는 기업의 치열한 활동이다.

또한 마케팅의 본거지 '시장(market)'을 재화나 용역(서비스)을 판매하려고 하는 사람들과 이를 구매하려는 사람들을 단순히 연결시켜 주고자 오프라인(off-line) 상에 존재하는 유형(有形)의 공간이라고만 생각해서는 안 된다. 고객의 머릿속에 존재하는 무형(無形)의 공간 또한 더 없이 넓고 큰 소중한 시장이다.

옷을 두고 떠올리는 고객의 머릿속이다.

어떤 날은 자신의 몸매를 '가리기 위해' 옷을 입기도 하고, 다른 날은 S라인의 한 몸매를 '드러내기 위해' 옷을 입는다. 또 다양한 칼라와 디자인을 선택할 수 있는 요즈음의 운동복이나 등산복처럼 '자신을 표출하기' 위해 옷을 입기도 한다. 이처럼 옷 하나를 두고도 갖은 생각이 오가는 공간이 바로 인간의 머릿속이다.

더불어 마케팅은 약방의 감초(甘草)다. 이게 빠지면 더 이상 보약(補藥)이 아니다. 기업은 물론 대학, 병원, 사찰, 교회, 아파트, 클럽 등 두 사람 이상이 모여 보다 높은 부가가치를 꿈꾸는 조직이라면 필연적으로 동반되는 것이 바로 마케팅이다.

마케팅의 정의

마케팅의 정의는 어떻게 될까?

절대적인 정의는 없을지라도, 마케팅 관련 단체가 내린 정의에 대해서만큼은 한번쯤 짚어보자.

마케팅의 발상지 미국 마케팅협회(American Marketing Association, 2017)가 내린 마케팅의 정의(definition of marketing)는 이랬다.

"Marketing is the activity, set of institutions, and processes for creating, communicating, delivering, and exchanging offering that have value for customers, clients, partners, and society at large."

(마케팅이란 고객, 의뢰인, 파트너, 사회 전반에 걸쳐 가치를 창조하고 소통하고 전달하고 교환하기 위한 다양한 활동이고 제도이며 과정이다.)

AMA의 정의는, 마케팅은 조직의 한 기능임과 동시에 일련의 제도이자 과정으로 정의하고 마케팅의 영역이 가치라는 개념 도입과 함께 기존의 4P보다 한층 포괄적인 영역으로 확장되고 있다. 고객 지향(志向)으로 마케팅의 무게중심이 확실히 옮겨갔다는 점이 눈에 띈다.

다음으로 일본마케팅협회(JMA, 1990)가 정의하고 있는 마케팅의 개념이다.

"마케팅이란 기업 및 여타 조직이 글로벌 시야를 가지고, 고객과의 상호이해를 주고받으며, 공정한 경쟁을 통해 이루어지는 시장창조를 위한 종합적 활동이다."

(マーケティングとは, 企業および他の組織がグローバルな視野に立ち, 顧客との相互理解を得ながら, 公正な競争を通じて行う市場創造のための綜合的活動である。)

감성에만 어필했던 과거 아날로그식 마케팅이 점점 자리를 잃으면서 그 빈자리를 데이터에 기반을 둔 과학적 마케팅이 대체하고 있다. 근래 글로벌 이슈가 된 클라우드 · 빅데이터 · 기계학습(머신러닝)· 사물인터넷(IoT) 등은 모두 마케팅 시장에서 각광받는 기술이자 트렌드다.

소비자 행동이나 습관에 대한 데이터와 이를 활용한 머신러닝은 마케팅 기술을 더욱 구체화시킨다. 인공지능도 마케팅에 영향을 미치는 중요한 요소다. 조만간 고객 상담, 개인 맞춤형 추천, 멀티채널 광고 등 모든 마케팅 영역이 자동화되고 소프트웨어로 구현될 것이다.

그런 까닭에 지난 20세기 마케팅은 매스 마케팅(mass marketing)이 중심이었다면, 21세기는 매스의 대응 개념이라 할 수 있는 '개별(one)'이 더욱 중시되고 있다. 여기에는 스마트폰과 같은 정보단말도 한 몫을 했다.

이는 마케팅 정의에 포함된 단어를 통해서도 확인이 가능하다. 특히 '고객'이나 '의뢰인', '사회', '가치' 등은 개별 고객을 지향하는 마케팅에 결여되어서는 안 되는 핵심 단어들이다.

미국 AMA의 개념 정의든 JMA의 정의든 무엇보다 고객을 중심에 둔다는 마케팅의 핵심 철학은 맥락을 같이 한다. 마케팅의 최종 지향점은 이렇다.

기존 시장을 크고 새로운 시장으로 거듭날 수 있도록 전략적 접근과 더불어 진실의 고객 니즈(needs)를 읽어 고객에게 최상의 가치(value)를 제공해야 한다. 또 그런 활동은 관련 기업의 '이익 창출과 경쟁력 향상'으로 직결되어야 하며, 동시에 고객과의 '관계(relationship) 향상'을 통해 한 차원 높은 고객만족을 창출할 수 있어야 한다.

이러한 설명에도 불구하고 왠지 그 정의가 좀 난해해 보인다고? 사실 그 개념이 어려운 것처럼 보이지만 원리는 지극히 간단하다.

우리 기업에 충성도를 가진 고객을 최대한 늘려 다양한 제품과 서비스를 지속적으로 구매하도록 하는 일련의 활동이 바로 마케팅이다.

생각해 보기!

1 마케팅이란?(What is Marketing?)

2 '매스 마케팅(mass marketing)'이란 무엇인가?

3 "마케팅은 너무도 중요한 사안이라 마케팅 부서만의 전담 사안이 아니다"에 관해 설명해보자.

역발상에 미쳐(狂)야 미친(及)다!

마케팅 승자 = 역발상

폭격기를 귀환시켜라!

비행기가 지상을 공격하는 것을 의미하는 용어 '폭격(爆擊)'.

폭격은 적(敵)의 전력을 허무는데 대단히 유효한 수단이다. 한 번에 수십t의 폭탄을 싣고 수천km를 날아간 폭격기는 단숨에 상대를 초토화 시킨다. 그러한 폭격은 아이러니하게도 과거 가장 위험한 임무 가운데 하나였다.

한 통계에 따르면, 2차 세계대전 중 유럽과 태평양 전선에서 격추된 폭격기는 12,000여기, 탑승원 55,500여명이 전사했다. 영 공군의 폭격기 아브로 랭커스터의 탑승원 생존은 3주였으며, 후미 기총수의 피탄율(被彈率)은 가장 높아 출격 4회로 사망했다. 때문에 폭격기 피해를 줄이는 것은 군 수뇌부의 최우선 과제였다.

대전 중 미 해군의 일화다. 출격 아군 폭격기의 피해가 눈덩이처럼 불어났다. 논의 끝에 상반된 두 가지 대안이 부상했다.

대안1. 기체 외벽을 두껍게 만들어 적의 전투기와 고사포 공격을 견디게 개조한다.

대안2. 기체 외벽을 더 얇게 만들어 기동성을 높임으로써 적의 공격을 회피한다.

수뇌부는 기체 외벽을 두껍게 하면 기동력이 떨어지고, 얇게 만들면 파일럿의 안전이 위협받기에 주요 부위에 '방탄판'을 덧대는 절충안을 채택한다.

그에 맞춰 기지로 생환한 폭격기들의 피탄 패턴을 세심히 분석한다. 탄흔이 많은 부위는 양쪽 날개 끝과 엔진 후방, 동체 중앙부였으며, 상대적으로 탄흔이 적은 부위는 기체 중앙의 앞부분과 조종석임이 밝혀진다.

놀라운 발상

이제 질문 들어간다.

그대는 수뇌부의 최종 의사결정자다. 방탄판을 어디에 덧대야 폭격기 생환율을 높일 수 있을까?

① 탄흔이 많은 부위
② 탄흔이 적은 부위

①번이라고 했는가? 미안, 틀렸다.

정답은 ②번, '탄흔이 적은 부위'에 방탄판을 덧대는 것이다. 이 무슨 황당한 소리인가! 피해가 적은 부위에 방탄판을 덧댄다고? 그렇다.

미군 수뇌부의 절충안처럼 이 문제를 대하는 많은 이들은 피탄 자국이 많은 부위에 방탄판을 덧대려 한다.

이에 통계학자 에이브러햄 왈드는 손을 내저었다. 피탄 분석엔 귀환한 폭격기만 포함됐을 뿐, 격추된 폭격기는 평가표본에 들어있지 않다는 이유에서다. 그러면서 귀환한 폭격기 부위 가운데 손상되지 않은 부위에 방탄판을 덧대길 수뇌부에 제안한다.

왈드는 왜 이런 역제안을 했을까?

귀환한 폭격기의 탄흔은 폭격기가 손상을 입더라도 안전하게 귀환할 수 있는 부위라는 것이다. 반면에 생환하지 못한 폭격기는 주로 기체 중앙의 앞부분과 조종석 부위에 총격을 받았다는 방증이므로, 생환율을 높이기 위해선 그 부위에다 방탄판을 덧댈 필요가 있다는 주장이다. 그렇게 표본편향(sample bias)은 극복되었다.

거꾸로 생각하라!

위 교훈은 역발상과 닮아있다. 탄흔이 많은 부위에 관심을 가지는 대신, 탄흔이 상대적으로 적은 부위에 초점을 맞춰 난제를 풀었다. 덕분에 많은 파일럿이 전투에서 살아남았다.

"근로자를 어떻게 작업 현장의 일감 쪽으로 이동시킬지를 고심하는 대신, 일감이 어떻게 근로자에게 다가오게 할지를 고심할 때 '컨베이어 라인'은 태어났다."

"사람은 왜 천연두에 걸리는지 의문을 가지는 대신, 어떤 사람(소나 양의 젖을 짜는 여자)은 왜 천연두에 안 걸리는지 의문을 던질 때 '천연두 백신'은 탄생했다."

"신입이 왜 3개월을 못 넘기는지 한탄하는 대신, 어떤 신입은 왜 수년째 자리를 지키는지를 물을 때 이탈 방지책은 쏟아졌다."

명심하라. 갈망하는 최고의 해결책은 어떤 사건이 발생한 곳이나 당사자 혹은 눈에 띄는 곳이 아니라, 이면이나 대척점 나아가 거꾸로 발상을 할 때 비로소 탄생한다. 그래야 제대로 타깃을 설정할 수 있다. You can be king again.

마케팅은 어떻게 진행될까?
기본 프로세스

아쿠타가와상(芥川賞)까지 수상했던 저명한 작가 마츠모토 세이쵸(松本清張). 그는 생전 잡지를 두고서 날카로운 한 마디를 던졌다. "잡지는 '생체해부'여야 한다."

잡지는 환자를 수술하듯 글 주제의 대상인 조직과 인물을 생생한 증언으로 자르고 도려내, 조직과 인물의 좋은 (혹은 나쁜) 부분을 명확히 부각시키는 내용이어야 한다. 새빨간 피가 뚝뚝 떨어지는 듯 현장감 넘치는 기록, 더해 그 핏물을 고스란히 뒤집어쓸 것 같은 반향의 기사.

그렇지 않으면 독자에게 진정 사랑받는 잡지가 될 수 없다는 지적이다. 마찬가지로 '시장 분석'도 생체해부 수준이면 좋겠다.

마켓 4.0 시대 도래!

4차 산업혁명으로 촉발된 마켓 4.0 시대!

이제 소비자들은 더 이상 기업이 하는 말을 있는 그대로 믿지 않는다. 장점이든, 단점이든 스스로 찾아내 이를 공유한다. 스마트폰과 온라인 커뮤니티, SNS의 발달이 가져온 변화다.

'마케팅의 대가'로 불리는 필립 코틀러 교수는 이를 '수직적, 배타적, 개별적'에서 '수평적, 포용적, 사회적' 방향으로 변화가 일어나고 있다고 설명한다.

이런 상황에서 커뮤니케이션 능력은 기업의 핵심 역량이 되었다. 마케터가 고객에게 제품의 장점을 설명하는 시대는 지났다. 사람들이 귀를 기울이는 것은 기업의 광고가 아니라 친구나 주변사람의 평가와 추천이다. 기업은 메시지의 노출 빈도와 양을 늘릴 것이 아니라, 몇 군데의 핵심 포인트에서 고객과 '의미 있게' 연결하는 방법, 즉 진정한 친구가 되는 방법을 고민해야 옳다.

소비자도 생산자보다 한 발 앞서 제품을 읽고, 행동하며, 스스로 적응하고 진화한다. 평판과 신뢰의 검증을 통과한다면 소비자는 단순한 팔로어(follower)를 넘어 찐팬(fan), 더 나아가 강력한 옹호자(supporter)가 된다. 오늘날 마케터의 목표는 소비자를 적극적 옹호자로 끌어들이는 것이 아닐까.

향후 이러한 환경 아래 살아남아 경쟁우위를 지켜나가기 위해서는, 한 분야의 '나무'가 아니라 마케팅 전략의 전체적인 '숲'을 관망하고 섭렵해야 한다.

하여 마케팅 전략을 추진하기 위한 '기본 프로세스'를 소개한다. 여기서는 대표적인 것 몇 가지만 거론했다.

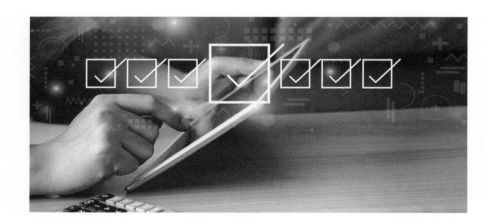

● 마케팅 기본 프로세스

마케팅 환경 분석 : 제품특성 분석

자사 제품의 특성을 분석한 후 마케팅 전략의 방향성을 제시

마케팅 환경 분석 : 거시적 분석 (PEST 분석)

현재 기업이 당면하고 있는 사회적 상황과 향후 예상되는 환경 변화에 대한 분석

마케팅 환경 분석 : 미시적 분석 (3C, 5가지 경쟁요인 등)

마케팅 환경 가운데서도 자사가 속한 업계와 고객, 경쟁자 등에 대한 분석

마케팅 환경 분석 : SWOT 분석

거시 및 미시적 환경 분석과 함께 자사의 강점과 약점, 시장의 기회와 위협을 파악

표적시장의 선정 (STP 분석)

자사 보유의 유한 자원을 적절히 활용할 수 있는 시장을 발견해 포지셔닝을 하고 경쟁우위를 구축

마케팅 믹스의 최적화 (4P)

표적시장에 대한 4P의 적절한 조합

고객과의 관계 구축 (CRM, LTV 등)

고객과 지속적이면서도 친밀한 관계를 이어갈 방법론을 모색

실행과 통제 (인력, 조직, 일정, 자원, 평가 등)

실행과 통제를 거쳐 피드백까지 이뤄지면 기본 프로세스는 완성

1. 마케팅 환경 분석

기업경영에서 가장 중요한 것은 먼저 자신의 기업이 놓여 있는 상황, 다시 말해 현재의 '환경'을 정확히 파악하는 일이다.

그렇지 못하면 제 아무리 훌륭한 기술이나 전략을 가지고 있다고 하더라도 그것들이 좋은지 아니면 나쁜지 적합한지 그렇지 못한지 등을 판단할 수 없다.

환경 분석은 초점을 어디에 두느냐에 따라 얼마든 다양한 결과 값을 얻을 수 있다는 사실도 명심하자. 환경 분석에는 크게 '제품 특성 분석, 거시와 미시적 분석, SWOT 분석 등'이 있다.

제품 특성 분석

마케팅에서 얘기하는 '제품'은 눈에 보이는 유형(有形)의 물건만이 아니라, 그 물건이 내포하고 있는 기능이나 디자인, 브랜드 등도 포함한다. 즉, 무형(無形)의 것도 포함된다.

자동차는 기계공학의 꽃이라고 불린다.(이제는 전자공학의 꽃이라고 해야 할 듯) 오늘날 필요불가결한 수송수단 자동차는 그 자체로부터 얻을 수 있는 직접적인 가치 이외에도 디자인이나 색깔, 각종 첨단기능, 브랜드 등도 자동차로부터 얻을 수 있는 또 다른 가치이다.

먼저 해당 제품으로부터 얻을 수 있는 가치란 무엇인가를 마케팅 조사를 실시하기 전 미리 파악해 둘 필요가 있다.

가치는 핵심과 형태, 부수적 기능과 같은 요소로 나누어지며 어떤 요소를 차별화의 기준으로 하는가에 따라 그 이후의 전략수립에 크게 영향을 미친다. 때문에 마케팅 환경 분석을 함에 있어 제품 분석을 우선적으로 추진한 후 전략의 방향을 결정하는 것이 중요하다.

● 자동차의 제품 특성 분석

형태
디자인, 칼라

핵심
수송 수단

부수적 기능
브랜드, 안전성

거시 환경 분석

기업을 둘러싸고 있는 거시 환경에는 일반사회와 경제동향, 기술, 법률 등에 이르기까지 수많은 항목들이 존재한다. 거시 환경 분석에는 'PEST 분석(PEST Analysis)'이 가장 일반적으로 활용된다.

PEST 분석이란, 정치(P: politics), 경제(E: economics), 사회(S: social), 기술(T: technology)의 네 가지 요인에 대한 분석을 일컫는다.

거시 환경은 변화의 속도가 그다지 빠르지 않아 자칫 간과하기 십상이지만, 기업의 성공과 실패를 결정지을 수 있는 중요한 요인이다. 기업 전략 수립을 두고서 과거는 사업과 직접 연관된 산업 환경을 중심으로 분석이 이루어졌다면, 현재는 기업 주변의 각종 거시 환경 분석이 날로 중요해지고 있다.

❶ 정치적 요인(political factors)

세금을 시작으로 노동법, 무역제재, 환경법, 관세, 정치적 안정성, 규제강화(완화) 등을 포괄한다. 말 그대로 정치 동향에 따라 좌우되는 요인을 말한다. 이를 테면, 연간 370만병(병당 500㎖ 기준) 이상의 생산능력을 갖춰야 허가를 받을 수 있는 맥주제조업 허가 기준을 술 산업 육성을 위해 대폭 완화한 것이 규제 완화의 하나라 하겠다.

이렇게 되면 국내 술 산업 육성은 물론이고 작지만 다양한 브랜드의 국산 맥주들이 등장해 업계 활성화에도 도움을 줄 수 있다. 하지만 기존 맥주업자 입장에서는 단숨에 경쟁자가 늘어나게 됨으로써 새로운 대응 전략이 요구된다.

❷ 경제적 요인(economic factors)

국내총생산(GDP)과 경제성장률, 금리, 환율, 인플레이션 등 다양한 경제 상황에 좌우되는 요인을 말한다. 참고로 GDP는 일정 기간 안에 국내에서 생산된 재화나 용역 등을 합산한 것이다. 이런 GDP가 증가하면 국민 소득과 구매력이 상승하게 된다.

경제적 요인에는 정책 금리와 환율 동향 등도 따져 보아야 한다. 정책 금리란 중앙은행(한국은행)이 시중 은행에 자금을 대출하는 경우에 적용하는 기준 금리를 말한다. 정책 금리가 올라가면 기업은 은행으로부터 자금을 조달할 경우에 적용되는 금리도 그에 따라 올라가게 된다. 이는 실물경제를 급속히 냉각시킬 수 있다.

❸ 사회적 요인(social factors)

우리 사회의 가치관을 시작으로 문화적 요소, 인구동태, 연령분포, 사회구조, 동향 등 사회변화에 관한 요인을 말한다. 이를 테면, 직장에 나가는 주부가 늘어나면 심야까지 여는 슈퍼마켓이나 할인점이 필요하다. 직장인들의 잔업 시간이 늘면서 심야까지 일처리가 계속되면 이른 아침부터 문을 여는 피트니스 클럽이 호황을 맞게 된다. '공정세대'로까지 불리는 MZ세대(밀레니얼+Z세대)의 부상과 그 영향력이 사회 여러 분야에 걸쳐 확대되고 있다.

기업은 이러한 사회변화와 라이프 스타일의 다양화에 맞추어 고객 니즈에 맞는 제품과 서비스를 제공할 수 있어야 생존을 보장받는다.

🔹 기술적 요인(technological factors)

기술 혁신, R&D 활동, 자동화, 특허 등 기술동향에 따라 변화하는 요인을 말한다. 즉, 인공지능과 로봇, 스마트폰 및 스마트 기기의 보급, 생산관리 기술 및 판매관리의 기술적 진보 등이다. 이처럼 세상은 하루가 다르게 급변하고 있는데, 이는 4차 산업혁명을 주도하는 관련 기술이 뒷받침하고 있다.

● PEST 분석 : 자동차 경우

항목	환경 변화	사례
정치적 이슈	도로교통법개정	:
	탄소중립기본법	:
	안전규제 강화	:
경제적 이슈	미국 달러 강세	:
	유가의 급상승	:
	수출 및 내수 침체	:
사회적 이슈	저연비 고효율의 친환경 자동차	:
	COVID-19로 차박 캠핑	:
	저출산과 고령화	:
기술적 이슈	전기차·하이브리드차	:
	자율주행자동차(무인자동차)	:
	AI와 로봇·사물인터넷	:

또 물류업계라면 RFID 태그는 중요한 이슈다. RFID 태그란, 1mm이하의 IC 칩을 탑재한 태그를 가리킨다. 초소형으로 제품에 장착하기도 용이하다. 안테나를 통해 RFID 태그에 보존한 정보를 관리 시스템 등과 상호 통신할 수 있어 유통 효율화에 크게 공헌하고 있다.

한편으로 PEST 분석의 경우, 모든 것을 망라해 분석을 진행하게 되면 엄청난 업무량이 될 수 있다. 따라서 전략을 수립하는데 반드시 필요하다고 생각되는 요소만을 추출해 따로 분석하는 운용의 묘도 필요하다.

미시 환경 분석

3C 분석

기업 활동의 원점이라고 할 수 있는 개념에는 마케팅의 '3C'가 있다. 3C란 마케팅을 둘러싼 다양한 환경을 분석하는 기법이다.

● 3C 분석

고객분석 Customer	자사 고객에 대해 분석. 연령, 성별, 직업, 소득, 학력, 가족구성, 거주지, 근무지, 라이프스타일, 구매행동, 사용상황 등의 정보를 입수하여 분석한다. 이를 테면, 맥주의 경우 어떤 사람들이 어느 정도의 빈도로 마시는지, 선택의 이유, 누구와 어디서 어떻게 마시는지 등이다.
경쟁자분석 Competitor	자사 브랜드 및 제품과 경쟁하는 기업에 대한 분석. 공통 제품분야에서 동일한 타입의 소비자층을 타깃으로 하고 있는 다른 기업이며 시장의 관점에 따라 다양하게 상정할 수가 있다. 맥주를 예로 들면, 좁은 의미에서 제품분야의 실질적인 경쟁자는 소수에 지나지 않지만, 넓은 의미에서 위스키, 막걸리, 와인, 소주 등 다양한 알코올 음료 기업을 떠올릴 수 있다.
자사분석 Company	자사 경영자원을 충분히 이해할 것. 인재, 자금력, 기술력, 노하우, 기업문화, 조직과 같은 사내자원과 시장점유율, 소비자의 인지도, 브랜드력과 같은 시장에서의 지위를 분석한다.

3C 분석이란 Customer(고객: 우리 고객에 대한 분석), Competitor(경쟁자: 우리 제품과 경쟁하는 기업에 대한 분석), Company(자사: 우리가 가진 경영자원에 대한 분석)의 알파벳 머리글자에서 따온 것이다.

이 세 요소를 분석하고 비교함으로써 시장 매력도를 빠짐없이 체크할 수 있다. 때문에 신규진입을 검토할 경우와 간략한 시장분석을 할 경우에 매우 유용하다.

5가지 경쟁요인 분석

기업을 둘러싼 역학관계를 분석하는 방법이다. (구체적인 내용은 Part 3에서 다루고 있다.) 기업이 성공하기 위해서는 자사가 위치해 있는 산업계의 구조를 충분히 파악해 둘 필요가 있다. 여기에는 마이클 포터가 주창한 다섯 가지 경쟁요인 분석이 유용한 도구로 활용된다.

❶ 신규진입의 위협

시장에 새로운 기업이 진출하면 기존 기업들은 위협을 느끼게 된다. 신규진입 기업의 예로는 이업종 기업, 국내외 기업 등을 다양하게 거론할 수 있다. 신규진입에 따른 위협의 크기는 진입장벽의 높이로 결정된다.

❷ 공급자의 교섭력

공급자는 원재료와 제품을 제공해주는 상대, 즉 서플라이어(supplier)를 가리킨다. 공급자가 적은 경우와 특정 소수에게 집중되어 있는 경우라면, 모든 기업이 그 곳에서만 구입하게 되므로 공급자의 교섭력은 높아진다. 반면에 공급자가 많은 경우에는 반드시 그 곳으로부터 구입할 필요가 없으므로 공급자의 교섭력은 약화된다.

❸ 구매자의 교섭력

구매자는 제품과 서비스를 구매해 주는 상대, 즉 자사 고객(소비자)이다. 공급자의 경우와 마찬가지로 구매자가 적고 집중되어 있는 경우에는 구매자의 교섭력이 강화된다. 역으로 자사 제품이 차별화 되어 있어 그 수요가 높은 경우에는 구매자의 교섭력은 약화된다. 따라서 가격인하나 프로모션 등을 하지 않아도 판매될 가능성이 높다.

④ 기존 경쟁자와의 경쟁관계

어떤 업계에서건 경쟁자는 반드시 존재한다. 일반적으로 경쟁기업이 많을수록 경쟁관계는 심화된다. 그 때문에 기업들은 항상 신제품과 새로운 시스템을 발표해 다른 기업보다 우위에 서고 싶어 한다.

⑤ 대체품(서비스)의 위협

고객 니즈를 충족하는 제품, 즉 '대체품'이 발매되면 기존 제품을 생산하고 있는 기업은 위협을 느끼게 된다. 특히 대체품 가격이 저렴하고 사용이 편리할수록 위협은 커지게 된다.

SWOT 분석

'SWOT 분석'은 마케팅 환경 분석의 대표적 방법이다. 기업이 놓여 있는 내부환경과 외부환경을 분석한 후 이를 통해 마케팅 전략을 세우게 된다. 내부환경 분석을 통해 추출되는 강점(Strength)과 약점(Weakness), 외부환경 분석을 통해 추출되는 기회(Opportunity)와 위협(Threat)을 조합해 마케팅 전략의 기반을 마련한다. 이런 강점과 약점, 기회와 위협의 알파벳 머리글자를 따서 SWOT 분석이라 부른다.

● SWOT 분석

		외부환경 분석	
		기회	위협
내부환경 분석	강점	자사의 강점을 살려나갈 수 있는 사업 기회는 어떤 것인가?	자사의 강점을 살려 위협을 어떻게 회피할 수 있을까?
	약점	자사의 약점 때문에 사업 기회를 잃지 않기 위해서는 어떻게 해야 할까?	약점과 위협으로 인해 최악의 사태가 야기되지 않도록 하기 위해서는 어떻게 해야 할까?

2. 표적시장 선정

앞서 행한 마케팅 환경 분석의 결과를 통해 불특정 다수의 시장을 동일한 니즈를 가진 그룹으로 구분(Segmentation)하고, 표적을 압축(Targeting)해 어떤 식으로 자사 제품을 차별화(Positioning)할 것인지를 결정한다. 바로 'STP 분석'이다.

세그먼테이션

마케팅 전략의 출발점은 '세분화'다. 세분화란 시장을 입맛에 맞게 잘게 자르는 것이다. 수 년 전만 해도 많은 기업은 매스 마케팅(mass marketing), 즉 대중에 대한 판매를 전제로 전략을 추진하고 있었다.

지금처럼 제품의 종류가 그다지 많지 않았던 시대에는 그와 같은 마케팅이 좋은 결과를 가져왔다. 하지만 오늘날에는 유사한 제품이 흘러넘치고 소비자의 취향은 날로 까다롭고 다양하다. 또 제품(서비스)의 기술과 품질 수준이 대동소이하면서 수많은 경쟁자들과 혈투를 벌여야 한다.

결국 시장을 세부적으로 나누고 자사에 적합한 대상(소비자)을 압축할 필요가 생겼다. 이것이 바로 세분화다. 경쟁자가 적은 시장에서는 매스 마케팅도 유효하지만, 그럼에도 대상을 압축한 전략이 훨씬 유효하다.

● 시장 세분화의 예

타기팅

세분화 과정이 끝났다면 각각의 세그먼트를 검토한다. 우리 기업에게 있어 매력적인 표적시장에 타깃을 맞춘다. 이 작업을 '타기팅(targeting)' 이라 부른다.

표적시장을 찾았다면 기업은 평균적인 고객 이미지를 찾아서 그에 걸맞는 제품을 만들어야 한다. 다만, 마케팅의 거장 필립 코틀러는 평균적 고객을 기준으로 하는 것은 위험하다고 지적한 바 있다.

"한 쪽 발을 열탕에 담그고, 다른 쪽 발을 냉탕에 담그고 있는 사람도 평균은 적당(쾌적)하다고 한다."

평균소득이라고 해도 그 가운데 BTS와 같은 글로벌 스타나 메시, 호날두 같은 축구 선수가 일부 섞여 있으면 해당 그룹의 연봉은 훌쩍 올라간다. 이런 경우 평균이란 거의 무의미하다고 볼 수 있다. 그러므로 대상을 정확히 압축할 필요가 있다.

포지셔닝

세그먼테이션과 타기팅을 하였다면 이제 포지셔닝 하는 단계로 넘어간다. 이것은 표적시장 소비자의 마음속에 우리 기업의 이미지를 명확히 각인시키는 작업이다.

이를 테면, 메르세데스 벤츠는 '세계 최고의 고급자동차 메이커'라고 하는 이미지가 있으며, 마이크로소프트(MS)는 '컴퓨터 OS의 세계적 강자', 삼성전자는 '대한민국 최고의 기업'이라는 인식이 소비자에게 존재한다. 이처럼 기업 이미지나 메시지가 명확히 이해되지 않으면 고객 마음을 사로잡을 수 없다.

3. 마케팅 기본 프로세스 정리

앞서 언급한 마케팅 전략을 추진하기 위한 '기본 프로세스'를 간단히 정리해보자.

우선 시장 환경, 즉 마케팅 환경 분석을 실시한다. 시장을 분석하기에 앞서 우리 기업이 판매하고 있는 제품(서비스)에 대한 분석이 선행되어야 한다. 이를 토대로 마케팅 전략의 방향성을 확립한다.

다음으로 거시 환경과 미시 환경 분석을 행한다. 거시 환경 분석에는 'PEST 분석'이, 미시 환경 분석에는 '3C 분석'과 '경쟁요인 분석' 등이 있다. 또 'SWOT 분석'을 통해 우리 기업의 강점과 약점, 기회와 위협을 객관적으로 파악한다.

환경 분석이 끝나면 이번에는 제품과 서비스가 고객의 손에 이르는 과정을 분석한다. 바로 밸류체인(value chain) 분석이다. 제품개발 → 제조 → 물류 → 마케팅(판매) → A/S의 과정을 거친다. 밸류체인을 검토하다 보면 평소 의식하지 못했던 보틀넥을 발견할 수도 있다.

다음으로는 표적시장을 선정하게 되는데, 대표적인 것에는 'STP 분석'이 존재한다. 이어서 '마케팅 믹스(4P)'의 최적화를 검토하고, 고객과 지속적이면서도 친밀한 관계를 이어갈 방법론을 모색한다.(CRM, LTV, 80/20 법칙 등)

이상과 같은 일련의 과정을 거쳐 최종 단계에 이른다. 이 단계에서는 우리 기업의 인력과 조직, 자원, 스케줄, 평가 등을 구체적으로 검토하고 판단하는 '실행과 통제(implementation & control)'를 거친다. 이후 다양한 피드백이 이루어지면 마케팅 전략을 추진하기 위한 기본 프로세스는 완성된다. 다만, 언급한 기본 프로세스가 반드시 위와 같은 순서일 필요는 없다.

한편, 애플 창업자 스티브 잡스는 생전 이런 의미심장한 말을 남겼다.

"많은 경우, 사람들은 원하는 것을 보여주기 전까지 무엇을 원하는 조차 모른다.(A lot of times, people don't know what they want until you show it to them.)"

믿기 어렵겠지만, 잡스는 '시장(소비자) 조사'를 하지 않기로 유명했다. 조사를 해봐야 사람들은 자신이 뭘 원하는지 모른다고 생각한 때문이다.

사실 그 어떤 소비자도 잡스에게 스마트폰을 만들어 달라고 몽니를 부리지 않았다.

결과적으로는 그의 남다른 생각이 애플을 전 세계 최고의 기업으로 만들었고, 현재도 수많은 소비자에게 놀라움과 즐거움을 선사하고 있다. 최고경영자(CEO)는 모두 잡스와 같은 판단을 하라는 얘기가 아니다. 다만, 시장 환경 분석 시 한 번쯤 새겨들었으면 좋겠다.

생각해 보기!

① 마케팅의 기본 프로세스에 대해 설명해보라.

② PEST 분석의 'P, E, S, T'란 무엇인가?

③ '3C 분석'의 의미와 중요성에 관해 언급하라.

뒤집어 보는 아름다움의 잣대!

미(美)의 진정한 기준!

미인의 절대조건

경국지색(傾國之色)

얼마나 빼어나게 아름다운 미인을 가리키는 것일까? 꽃도 부끄러워하고, 달도 숨을(羞花閉月)만큼의 미인을 지칭하는 것일까?

삼백(三白, 하얀 피부와 치아, 손)과 삼홍(三紅, 붉은 입술과 뺨, 손톱)을 갖춘 양귀비와 클레오파트 정도를 얘기하는 것인가?

까도남(까칠한 도시 남자) 그대가 떠올리는 절대미(絶對美)의 조건은 무엇인가?

잡티 없는 새하얀 얼굴에다 오뚝한 코와 살짝 튀어나온 이마, 두 볼에 파인 보조개, 하얀 건반마냥 가지런한 치아, 남성을 유혹하는 두툼한 입술의 소유자? 아니 그보다는 완벽한 입체감이 느껴지는 조각 같은 얼굴이 글로벌 미인?

20살 연하인 왕(앙리 2세)의 마음을 사로잡은 디안 드 푸아티에. 그녀가 남긴 유명한 미인의 조건은 이렇다.

하얀 것 세 개 : 피부, 치아, 손
검은 것 세 개 : 눈동자, 눈썹, 눈꺼풀
붉은 것 세 개 : 입술, 볼, 손톱
긴 것 세 개 : 몸, 머리카락, 손

짧은 것 세 개 : 이, 귀, 발

가는 것 세 개 : 입, 허리, 발목

굵은 것 세 개 : 팔뚝, 허벅지, 엉덩이

작은 것 세 개 : 유두, 코, 머리

_피오나 "사랑보다 나를 더 사랑하라"에서

아름다움이란 자신의 전체적 얼굴과 자연스럽게 어울릴 수 있는 눈과 코, 입의 크기나 모양이라고 얘기하는 사람도 있을 것이다.

동서고금에 걸쳐 미인의 기준은 시대나 상황 그리고 지역에 따라 다양하다. 절세미인이었다는 양귀비. 그녀의 키는 156cm, 몸무게는 69kg이었다고 하니 오늘날 기준으로 하면 비만 그 자체다.

절대미란 결국 상대미(相對美)를 말한다. 제 눈의 안경이라는 의미다.

아름다움은 제 눈의 안경?

'도브(Dove)'라는 이름을 들어보았는가?

샴푸와 비누 등의 용품을 떠올렸다면 제대로 알고 있는 셈이다. 그 도브 생활용품을 판매하는 다국적기업 유니레버(Unilever)는 지난 2004년 전 세계 10개국에 걸쳐 '진정한 아름다움'에 대한 설문 조사를 진행한다.

그런데 이 결과가 자못 충격적이었다.

조사 대상 여성의 2%만이 "나는 아름답다"라고 답했다. 전혀 예상 밖의 결과다. 그 한편으로 많은 여성들이 표면적인 아름다움과는 다른 미인의 기준을 머리에 떠올리고 있었다. 이를 테면 다음과 같은 것이다.

"아름다움은 태도와 마음가짐을 통해 달성된다." (77%)

"여성은 나이와 관계없이 아름다워질 수 있다." (89%)

"모든 여성은 아름다운 무언가를 가지고 있다." (85%)

이런 결과를 바탕으로 유니레버는 여성의 아름다움을 새롭게 정의하고자 과감한 캠페인(campaign for real beauty)에 돌입한다. 지금껏 너무도 당연시해 온 고정관념에 대한 도전장이다. 캠페인 첫 머리부터 이런 강렬한 메시지를 던졌다.

"아름다움의 정의는 오랜 기간 누군가에 의해 편협하게 규정되어 왔다. 진정한 아름다움은 한 사람 한 사람에게 내재되어 있다. 모든 연령(ages)과 모든 크기(sizes), 모든 모습(shapes) 속에 존재한다고 확신한다."

현재의 상식으로는 광고 모델이라면 우선 젊고, 예쁘고, 큰 눈과 도톰한 입술, 발달한 가슴, 잘 영근 엉덩이의 금발 모델을 연상한다. 말하자면 수컷으로부터 가장 선택받을 가능성이 높은 완벽한 몸매를 가진 경우이다.

하지만 이 캠페인에서는 도브의 실제 소비자이면서 지극히 평범한 사람들이 등장한다. 이들의 입을 통해 회사의 제품을 알리려 했던 것이다.

이를 테면, 한 눈에 봐도 완전 뚱뚱한 34살 아기 엄마 '타바사'를 등장시키며 상식 밖의 물음을 던진다.

"그녀는 뚱뚱한가(oversized)? 아니면 탁월한가(outstanding)?"

그 외의 등장 모델도 쭉쭉빵빵의 섹시계 혹은 매혹의 금발 미인과는 상당히 거리를 둔 온통 '평범녀'뿐이다.

완전 회색머리의 멀린, 백수를 눈앞에 둔 쭈글쭈글 주름의 할머니 싱클레어, 얼굴과 온몸이 주근깨투성이인 레아, 절벽이라 부를 만큼 빈약한 가슴의 주인공 에스더 등.

그러면서 유니레버는 소비자들에게 둘 중 하나를 선택하라고 한다.

백발인가? 우아한가? (Gray? Gorgeous?)
흠이 있는가? 없는가? (Flawed? Flawless?)
반밖에 없는가? 반이나 찼는가? (Half empty? Half full?)

한 마디로 '예쁘고 잘 빠지면 모든 게 용서된다'는 요즘의 세태를 정면에서부터 치고 나간 캠페인이다. 외모지상주의나 그 숭배자에게는 사뭇 충격이 아닐 수 없다.

All bodies are beach bodies!

와우~ 여름이다. 일전 스페인 양성평등부(Equality Ministry)는 SNS에 해변에서 수영복 입은 여성 5명이 담긴 포스터를 공개했다. 여름 휴가철을 맞아 준비한 캠페인이다.

포스터 속에는 유방 절제술을 받은 장년 여성을 시작으로 허벅지에 셀룰라이트가 있는 여성, 다리·겨드랑이에 털이 있는 여성, 흑인 여성 등 다양한 연령과 체형, 인종이 등장한다.

모든 몸은 옳으며 여성은 언제, 어디서건 원하는 이들과 여름을 탐닉할 권리가 있고, 우리 몸에 대한 고정관념과 외부 시선은 벗어던지고 여름을 한껏 즐겨야 한다는 메시지다.

오랜 기간 획일적이고 맹목적인 아름다움의 기준이 바뀌어야 하듯 기존의 편협하고 단정적인 행동이나 생각들도 이제는 바뀌어야 한다.

남들과 달라 보인다고 절대 기죽어서는 안 된다. 그대가 지닌 독특함이야말로 심오한 매력에 차별요인, 그리고 경쟁력으로까지 평가될 수 있다.

전설의 디자이너이자 샤넬 설립자인 코코 샤넬(Coco Chanel)은 말한다.

"아름다움이란, 나 자신이 되겠다는 걸 결정한 순간부터 시작된다."

(Beauty begins the moment you decide to be yourself.)

시장이란 대체 어떤 곳일까?

시장에 관한 고정관념 버리기!

세계적인 기업이 어느 날 돌연 모습을 감춘다. 공룡 재벌기업이 한순간 소비자의 신뢰를 잃고 비틀거린다. '시장'은 늘 우리 예상을 벗어나는 때문이다. 목적지를 향해 가속 페달을 밟기보다는 시장의 진실을 읽고 유유히 나아가라. 터널 끝 불빛이 마주보고 달려오는 기차일 수도 있다.

기업이 가장 두려워하는 곳은?

도대체 여기는 어디일까?

"이곳에서 정정당당이니 민주주의니 운운(云云)하는 건 개나발이다. 애당초 싸울 힘이 없고 눈치도 없고 융통성 떨어지는 무능력자가 내뱉는 헛소리일 뿐! 주먹이나 발길질의 세기만이 유일한 정의의 잣대로 평가받는다."

실로 냉혹하고 소름 돋는 곳이다. 이곳은 다름 아닌 '시장(market)'이다. 기업 경영자(CEO)나 기술자(개발자)들이 떠올리는 대단한(?) 생각 하나가 있다.

"우리 회사 제품은 기술과 디자인 측면에서 뛰어나고 품질도 괜찮아서 시장에 출시만 하면 폭발적인 인기를 얻을 거야!"

이들의 확고한 믿음은 사실일까?

즉, 제품만 훌륭하면 소비자의 사랑은 자연히 따라오는 것일까!

솔직히 답하면, 반은 진실이고, 반은 거짓이다. 근래에는 후자일 가능성이 훨씬 농후하다.

알 리스(Al Ries)와 잭 트라우트(Jack Trout)는 "마케팅 전쟁(Marketing Warfare)"에서 이렇게 말한다.

"대부분의 마케팅 매니저가 빠지기 쉬운 또 하나의 환상은 보다 우수한 제품이 마케팅 전투에서 승리할 것이라는 신념이다."

심지어는 마케팅 담당자들 가운데도 간혹 그렇게 생각하거나 기대하는 사람이 있다.

● 시장을 둘러싼 환경

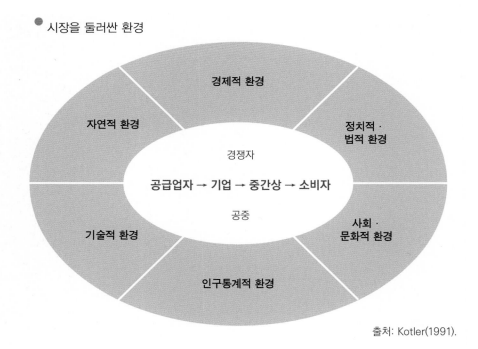

출처: Kotler(1991).

반론 차원에서 질문 하나 던져보자.

최근 시중에서 인기를 얻고 있는 노래나 책이 작사, 작곡, 내용(콘텐츠) 등의 측면에서 그 인기에 견줄 만큼 훌륭하거나 충실하다고 생각해서 소비자들이 그것을 구입하는가?

분명한 사실은, 가령 책이라면 유명 서점이나 TV, 인터넷, 신문, 잡지 등에 베스트셀러로 소개되었거나, 우연히 서점에 들렀다가 눈에 띄는 책을 집어 들게 되는 경우가 다반사다.

때로는 '주식'이나 '암호화폐'에 관한 이야기, 창의력 계발 붐을 틈타 "창의력에 미쳐라", 젠더 갈등이 커진 사회 속에서 "82년생 김지영", MZ세대의 부각에 따른 "90년대생이 온다"와 같은 책들이 사회적 화두나 논쟁이 되면서 구매를 결정하기도 한다. 유익한 전문서적이 시시콜콜한 삼류 연예기사나 저속하고 현란한 표현의 성(性)을 다룬 주간지나 월간지만큼도 판매되지 못하는 경우가 비일비재하다.

"품질이 우수한 만큼 좋은 결과가 예상된다"라거나 "기술이 뛰어나 반드시 히트를 칠 것이다"와 같은 제품지향적 사고는 특히 엔지니어들이 금과옥조(金科玉條)로 받아들이는 신념 가운데 하나다. 이것은 어떤 의미에서 지극히 건전하며 합리적인 사고임에 틀림없다. 하지만 오늘날 시장 현실은 그러한 신념이 그대로 통용될 만큼 순진하지 않다.

시장에서 '인기(人氣) 있다는 것'과 작품성 측면에서 '우수하다는 것'이 일치하지 않는 경우가 훨씬 많다. 기술적으로 뛰어난 제품이 항상 시장을 석권하는 것이 아니듯 말이다. 특히, 최종 소비자가 기업이나 기관이 아니라 일반 소비자인 경우에 그런 성향은 더욱 뚜렷하다.

● 시장의 민낯

시장 (Market)		
제품의 인기 (人氣)	≠	제품의 우수성 (優秀性)
		제품의 저렴성 (低廉性)

또 다른 질문이다. 제품 가격이 저렴하면 인기가 있을까?

솔직히 가격이 저렴하다는 것은 소비자들 입장에서 보면 무척 구미가 당기는 얘기다. 그러나 이것이 전부는 아니다.

우리 경제가 불황에 신음을 하고 있는 가운데도 소비자들의 고급지향 소비패턴은 눈에 띈다. 백화점 명품관이 붐비고, 고가 수입 외제차가 그 어느 때보다 인기를 끌고 있다. 게다가 골프장비나 가구 등과 같은 고급 소비재 수입은 매년 확대일로를 걷고 있다. 한 마디로, 시장 소비 패턴의 이중구조(二重構造)가 뚜렷하다.

단돈 1,000원짜리 균일제품을 찾는 소비자도, 고가의 수입 외제차를 찾는 소비자도 결국 이들이 원하는 것은 단 하나다. 중요한 것은 '보다 저렴한 제품'만이 아니라, '보다 만족' 하거나 혹은 할 수 있는 제품을 고객은 찾는다는 사실이다.

자동차를 새로 구입했을 당시를 떠올려보라. 분명 3만여 가지의 부품으로 이루어진 승용차 그 자체를 원했기에 자동차를 구입하지는 않았다. 새로운 자동차를 통해 느낄 수 있는 편의성과 시간절약, 사회적 위상, 승차감이 아닌 하차감(외부시선) 등을 바랐다. 한 마디로 소비자는 '만족(satisfaction)'을 원했던 것이다.

소비자가 제품을 구매하는 이유!

필히 명심해야 할 것이 있다.

소비자가 특정 제품에 주목하고 그것을 구매하면서 기대하는 점은, 그 제품만이 가지는 고유의 편익(benefit)이다.

"소비자는 '드릴(drill)'을 구입하는 것이 아니라, 드릴을 활용해 뚫은 구멍을 구입하는 것이다."

오래전부터 회자되어 온 말로 마케팅의 의미를 가장 함축해 표현하고 있다. 여기서 니즈는 '구멍' 그 자체이며, 드릴이라고 하는 실재(實在) 제품은 아니다. 만약 다른 실재 제품을 활용해 동일한 '구멍'을 뚫을 수 있다면 소비자는 별도로 드릴을 구입하지 않는다.

'칫솔'을 예로 들어보자. 소비자가 칫솔에 기대하는 이익은 무엇일까? 치아 건강과 충치 예방은 칫솔의 가장 보편적 편익이다. 어떤 소비자는 치아를 새하얗게 만들어 줄 편익을 기대하기도 한다. 또 누군가는 입 냄새 억제와 같은 편익을 요구하기도 한다.

영국의 노벨경제학상 수상자 프리드리히 하이에크(Friedrich Hayek)는 시장의 본질을 이렇게 언급했다.

"시장은 기업가로 하여금 매일 일어나 '자기가 원하는 것이 아니라 남이 원하는 것'을, '자기가 원하는 가격이 아닌 남이 원하는 가격'으로, '자기가 원하는 양이 아니라 남이 원하는 양'만큼 공급하게 한다. 만약 신(神)이 창조하지 않았다면, 시장은 인간의 가장 위대한 발명이다."

분명 지하철 명동역 주변에서는 인기가 높은데, 강남역 주변에서는 전혀 소비자의 주목을 끌지 못한다. 서울역 구내에서는 잘 판매되는 제품인데, 정작 부산역 구내에서는 소비자 반응이 시원치 않다.

왜 이러한 일들이 벌어지는 것일까? 이는 지역에 따라 소비자 취향이 다르고, 그 때문에 요구하는 제품도 수준도 모두 다르기 때문이다.

옷을 예로 들어 설명해보자.

_주변에 아파트 단지를 끼고 있는 지하철역 : 실용적인 옷, 평상복, 속옷, 양말 등
_대학가 주변의 지하철역 : 유행하는 옷, 화려한 옷, 중저가의 옷
_주변에 직장인들이 많은 지하철역 : 와이셔츠, 양복, 정장, 액세서리 등

지역(입지)이 다르면 인기 제품의 종류도 달라질 수밖에 없다. 그렇다면 판매 방법도 응당 달라져야 한다. 그래서 '마케팅'이 필요한 이유다.

마케팅 지향적 사고란?

제품을 개발, 생산해 시장에 내다 팔려고 한다. 어디에 무게중심을 두고 마케팅을 해야 할까?

필시 생산부의 담당자라면,

"대량 생산을 통한 저가격 전략을 무기"로 내세울 것이다.

연구개발(R&D)부의 담당자라면,

"우린 기술력이 탁월해서 기능과 품질이 핵심"이라며 주장할 것이다.

영업부의 담당자라면,

"우리 기업은 전통적으로 영업망이 튼튼하므로 영업으로 승부"하자고 할 것이다.

위 담당자의 의견은 어느 것 하나 틀린 것이 없다. 때문에 기업의 CEO는 어떤 의사결정을 하든 그것은 고유의 권한이며 전적으로 자유다.

하지만 과거 마케팅을 조금이라도 접한 적이 있는 담당자라면,

"무엇보다 소비자가 어떤 제품을 원하는지를 조사한 후 고객이 만족할 수 있는 것을 제공해야 한다"고 주장할 것이다. 이게 바로 '마케팅 지향적 사고'다.

대량 생산을 통한 저가격 전략을 무기로 하자는 것은 바로 '생산 지향적 사고'다. 수요 확대기의 공급자 중심 시대의 발상이다. 또 '제품 지향적 사고'는 소비자 니즈가 다양화한 현재에는 독선에 빠질 위험성이 존재한다.

한편 '판매 지향적 사고'는 시장이 공급자 중심 시대에서 소비자 중심 시대로 바뀐 고도 성장기에는 유효하지만 구매자의 개성화, 다양화가 대세인 현재에는 오히려 반발을 불러올 가능성이 높다.

그에 반해 '마케팅 지향적 사고'는 소비자 니즈로부터 자사 생산력, 기술력, 판매력의 조합을 떠올린다. 그렇다면 제품 개발 중심에 소비자를

둔다는 측면에서 오늘날 시장에 가장 적합한 발상이라 하겠다.

기업은 생산지향과 제품지향에서 판매지향을 거쳐 마케팅지향으로 발전되고 있다고는 하지만, 제품이 용이하게 소비자 손에 도달하도록 하는 환경을 구축하는 것(생산지향)도 중요하다.

나아가 품질 개선을 거듭하는 노력(제품지향)과 TV나 인터넷 등 각종 매체를 활용해 소비자가 무의식중에 광고 카피를 기억하도록 하는 활동(판매지향) 등도 여전히 중요하다.

마케팅은, 기업경영의 '도착점'이 아니라, '출발점'이라는 인식은 어떨까. 마케팅은 만들어진 제품을 어떻게 처분할까하는 판매 활동, 즉 사후처리에만 시종일관 몰두하는 것이 아니다. 생산을 준비하는 단계(upstream), 즉 무엇을 만들까 하는 계획에 관여하고, 이것을 보다 체계적으로 추진하고자 공장설비 등 투자 의사결정에도 관여한다.

쉽게 표현하면 '만든 것을 판매(Product Out)'하는 것이 아니라, '팔릴 수 있는(Market In) 것을 만들어 판매하는 것'이어야 한다. 이런 사고가 바로 마케팅 전략의 기본이 되어야 한다.

생각해 보기!

1 '시장(market)'이란 대체 어떤 곳인가?

2 승차감은 물론 하차감(?)도 중요한 까닭을 설명해보라.

3 '마케팅 지향적 사고'란 무엇인가?

한 방에 한 마리씩 낚기!

타깃 마케팅

백주 대낮에 똥 밟다!

여유가 느껴지는 화창한 토요일!

아내가 아침부터 다음 주에 먹을 찬거리도 아이들 간식도 없다며 투덜거린다. 아무래도 오늘은 하던 일을 잠시 접고 같이 시장을 봐야 할 것 같다. 맞벌이 부부다 보니 토요일을 놓치면 정말 일주일이 피곤해진다.

말이 나온 김에 바로 아내와 차에 올라탔다. 등 떠밀려 나온 쇼핑이지만 오랜만에 아내와 함께하는 드라이브라 그런지 행복하다. 달리다 보니 대형할인점 간판이 눈에 들어왔다. 도로 양쪽에는 오가는 사람들로 북적거렸다.

앞서 가던 많은 차량들이 할인점 건너편에서 비상등을 켜고 있다. 잠시 후, 앞서가던 차들이 주춤 주춤한다. 이윽고 맞은편 쪽에 차량이 보이지 않자 일시에 좌회전을 시도한다. 뒤따르던 우리도 얼떨결에 핸들을 왼쪽으로 꺾어 중앙의 노란 선을 넘어 섰다.

그런데 이게 웬 왕재수람! 바로 눈앞에 교통경찰이 서있다. 그럴 줄 알았다는 듯 씨~익 웃으며 이리 오라고 손짓을 한다. 한 마디로 백주 대낮에 똥 밟은 심정이 이런 건지 모른다. 아내의 식식거리는 숨소리는 코골이보다 요란하다.

경찰이 손으로 가리킨 곳으로 차를 세웠다.

"(굽실거리며) 아이쿠, 죄송합니다. 한 번만 봐 주세요."
"불법 유턴 하셨습니다. 면허증 좀 주세요."

이 때 옆 좌석의 아내가 나섰다.

"(숨넘어가는 얼굴로) 한 번만 봐 주시면 안돼요. 워낙 급해서…!"
"(단호한 어조로) 단속 권한은 있어도 봐 줄 권한은 없습니다."

한 칼에 아내의 애원을 허공으로 날린다. 참 야속한 인간이다.

지갑에서 면허증을 찾는 순간에도 그 뒷면에 배추 잎 두 장 살포시 접어 내밀면, '친절한 경찰로 돌변할까?'하는 불순한 생각도 잠깐 뇌리를 스친다. 그러다가도 "내가 무슨 불온한 상상을 하고 있지"하고 스스로 놀라 면허증만 건넨다.

자포자기한 표정으로 면허증을 건네면서도 마지막까지 구걸의 끈은 놓지 않는다. 그게 새가슴 소시민의 본능이다.

"그럼 저기, 제일 싼 걸로 끊어 주세요."

하지만 교통경찰은 아주 친절하게 원칙대로 60,000원짜리를 끊어 주었다. 불법 유턴은 도로교통법 제16조에 의거 60,000원의 범칙금을 물어야 된다는 충고도 잊지 않는다.

할인점 앞을 지나 정해진 유턴 장소까지 가려면 족히 100여 미터는 더 가야 하고, 거기서 신호 받아 좌회전하려면 대기시간 또한 만만치 않다. 그러다보니 하루에도 수많은 차량들이 도로교통법을 어겨가며 불법 유턴을 한다.

촌철살인의 반격

슬슬 짜증이 몰려오기 시작한다. 앞서 가던 무수한 차량들이 불법 유턴해 할인점 지하 주차장으로 별일 없다는 듯 들어갔건만, 하필 우리만 붙잡혀 알토란같은 내 돈 60,000원을 범칙금으로 국가에 헌납해야 한단 말인가. 수입은 늘 유리지갑이거늘. 울컥하고 가슴에서 목까지 끓어오르는 게 있다.

딱지도 떼였겠다, 더 이상 두려울 게 없다. 그 경찰에게 기분 나쁘다는 듯 미간을 깊게 접으며 따져들었다.

"(거만한 목소리로) 이봐요! 아~씨, 다른 차들은 왜 안 잡아요?"
"선생님은 낚시 한 방으로 호수 물고기 다 낚습니까?"

반격 치고는 최상급이다. 따지고 보면 전혀 허튼 말이 아니다. 세상에 제 아무리 날고 긴다는 강태공 불러와도 단 한 번에 호수 물고기 몽땅 낚을 수는 없는 법. 수많은 자동차들이 순식간에 핸들을 틀며 위반을 감행하는데 어떻게 이들을 다 잡아들이겠는가!

그럼에도 우리 차만 잡힌 건 생각만 해도 억울하다. 다시 날을 세워 물었다.

"그런데 하필 왜 우리 잡니까?"

조금 전과는 다른 어투에 약간 놀랐다는 표정을 짓더니, 경찰관도 촌철살인의 반격에 나선다.

"오늘은 RV만 잡기로 했습니다!"
"......"

순간 무릎을 탁 쳤다. 그 많은 위반자들을 원리원칙을 내세워 적발하려다간 오히려 다 놓칠 수 있다. 그래 '오늘은 집중적으로 RV만, 내일은 붉은색 승용차만!'하는 식으로 그 경찰관 나름의 기준을 가지고 단속을 펼치고 있었다.

젊은 교통경찰관의 말투가 처음엔 괘씸하기도 했지만, 그의 탁월한 창의적 사고에 돌연 경의를 표하고 싶어졌다. 몇 분이란 짧은 만남이었지만, 참 배운 것이 많은 하루였다. 우리 같은 무개념 시민 때문에 경찰관들이 고생이 많다.

마케팅도 이와 별반 다르지 않다. 그 과정은 선택의 연속이다. 부득이 둘 가운데 하나를 선택해야 한다면, 하나를 제대로 취하기 위해 다른 하나는 미련 없이 버려야 한다.

물론 둘 다 잡을 수 있으면 얼마나 좋으련만, 그러다가 둘 다 놓쳐버리는 우(愚)를 범하지 않으려면 도리가 없다. 분명한 사실은 한 마리에 초점을 맞추고 쫓아야 한다는 점이다.

우리 고객은 어디의 누구인가?
STP 전략!

대한민국의 소비자는 모두 우리 기업의 고객이다.

이는 대기업과 일부 중견기업에게만 해당되는 얘기다. 단순히 유통 하나만 생각하더라도 전국을 모두 우리 시장으로 규정할 수는 없다.

그렇다면 우선 특정 시장 소비자만을 우리 고객으로 확보할 전략이 절실하다.

STP란 무엇인가?

시장 공략은 양(quantity)이 아니라, 철저히 '질(quality)'을 추구해야 옳다.

이는 기업이 가진 자원(인재, 기술, 에너지, 자본 등)에는 한계가 있기 때문이다. 무차별 식으로 뿌려질 만큼의 경영자원은 어디에도 없다.

심야 남몰래 남산 정상에 올라 아래를 향해 엽총(산탄총)을 마구 갈겨대고는, 그 탄환에 고객이 '맞아도 팔자! 안 맞아도 팔자!'라는 식의 논리로 시장 공략에 나서면 안 된다. 속칭 B29식의 무차별 폭격은 기업의 자원 낭비는 물론 이미지 훼손으로 이어지기 십상이다.

그럼, 주어진 경영자원을 효율적으로 활용하기 위한 구체적인 대안은 무엇일까? 그것은 바로 고객을 세부적으로 분류해 접근해야 한다는 것이다. 모두를 고객으로 생각했다가는 어느 누구도 고객이 아닐 가능성이 높다.

마케팅 활동의 중요한 관점 중 하나는, 시장에서 미처 충족되지 못한 영역이나 개척되지 못한 수요를 발견해 그것을 채워줌으로써 고객만족을 이끌어내는 것이다.

고객이 모여 있는 곳이 시장이다. 흔히 '시장을 개척한다!'는 표현을 자주 사용하는데, 불모지 마냥 막연하게 시장이 존재하는 것은 아니다. 무언가 충족되지 못해 갈구하는 사람들이 존재하고 이런 사람들이 모여들면서 시장이 형성된다.

단적으로 시장(market)이라고 해도 모두 동일한 것을 가리키는 것은 아니다. 부자와 빈자, 직장인, 주부, 공무원, 대학생, 고등학생, 중학생, 초등학생, 유치원생, 고령자, 독신자 등 여러 종류의 사람들이 다양한 특성과 욕구를 지니고 각기 충족되지 못한 부분을 채워주길 원하는 상황이라 하겠다.

또 대한민국 5,100만 국민 모두의 구미에 맞는 제품과 서비스를 제공할 수는 없다. 때문에 어떤 고객 그룹에게 만족을 제공할 것인지를 정확히 판단하는 것이 중요하다.

다른 말로 하면, 모든 고객에게 주목을 받을 수 있는 새로운 제품이란 있을 수 없다. 고객은 제각기 다른 특성과 욕구를 가지고 있기 때문이다.

따라서 애써 개발한 제품을 고객에게 알려 판매로 이어지도록 하기 위해서는 보다 체계적으로 고객과 시장에 접근해야 한다. 그 체계적인 기법이 바로 'STP'이다. STP의 핵심은 이렇다.

"S" = 세그먼테이션 (시장을 세분화)

"T" = 타기팅 (표적시장을 선정)

"P" = 포지셔닝 (제품 및 서비스 가치의 위치를 결정)

다시 말해, 시장을 자세히 세분화(Segmentation)하고, 표적을 세분화된 시장 어딘가에 맞추어(Targeting), 경쟁 제품과 달리 자사 제품만이 가지는 특성(차이점)을 각인시키는 위치선정(Positioning)을 하는 것이다.

STP 과정을 순차적으로 거침으로써 혹시라도 놓치기 쉬운 핵심사항들을 빠짐없이 체크할 수 있다. 그로 인해 신제품 도입 시 자사가 나아갈 방향성은 물론이고 신제품 개발 직전 체크 리스트로도 활용할 수 있다.

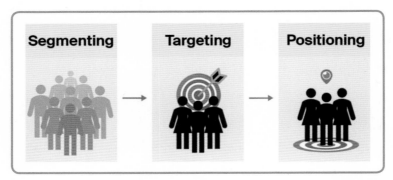

출처: https://www.sender.net/stp-marketing

시장 세분화(S)

왜 시장을 세분화 하는가? 그것은 시장을 세분화 그룹으로 묶지 않고서는 모든 사람의 수요(needs)를 만족시킬 수 있는 제품을 제공하기가 어렵기 때문이다.

제품이 남아돌고 있는 오늘날 소비자 욕구는 고도화 되고 동시에 다양해지고 있다. 그러한 수요를 모두 만족시킬 수 있는 제품을 제공하려고 하는 것은 오히려 제품 컨셉을 혼란스럽게 만들어 소비자의 소비욕구를 떨어뜨릴 수 있다.

만약 한 사람 한 사람의 고객 수요에 맞추어 제품을 제공하려고 한다면 그 '고객맞춤'에 엄청난 비용이 들게 되고, 그로 인해 제품 가격은 자연스럽게 높아질 수밖에 없다.

때문에 세분화를 통해 공통의 수요 그룹으로 시장을 분할하고 그에 맞게 대응전략을 추진함으로써 보다 효율적인 마케팅이 가능하다.

세분화의 목적은 단지 시장을 분류하는 것이 아니라, 자사 제품에 대한 가장 매력적인 시장 세분화 그룹이 어디인지를 발견하는 것이다. 이때 다음 세 가지 조건을 활용해 점검할 수 있다.

1 우선 순위(rank) : 각 목표 고객층을 중요도에 따라 순위를 분류할 수 있는가?

2 측정 가능성(response) : 세분화 된 고객으로부터의 반응을 측정·분석할 수가 있는가?

3 유효 규모(realistic) : 해당 고객으로부터 충분한 매출액과 이익을 확보할 수 있는가?

시장은 다양한 연령, 직업, 수입, 가치관, 태도, 행동 등을 가진 다수의 고객으로 구성되어 있다. 기업은 시장 전체를 고객으로 생각해 획일적인 제품 개발을 추진하기 보다는 자사 제품을 보다 강렬히 원하는 소비층에 대해 마케팅 노력을 집중하는 편이 분명 합리적이다.

기업은 고객의 집합체인 시장을 수요의 상이에 따라 몇 가지 그룹으로 나누는 세분화 작업을 한다. 참고로 세분화가 '세그먼테이션 (Segmentation)', 세분화된 그룹을 '세그먼트(Segment)'라고 부른다.

_**인구동태적 구분** : 연령, 성별, 소득, 학력, 직업, 인종, 종교, 가족 구성 등 고객 개인의 기본적인 속성 차이에 근거한 분류 기준

_**지리적 구분** : 국가, 지역(행정구역), 지방, 도시, 농촌, 인구밀도, 기후 등 지리상 차이에 근거한 분류 기준

_**심리적 구분** : 성격(보수 vs 진보, 사교적 vs 비사교적, 권위주의 vs 자유분방 등), 라이프 스타일(활동, 관심사항, 의견 등) 등 고객의 사고나 가치관 차이에 근거한 분류 기준

_**행동적 구분** : 기존 제품의 구매량과 구매빈도, 광고와 가격에 대한 고객 반응 정도, 브랜드 충성도 등의 차이에 근거한 분류 기준

● 세분화에 사용되는 구분 예시

1. 지리적 구분		3. 심리적 구분	
지역	서울(경기), 경상도, 전라도, 충청도, 강원도, 제주도 등	사회계층	하류층, 중류층, 상류층 등
인구밀도	도심, 교외, 지방 등	라이프 스타일	사회적 지위를 가진 자, 중산층
기후	북부, 중부, 남부 등	성격	보수, 진보, 중도 등
2. 인구동태적 구분		4. 행동적 구분	
연령	유아, 어린이, 청소년, 중년, 장년, 노령 등	사용 기회	일상적 기회, 특별한 기회 등
가족 구성	독신, 기혼, 자녀를 가진 부부 등	이익	품질, 서비스, 경제성, 편의성, 신속성 등
직업	전문직, 사무직, 기술직, 자영업, 학생, 주부 등	사용 빈도	라이트 유저, 미들 유저, 헤비 유저 등
수입	3,000만원 이하, 3,000만원 이상, 5,000만원 이상, 8,000만원 이상, 1억 이상 등	충성도	거의 없음, 중간, 많음, 절대적 등
종교	불교, 기독교, 가톨릭교, 이슬람교 등	제품에 대한 태도	열광적, 긍정적, 무관심, 부정적, 적대적 등

　　일반적으로 이러한 기준을 조합해 적절히 세분화된 그룹을 추출하고, 이를 통해 바람직한 시장 반응을 취합할 수 있다. 다만, 지나친 세분화로 인해 추출된 그룹의 규모가 너무 작지 않도록 주의를 요한다.

● 시장 세분화의 예

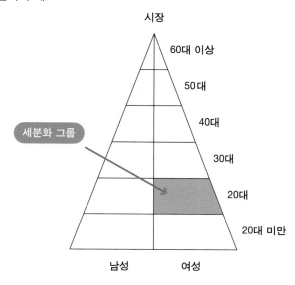

표적 선정(T)

앞서 제시한 시장 세분화를 통해 각 시장 세그먼트의 특성이 판명된 후 자사가 진정으로 노려야 할 세분화 그룹은 어디인지를 생각해야 한다. 몇 가지 그룹이 만들어지면 기업은 어느 세분화 그룹에 표적을 맞추고 어떻게 공략할 것인지 제품과 마케팅 계획을 수립한다. 이것을 표적 선정(Targeting)이라 부른다.

대학 정문 앞. 모처럼 만에 모교에 들렀다. 옷가게가 먼저 눈에 들어온다. 반가운 마음에 초등생 딸아이와 함께 황급히 가게 안으로 들어간다. 그런데 아무리 가게 안을 둘러 봐도 딸아이에 맞는 옷이 없다. 디자인은 괜찮은데 맞는 사이즈의 옷이 없다. 그렇다 여긴 대학가다. 가게 주인은 주요 고객(대학생)에 타깃을 맞춰 옷을 구비하고 있어서다.

코틀러에 따르면, 어떤 세분화 그룹에 표적을 맞출 것인가에 대한 기업의 선택에는 세 가지 접근 방법이 있다고 한다.

비차별 마케팅

단일 제품으로 시장 전체 혹은 최대의 세분화 그룹을 표적으로 하는 매스(mass) 마케팅 기법이다. 세분화 된 시장의 차이를 무시한 채 전체 고객을 대상으로 하나의 마케팅 전략을 구사함으로써 규모의 경제성을 통해 비용절감을 기대할 수 있다.

차별화 마케팅

복수의 세분화 그룹에 각기 다른 제품과 마케팅 믹스를 추진하는 기법이다. 많은 종류의 제품과 다양한 마케팅 수단의 개발 및 관리로 인해 거액의 비용이 소요된다.

● 집중 마케팅의 예

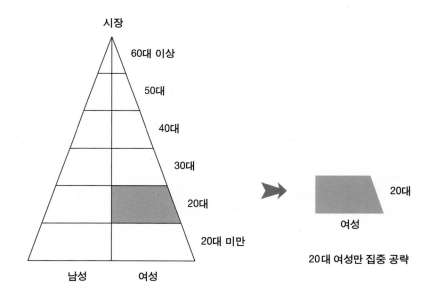

집중화 마케팅

특정 세분화 그룹에 모든 경영자원을 집중해서 독자적 지위를 확립하는 전략으로 기업의 체력(자원)이 제한적인 경우에 흔히 볼 수 있으며, 가장 일반적인 형태라 할 수 있다.

또한 어떤 세분화 그룹을 표적으로 정할지를 검토할 때는 다음과 같은 내용을 고려해야 한다.

시장 규모와 성장

세분화 시장의 매출액, 성장성, 수익률 등의 잠재력

경영 자원

세분화 시장을 공략할 수 있는 기업의 자원 보유(제조능력, 물류시스템 등)

기업 목표

기업 목표와 세분화 시장의 성격이 일치(기업의 전략 및 재무 상 목표)

경쟁 정도

표적시장 다음 단계인 포지셔닝에서의 경쟁 우위도 고려한 경쟁 평가

지금까지 많은 기업들이 틈새시장(niche market)을 표적시장으로 삼아 성공하고 있다. 틈새시장은 경제적인 보상도 클 뿐만 아니라 잠재력이 높은 소규모 시장을 일컫는다.

위치 선정(P)

STP의 마지막 단계는 제품 위치 선정, 즉 '포지셔닝(Positioning)'이다. 포지셔닝이란 자사의 제품과 서비스를 경쟁 제품 및 서비스와 비교해 그것들이 고객 속에서 어떻게 인지되고 있는지 그 차이를 이해하기 쉽도록 한 것이다. 다른 기업이 판매하는 경쟁 제품 대비 우리 제품을 어떻게 위치 선정할 것인가를 명확하게 하는 작업이다.

선정된 표적시장에 대해 기업은 경쟁기업 제품이 제공하는 가치와 우리 기업 제품이 어떻게 다른지를 검토한 후 시장 내에서의 전략적 위치를 명확히 할 수 있어야 한다. 한 마디로 목표 고객의 머릿속에 우리 제품이 타사 제품과 차별화되어 있다고 뚜렷이 각인시키는 활동이다.

이를테면, 그저 그런 성능을 가진 제품(저가격)인가? 아니면 우수한 성능을 가진 고급품(고가격)인가? 기능적인가? 호화스러운가? 이런 식으로 자사 제품에 대한 고객의 인식(이미지)을 통해 위치 선정이 이루어져야 한다.

물론 고객의 머릿속에 그려지는 자사 제품의 위치가 구매 시 유리한 방향으로 자리매김 할 수 있도록 해야 한다. 가령 부정적이고 흐릿한 이미지라면 이미 경쟁에서 뒤쳐진 것이나 다름없다.

좋은 예로는 치약 '아쿠아 후레쉬(Aqua Fresh)'는 손으로 눌러 짜는 순간 빨간, 하얀, 파란색의 세 가지 색깔이 흘러나온다. 이를 통해 소비자들에게 세 가지 색은 불소, 충치예방, 입 냄새 제거의 세 가지 효과를 머릿속에 떠올리게 만들었다.

포지셔닝은 제품 개발, 판매 전략, 가격 결정 등 다양한 장면에서 활용된다. 먼저 제품에 대한 비교기준을 구체적인 포지셔닝 맵으로 나타내 보자.

통상적으로 제품 특성을 2차원 그림(positioning map) 위에 위치를 설정함으로써 포지셔닝을 하게 된다. 그림을 통해 자사가 제공하는 가치가 경쟁기업에 비해 어떻게 다른지를 한 눈에 알 수 있다. 이 때 다음과 같은 점을 충분히 고려해야 한다.

"제품의 특성"

"고객의 구입동기"

"경쟁 제품의 포지셔닝"

● 포지셔닝 맵의 예

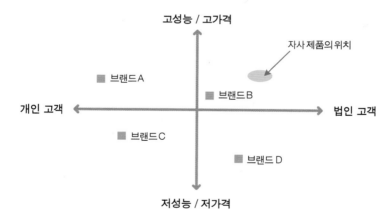

이상과 같은 일련의 과정을 지칭해 STP 전략이라 부른다.

STP는 어디까지나 일반적인 순서이며 제품개발 단계서부터 고객에게 제공하는 가치, 즉 포지셔닝이 사전 결정되어 있는 경우도 있다.

가령, 현대차의 프리미엄 브랜드 제네시스나 도요타의 렉서스라면 개발 당시부터 고소득층을 대상으로 한 고급차로, 현대차의 캐스퍼나 쉐보레의 스파크라면 저소득층이나 젊은층, 주부를 상대로 한 보급형 자동차로 포지셔닝 되어 있다. 이처럼 마케팅이 성공하려면 우선 철저한 STP 전략이 선행되어야 한다.

생각해 보기!

1 '시장 세분화(Segmentation)'란 무엇인가?

2 '표적 선정(Targeting)'이란 무엇인가?

3 '위치 선정(positioning)'에 대해 설명해보자.

고객 욕구 수준을 꿰뚫어라!

욕구계층 이론!

인간 욕구에는 단계가 있다!

욕구는 사람마다 천차만별이다.

더해 누구든 동일한 목적을 가지고 일하고 있지 않다는 사실이다. 때문에 조직의 리더는 부하직원들이 가진 개별 욕구를 정확히 읽고 적절한 관리 지침을 내려야 한다.

동기유발에 관한 이론으로 가장 널리 알려져 진 것은 매슬로(Abraham H. Maslow)의 '욕구계층 이론(hierarchy of needs theory)'이다. 매슬로는 자신의 임상경험에 근거해 인간은 아래와 같은 다섯 가지 욕구계층을 가진다고 했다.

_생리적 욕구(physiological needs) : 인간의 가장 본능적(기본적)인 욕구로 음식, 물, 공기, 배설, 섹스, 운동, 휴식 등에 대한 욕구

_안전 욕구(safety needs) : 안전한 환경과 불확실한 상황을 회피하려는 욕구로 고용 및 노동조건 등에 대한 욕구

_사회적 욕구(social needs) : 사회집단에 소속되기를 원하며, 사랑과 우정, 커뮤니케이션 등을 추구하려는 욕구

_존경 욕구(esteem needs) : 자신의 가치와 자존심을 높이려는 욕구로 승진이나 주위의 인정, 신뢰 등에 대한 욕구

_자아실현 욕구(self-actualization) : 인간이 추구하는 가장 이상적인 단계로 자기 성장
과 발전을 도모하려는 욕구

이러한 차원의 욕구 가운데 만족되지 않는 욕구 차원이 존재하며, 그
것은 인간 내부에 긴장을 발생시키게 되고, 이 긴장을 해소하기 위해 어
떤 형태로든 행동을 하게 된다는 것이다. 그러나 행동을 통해 긴장이 해
소되면 불만족이었던 차원의 욕구는 만족됨으로써 그 차원의 욕구는 이
미 인간 행동에 동기유발을 가져올 힘을 상실한다고 가정한다.

욕구계층 이론의 두 번째 가정은 욕구의 다섯 가지 차원이 각각의 '중
요도(prepotency)'에 따라 가장 낮은 단계의 욕구(생리적 욕구)에서부터 가장
높은 단계의 욕구(자아실현의 욕구)까지 아래에서 점차적으로 계층을 형성
하고 있다는 점이다.

인간의 욕구 만족화 행동은 저차원 욕구에서 시작하여 점차 고차원
욕구로 진행되는데, 그 과정은 다음과 같다.

저차원 욕구가 만족되면 그 욕구의 중요도가 감소되면서 동시에 욕구
계층상의 바로 위 단계 욕구의 중요도가 증가해 이 욕구의 만족화 행동
이 새롭게 발생한다는 것이다.

욕구계층 이론은 기업 경영자와 관리자들에게 인간 욕구에 대해 체계
적 접근이 필요함을 일러주었다. 더불어 일정 수준의 욕구 충족 후에도
또 다른 차원의 욕구 충족이 이루어져야 조직이 원활히 작동될 수 있으
며, 고차원으로의 욕구를 어떤 식으로 충족시켜갈지에 대한 관리 필요성
도 인식시켜주었다.

식욕을 가지고 생각해보라. 며칠 동안 아무 것도 먹지 못한 채 배를
주린 이가 다른 이들로부터 존경받고자 하거나 친목도모를 하려는 욕구
는 생기지 않는 법. 우선 무언가를 먹어 허기진 배를 채우려 할 것이다.
모성 본능이나 성적 본능도 배고픔 앞에는 거품처럼 사그라진다.

● 욕구계층 이론

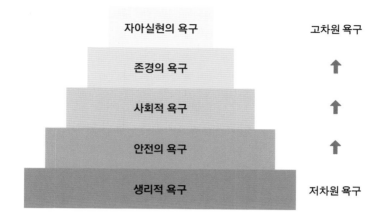

모든 이론이 그러하듯 욕구계층 이론 또한 평가가 엇갈린다. 이론이 단순하기에 이해가 쉽다는 장점이 있는 한편으로 저차원 욕구가 충족되지 못하면 고차원 욕구가 발생하지 않는다는 가정은 다소 비현실적이고, 각 차원의 욕구가 동시에 발생할 수도 있다는 점에서는 비판의 소지가 존재한다.

마케팅과 욕구계층 이론

욕구계층이론은 심리학만이 아니라, 마케팅 분야에서도 종종 활용되고 있다. 상대(소비자)가 다섯 가지 욕구계층의 욕구 가운데 어느 수준에 머물러 있는지를 알고 있다면 제안해야 할 제품의 정도나 성격을 예측할 수 있다는 것이다.

옷을 가지고 매슬로의 욕구계층 이론을 검토해 보자.

1 생리적 욕구 : 옷을 입고 싶다

이 단계에서는 옷은 단지 몸에 걸치는 것에 지나지 않는다. 내구성이 강하고 때가 잘 타지 않으며 가격까지 저렴하다면 최고의 제품이다.

2 안전 욕구 : 몸을 보호하고 싶다

이 단계에서는 제품에 부가가치를 요구한다. 이를 테면, 추운 겨울을 쾌적하게 몸을 보호할 수 있는 '발열 내의'나, 무더운 여름을 나게 해주는 '에어 ○○' 등이 인기를 끄는 이유다.

3 사회적 욕구 : 다른 사람과 동일해지고 싶다

주변의 청소년들이 특정 브랜드 옷만을 입고 다니는 것을 이따금씩 목격한다. 이는 다른 친구들과 동일한 브랜드 옷을 구비함으로써 서로 동질감을 가지려는 행위 표출이다.

4 존경 욕구 : 존경받고 싶다

소득 수준이나 지위가 올라갈수록 남들이 입지 않는 자신만의 스타일을 고집한다. 이는 주변 사람들과 차별화 된 복장을 갖춤으로써 나만의 색깔을 뚜렷이 표출하고 싶어서다.

5 자아실현 욕구 : 자신의 색깔을 드러내고 싶다

많은 사람들이 입고 다니는 옷에 자신만의 가공을 덧붙여 주변 사람들과 완벽히 차별화된 나만의 분위기를 연출하고 싶어 한다. 자아실현 단계에 있는 고객에게는 문화교양과 자기계발 관련 제품을 제안하는 것이 좋다.

이상과 같이 인간이 가진 여러 단계의 욕구를 이해하게 되면, 소비자의 구매 이유와 욕구 수준 등을 판단할 수 있어 마케팅 전략과 신제품 개발에 도움이 될 수 있다.

"개구리가 올챙이 시절 다 잊어버린다더니 쯔쯧……"
"쌀밥 먹다 다시 보리밥 못 먹는다."

두 얘기는 지극히 타당하다. 인간 욕구는 늘 그 자리에 머물지 않는다. 그 까닭은 현재의 위치나 상황 등이 바뀌면 덩달아 욕구 수준도 달라지기 때문이다.

4P란 무엇인가?

마케팅 믹스(marketing mix)

> **STP** 전략이 완성되었다면, 이번에는 여기에 적합한 **4P**를 제공해야 한다. 어떤 제품을, 얼마의 가격에, 무슨 경로를 거쳐, 어떤 식으로 알리고 판매할 것인지를 잘 따져볼 차례다.

마케팅 믹스(4P)

"The purpose of a business is to create a customer."
(비즈니스의 목적은 고객 창출에 있다.)

"Business has only two basic functions: marketing and innovation."
(비즈니스의 유일한 두 가지 기본 기능은 마케팅과 혁신이다.)

생전 경영학의 대부(代父)로 불렸던 피터 드러커(Peter F. Drucker)의 지적이다. 드러커의 금언(aphorisms)은 마케팅이 얼마나 중요한지를 너무도 실감나게 들려준다.

마케팅의 진정한 목적은 고객들이 우리 기업의 제품 및 서비스에 대해 애정(충성도)을 표시하며 계속 구매하도록 유인하는 시스템을 구축하

는 것이다. 이를 실현하기 위해 반드시 필요한 것이 바로 '마케팅 전략'
이다.

마케팅 전략의 핵심요소는 '4P'다. 아마도 어딘가에서 한 번쯤은 들어
보았을 것이다. 4P란, 제품(Product), 가격(Price), 유통경로(Place), 판매촉
진(Promotion)으로 알파벳 첫머리에 나오는 P에서 따온 것이다.

미국 마케팅 학자 '제롬 매카시(Jerome McCarthy)'가 지난 1960년에 제
창한 것으로, 이후 전 세계 마케터들은 이 개념과 동고동락 해왔다.

그래서 마케팅을 공부한다는 것은 다름 아닌 4P를 공부하는 것으로
인식되었다. 4P는 마케팅의 기본 골격이고 기업이나 조직 등에서 마케
팅 전략을 추진할 시 핵심요소이다. 이 4P는 '마케팅 믹스(marketing mix)'
라고도 불려진다.

마케팅 전략을 성공으로 이끌기 위해서는 먼저 4P를 어떤 식으로 조
합할 것인지가 대단히 중요하다. 기업이 시장과 접하는 유일한 통로는
'제품(서비스)' 이외에 아무 것도 존재하지 않는다. 기업은 혼신을 다해 기
업이 가진 모든 것을 표출하는 매체로써 제품을 만들어야 한다.

어떤 제품이 소비자의 주목을 많이 받는다는 것은 단지 그 제품의 품
질만으로 결정되는 것은 아니다. 아무리 그 제품이 '품질이 우수한 제품'
이라고 인식했을지라도 가격이 너무 높거나 혹은 너무 낮거나(가격 전략),
제품을 입수하기가 불편하다든가(유통경로 전략), 자사 대비 경쟁기업의 광
고 이미지가 좋다고(판매촉진 전략) 인식하면 소비자는 경쟁사 제품을 선택
할 지도 모른다.

'자동차'를 예로 들어보자.

_**Product(제품 및 서비스)** = 자동차

_**Price(가격)** = 5,000만 원

_**Place(유통경로)** = 직영점, 대리점

_**Promotion(판매촉진)** = 신문, 잡지, TV, 인터넷, SNS 광고

● 마케팅 믹스(4P)

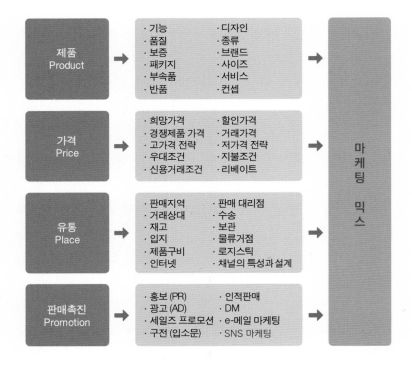

다음으로 어린이용 제품을 예로 들었다.

"어린이에게 인기가 많은 캐릭터가 인쇄된 제품을(제품 전략)"
"어린이 용돈으로 구입할 수 있거나 부모에게 응석을 부리면 구입해
줄 수 있는 가격대로 책정해(가격 전략)"
"어린이가 가고 싶어 하는 혹은 부모와 아이들이 함께 갈 것 같은 장
소에 진열해(유통경로 전략)"
"어린이가 좋아하는 광고 표현을 삽입해 알린다.(판매촉진 전략)"

위의 프로세스처럼 어린이를 주요 고객으로 하는 신제품을 개발해 판
매할 수 있다.

4P의 환상적인 조합!

성공적인 마케팅 전략을 펼치기 위해서는 4P의 효율적인 조합과 그 무게 중심을 어디에 둘 것인지를 세부적으로 따져보고 추진해야 옳다.

제품에 초점

현 시장에서 완전히 새로운 형태의 제품이거나 기술, 기능을 갖추고 있다면 제품 자체에 마케팅 활동의 초점을 두어야 할 것이다. 하지만 최근에는 제품 간 기술 및 성능(기능)에 명확한 우위나 차별성이 없어 제품 중심의 마케팅 활동에는 한계가 존재한다.

가격에 초점

무소불위의 권력을 가진 선발자가 시장에 이미 진입해 있고 관련 제품이 성숙단계로 접어들고 있다면, 가격에 초점을 두는 전략이 효과적이다. 그러나 처음부터 제품 가격이 낮았다면 가격을 내려도 효과를 기대할 수 없다.

유통경로에 초점

제품 성능이나 가격보다는 유통경로를 우선시하는 전략이다. 유통경로 개척과 확보는 마케팅 전략의 시작과 끝이라 할 만큼 굉장히 중요하다. 유통경로가 치밀하게 구축되어 있다면 마케팅 전략은 엄청난 잠재역량을 가졌음을 의미하며, 반대로 그렇지 못한 경우는 몸의 혈액이 제대로 돌지 않아 머지않아 빈사상태로 전락할 수 있다는 것을 의미한다. 따라서 차별화가 어려운 제품이라면 유통경로에 초점을 맞추는 쪽이 훨씬 효과적이다.

판매촉진에 초점

경쟁 상대와 비교해 제품이나 가격, 유통에 큰 차이를 발견할 수 없다면 마지막으로 추진할 수 있는 전략이 바로 '판매촉진'이다. 이런 이유로 최근에는 4P 가운데 판매촉진의 비중이나 역할이 점점 더 부각되고 있다.

오늘날 일정 규모나 수준의 기업이라면 제품(Product)에 관한 기본적인 능력(기능 및 성능)은 충분히 갖추고 있다고 보면 된다. 때문에 제품을 제외한 나머지 3P를 어떤 식으로 규정하고 조합할 지에 따라 마케팅의 승패가 결정된다고 해도 과언은 아니다.

4C와 ABCDE 전략

한편으로 4P라는 분석 도구에 대해 의문을 던지는 이들도 적지 않다. 필립 코틀러가 대표적이다. 그는 저서 "마케팅 프로페셔널 서비스(Marketing Professional Services)"에서 기존의 4P에다 물적 증거(Physical evidence), 프로세스(Process), 사람(People)을 추가한 7P를 제창했다.

또 4P라는 마케팅 믹스의 관점은, 판매자 입장에서 바라본 '판매 지향적'인 접근이므로 구매자 측의 관점인 '고객 지향적' 혹은 '마케팅 지향적'인 4C로 대체되어야 한다고 노스캐롤라이나 대학의 로버트 라우턴본(Robert F. Lauterborn) 교수는 강조한다.

즉, 판매자는 4P를 설정하기 전에 우선적으로 구매자의 관점에서 4C의 검토가 이루어져야 한다는 것이다. 그 4C란 고객 가치(Customer value), 고객 부담 비용(Customer cost), 편의성(Convenience), 커뮤니케이션(Communication)으로 구성되어 있다.

1 제품(Product) → 고객 가치(Customer value)

　고객에게 차별화된 가치를 줄 수 있는지 검토

2 가격(Price) → 고객 부담 비용(Cost to customer)

　고객이 얻게 될 효용과 가치에 비추어 가격 책정을 검토

3 유통경로(Place) → 편의성(Convenience)

　고객이 편리하게 제품을 접하고 구매할 수 있는 시스템 검토

4 판매촉진(Promotion) → 커뮤니케이션(Communication)

　고객과 긴밀한 의사소통을 위한 대안 검토

　앞서 언급한 라우턴본은 마케터가 표적시장의 고객을 4C의 관점에서 이해할 수 있다면, 4P의 설정도 훨씬 용이해 진다고 주장했다. 원래 마케팅이 표적시장의 이해로부터 시작되는 활동이라고 본다면 그의 주장은 보다 타당성을 지닌다.

　어느 정도의 부가가치를 창출할 제품(Product)을 생산할 것인지, 그 가격(Price)은 어떻게 책정해서 판매할 것인지, 어느 유통경로(Place)를 통해 제품을 시장에 노출시키고, 고객에게 어떤 형태의 판매촉진(Promotion) 활동을 펼쳐나갈 것인지에 대한 판단도 궁극적으로는 그 대상이 되는 시장과 고객이 결정된 이후에야 비로소 내릴 수 있다.

　결국, 효과적인 마케팅 믹스를 수행하기 위해서는 고객 지향적인 관점, 즉 고객이 왜 우리 제품을 선택해야만 하는지 그 궁극적인 이유를 기업은 설득력 있게 표현할 수 있어야 한다.

　한편으로 "디지털 성인(Grown Up Digital)"의 저자 돈 탭스콧(Don Tapscott)은 주장한다.

　기업의 마케팅 전략도 혁명적으로 수정해야 하며, 새로운 세대가 소비 주역으로 등장하는 지금, 경영학 교과서에 나오는 이른바 마케팅 '4P 전략'은 폐기처분해야 한다고 말한다.

기존의 4P를 대체할 새 전략으로 그는 'ABCDE 전략'을 제안했다. 장소 불문(Anyplace), 브랜드(Brand), 소비자 체험(Consumer Experience), 최적 가격 찾아다니기(Discovery mechanism for price, 소비자들과의 대화를 통해서 최적 가격을 찾는다는 의미), 고객의 참여(Engagement)가 그것이다.

1 제품(Product) → 고객 체험(Customer Experiences)
2 가격(Price) → 어디서나(Anyplace)
3 유통경로(Place) → 최적 가격 찾아다니기(Discovery Mechanism for Price)
4 판매촉진(Promotion) → 기업 활동에 참여(Engagement)
        → 브랜드(Brand)

다만, 코틀러의 7P이든, 라우턴본의 4C이든, 탭스콧의 ABCDE 전략이든 마케팅의 기본과 시작은 4P라는 사실을 잊지 말았으면 한다. 그 의미는 여전히 퇴색되지 않았다.

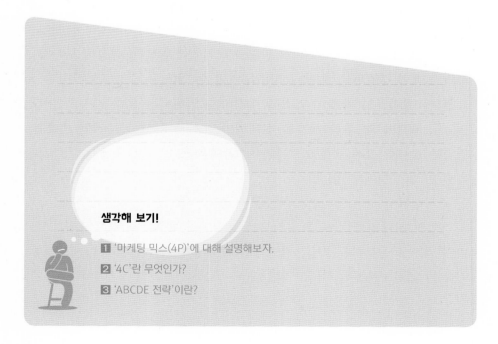

생각해 보기!

1 '마케팅 믹스(4P)'에 대해 설명해보자.
2 '4C'란 무엇인가?
3 'ABCDE 전략'이란?

"○○이다"라는 개념 정의가 부른 대참사!
기능적 고착 탈피하기

비극의 시작!

"Every night in my dreams I see you, I feel you."
(매일 밤 내 꿈속에서 당신을 보고 느껴요.)

영화 "타이타닉"의 대표 주제곡 "My Heart Will Go On"의 첫 소절이다. 그 속 장면들이 스치면서 언제 들어도 가슴 저미는 애틋한 음률이다.

지난 1912년에 벌어진 참사 타이타닉호 침몰은 사상 최대의 해난사고다. 2,200여 명의 승선자 가운데 선장을 포함해 1,500여 명이 차가운 바닷물 속으로 가라앉았다. 승선자 70% 가까이가 희생된 참극이다. 이는 승선자 명단만을 토대로 했을 뿐, 불명 승선자를 비롯 출신지와 국적 등이 다양해 정확한 희생자 수는 지금도 모른다.

"타이타닉호를 침몰시킨 빙산은 높이 120미터에 너비도 수백 미터에 달했다. 배를 그 옆에 댄 다음 빙산을 뗏목으로 사용할 만한 시간은 충분했다. 하지만 선장은 아마 그 빙산을 배를 침몰시키는 존재로 보았을 뿐, 바다에 뜨는 물체라고는 보지 않았을 것이다."

제이미 홈스가 쓴 "난센스"에 등장하는 한 대목이다.

'기능적 고착(functional fixedness)'이란 말을 들어보았는가? 어떤 대상이나 물체가 가장 일반적인 한 가지 사용법만 가지고 있는 걸로 인식하면서 다른 기능으로의 사용 가능성에 대해서는 아예 차단해버리는 현상을 일컫는다. 마케터에게 기능적 고착은 판단력 마비를 부른다.

심리학자 토니 매카프리는 타이타닉호 침몰을 두고 이런 얘기를 했다. "무언가를 빙산(氷山)이라고 부르게 되면, '세상에 저건 물에 뜨잖아. 구명보트 역할을 할 수도 있겠어'라는 생각은 아예 머리에 떠오르지도 않는다."

어떤 사물을 보고 그 개념이나 정의를 "○○이다" "△△라고 부른다"라는 식으로 규정짓게 되면, 그 의미에 얽매이거나 갇혀 사물 본연의 가치나 역할, 진실을 제대로 담아내지 못할 수 있다는 따끔한 충고다.

어떤 대상을 보편적 언어로 규정하거나 개념화 혹은 정의를 내리지 않을 때 비로소 다양한 관점에서 본질을 규명할 수 있다. 사방으로 뻗어나갈 숨통도 트인다.

결과론이지만, 타이타닉호가 빙산과 충돌했을 당시 선장과 승무원이 기능적 고착에 대해 조금이라도 눈을 떴다면 희생자는 최소화할 수 있었으리라.

기능적 고착을 깨라!

"무게 500g 정도의 철제 고리(ring) 두 개가 있다. 양초와 성냥, 그리고 철제 큐브(cube)도 한 개씩 놓여 있다. 이것들을 이용해 두 개의 철제 고리를 서로 연결시켜라. 단, 양초를 녹이더라도 철제 고리 두 개를 연결시킬 정도의 충분한 접착력은 없다."

그럼, 해결해보라.

이미 문제 속에서 언급했듯 양초를 녹이면 두 개의 물건을 붙일 수도 있지만, 주어진 두 개의 철제 고리는 그 무게 때문에 양초만으로는 연결이 곤란하다. 어느 한 쪽 고리를 집어 드는 순간 다른 한 쪽이 떨어지는 탓이다.

어떻게 하면 철제 고리 두 개를 서로 연결할 수 있을까?

결정적 힌트 하나. 이 꼭지의 주제를 떠올려라. 바로 '기능적 고착'이다. 여기서 탈피하는 순간 누워서 떡먹기, 해결 실마리를 손에 넣을 수 있다.

주어진 문제나 대상을 하나의 큰 덩어리로 보지 말고 잘게 나누고 분류한 다음, 그 분류된 요소에 관한 설명이 특정 용도를 내포하는 것이 아니라, 새롭고 단순하고 또 일반적인 설명(서술)으로 바꿀 때 비로소 해결 실마리를 포착할 수 있다.

위 기법을 적용해 앞서 제시한 두 개의 고리를 연결하는 문제에 도전해보자.

고리 두 개를 연결시키기 위해 주어진 도구는 양초와 성냥 그리고 큐브가 전부다. 사실 성냥과 큐브는 일종의 바람잡이다. 이른바 문제를 혼란스럽고 엉뚱한 곳으로 몰아가기 위한 떡밥인 셈이다. 그렇다면 남는 것은 양초뿐이다.

　이제 양초를 구성하는 요소를 분류한다. 그런 다음 각각의 요소(부품)에 '특정 사용법을 이미지 시키지 않는 이름'을 붙여보자.

　'왁스(wax)와 심지(wick)'로 양초는 나눌 수 있다. 여기서 양초 '심지'를 특정 사용법이 아닌 일반적 설명으로 바꿔 부른다. 그냥 '끈(string)'으로 불러보자. '심지'라고 부르면 양초에 불을 붙이는 특정 용도로 그 사용법이 제한될 수 있어서다.

　이처럼 심지가 '끈'이라는 단순하고 보편적 설명으로 바꾸어 지칭하는 순간 다양한 가능성의 문이 열린다. 일상에서 끈의 광범위한 용도를 떠올리면 금방 이해가 된다.

　이제 남은 것은 양초 중심에 박힌 끈(실)을 어떻게 활용해야 두 개의 고리를 연결시킬 수 있을지를 고민한다. 간단하다. 양초의 실을 끄집어 낸 다음 두 고리를 서로 묶으면 된다.

구매 행동의 흐름을 이해하라!

AIDMA의 법칙!

인간이 어떤 커뮤니케이션 메시지(정보)를 접한 후 구체적 행동을 일으키기까지는 주의(Attention)하고, 흥미(Interest)를 가지고, 욕망(Desire)을 느끼며, 그리고 행동(Action)을 하는 과정을 거친다. 여기에 기억(Memory)하는 단계가 욕망과 행동 사이에 새로 첨가되면서 **AIDMA**가 되었다.

구매 프로세스

고객 욕구는 니즈(needs) → 원츠(wants) → 디맨드(demand)로 이어진다.

이러한 순서를 거쳐 실제 구매로 이어지기까지는 어떤 심리가 움직인 결과일까? 판매촉진 시 무엇보다 소비자의 구매행동을 자극해가는 과정을 이해해야 한다.

노트북을 구매하는 경우를 예로 들어 설명해 보자.

먼저, 소비자는 광고나 매장의 진열품 가운데서 특정 브랜드의 노트북에 눈을 두게 된다. 즉, 주목(Attention) 단계다.

다음으로 카탈로그를 보거나 판매원의 설명을 듣게 되면서 관심을 표명하게 된다. 바로 흥미(Interest) 단계다.

그리고 성능과 디자인이 자신의 희망사항과 부합되면 "괜찮은데!", "성능은?", "얼마일까?"하는 욕구(Desire) 단계로 접어든다.

이 단계에서 곧바로 노트북을 구매하는 사람이 있는 한편으로 고가격의 제품에는 "조금 더 비교해 보고 구매하자!"라고 느끼는 사람도 많다. 그러는 사이 노트북은 소비자 머릿속의 기억(Memory) 단계에 이른다.

고심을 거듭하다 마침내 "이걸로 하자"라며 특정 노트북을 선택하면 최종 구매라는 이른바 행동(Action) 단계에 이르며 흐름이 종결된다.

소비자의 구매행동을 꿰라!

소비자의 구매행동 흐름을 각 단계의 알파벳 머리글자에서 따와 'AIDMA의 법칙'이라 부른다.

소비자가 제품을 구입할 때까지의 행동 모델로써 특히 판매촉진과 접객기술 분야에서 자주 활용되고 있다.

단계별로 살펴보면 일반적으로 광고는 '주목'과 '흥미'의 초기단계에서 효과를 발휘하고, 보다 깊은 흥미에 보답하기 위해서는 판매원의 자세한 설명이 큰 역할을 하게 된다. 특히 "가지고 싶다"는 기분이 드는 '욕구' 단계로 이끌기 위해서는 판매원의 수완이 중요하다.

또 비교적 저렴한 가격의 제품인 경우는 별다른 고민 없이 그 장소에서 곧바로 구매를 하는 경우도 많다. 그 경우는 '기억' 단계 없이 '행동' 으로 이어지며 M을 뛰어넘는 'AIDA 모델'이 된다.

1 주목(Attention) : 도달(Reach), 인지의 단계. 제품의 명칭을 기억한다. 스마트폰을 비롯해 TV와 라디오 등의 전파매체가 적합하다.

2 흥미(Interest) : 흥미를 유발, 내용 이해의 단계. 제품이 가진 구체적인 특성을 파악한다. 신문, 잡지 등의 활자매체가 유효하다.

3 욕구(Desire) : 태도변화의 단계. 내용을 파악한 제품이 어떤 편익을 가져다줄지가 판단된다. 일반 광고 및 판매촉진 등이 활용된다.

4 **기억(Memory)** : 기억, 선호의 단계. 동일 제품 카테고리(같은 특성을 지닌 부류나 범위) 안에서 선택이 되고 특정 브랜드에 관해 호감을 가지게 된다.

5 **행동(Action)** : 행동의 단계. 소비자가 실제로 제품을 구입하거나 서비스를 소비하거나 한다. POP(구매시점 광고) 등 판매제품을 눈앞에 펼쳐두고서 광고를 한다.

● AIDMA 모델

AIDMA 모델은 크게 인지단계, 감정단계, 행동단계라고 하는 세 단계로 나누어 생각할 수도 있다.

먼저 '인지단계'는 소비자가 제품을 알게 되는 단계이므로 제품명을 반복하거나 유명 연예인을 모델로 발탁해 소비자의 주목을 끄는데 힘을 쏟아야 한다.

'감정단계'는 이 제품이 정말 좋은 건지, 사용하고 싶어지는지 등 다양한 판단을 하는 단계이다.

마지막으로 '행동단계'는 해당 제품을 구입하거나 사용하거나 하는 상황이다.

어떤 제품이 소비자에게 부각되고 깊이 인식되기 위해서는 품질은 물론이거니와 무엇보다도 가격, 경로, 촉진 등의 요소가 중요하다. 아무리 우수한 제품이라고 하더라도 고객에게 제대로 어필되지 못한다면 결코 판매로 연결되지 않기 때문이다.

앞서 제시한 AIDMA 모델을 진화시킨 모델이 'AISAS 모델'이다. AISAS 모델은 인터넷 보급이 활발해지면서 탄생한 것으로 주의(Attention), 흥미(Interest) 다음으로 검색(Search)이 들어가고, 행동(Action)과 정보공유(Share)가 이어지는 모델이다.

AIDMA 모델과 크게 다른 점은 제품의 정보검색 단계와 정보공유 단계의 존재 유무다. 오늘날 소비자는 주변 사람과의 정보공유를 그 어느 시대보다 중요시하고 있다.

생각해 보기!

1 '니즈(needs)'와 '원츠(wants)'는 어떻게 다른가?

2 'AIDMA 모델'을 자세히 설명하시오.

3 'AISAS 모델'이란 무엇인가?

어떻게 하면 매출액을 높일 수 있을까?

5가지 매출 노하우!

매출액이란 무엇인가?

대한민국 최고의 회사 삼성전자.

2022년 1분기 매출액은 77조 7,800억 원, 영업이익은 14조 1,200억 원을 기록했다. 78조 원에 육박하는 매출액은 삼성전자 창사 이래 최대 실적이다.

1분기 78조 원이란 매출액은 실로 어마어마한 수준의 금액이다. 이런 매출액을 올리려면 기업은 어떻게 해야 할까? 그 공식만큼은 의외로 간단하다.

매출액 = 고객수(A) × 객단가(B)

누구나가 알고 있는 공식이다. 매출액을 높이기 위해서는 고객수를 늘리거나 객단가를 높이거나 아니면 둘 다 늘리고 높이는 것이다.

우선 고객수에 대해 짚어보자.

고객수란 개념은 이렇게 표현할 수 있다.

고객수 = 기존 고객 + 신규 고객 − 이탈 고객

그러므로 기존 고객수가 동일하다면 고객수를 늘리는 노하우에는 두 가지 방법이 있다. 즉,

첫째, 신규 고객을 늘린다.
둘째, 이탈 고객을 줄인다.

위의 두 가지 방법 외에 고객수를 늘리는 노하우란 존재하지 않는다. 그렇다면 객단가를 높여야 매출액을 끌어 올릴 수 있다는 결론에 도달한다.

객단가 = 구매 빈도 × 구매 제품수 × 제품 단가

객단가를 높이는 방법에는 세 가지가 있다.

첫째, 구매 빈도를 올린다.
둘째, 구매 제품수를 늘린다.
셋째, 제품 단가를 높인다.

위 세 가지를 철저히 실천에 옮기는 방법 외에 객단가를 높이는 별도의 노하우란 더 이상 존재하지 않는다.

매출액을 높이는 5가지 방법

어떤 업종이건 기존 매출액을 끌어올리기 위해서는 다음과 같은 항목의 실천이 필수적이다.

"신규 고객을 늘린다."

"이탈 고객을 줄인다."

"구매 빈도를 올린다."

"구매 제품수를 늘린다."

"제품 단가를 높인다."

위와 같은 다섯 가지 항목에 대해 직접이건 간접이건 공헌하지 않는 마케팅 전략이라면 매출액 향상은 사실상 불가능하다.

이상과 같은 논리는 어떻게 보면 지극히 당연한 얘기처럼 비추어지지만, 이를 조목조목 꿰고 있는 경영자와 그렇지 못한 경영자 사이에는 기업 매출액에 큰 괴리가 존재한다.

특히 마케터라면 위 공식을 한시도 잊어서는 안 된다. 기업의 첫 번째 목표는 돈을 버는 것이다. 즉, 이익 창출이다. 매출액이 없거나 성장하지 않는 곳에서 기업의 존재 의의는 찾을 수 없기 때문이다.

제품은 어떤 순서로 보급될까?
제품 보급 과정!

> 소비자는 기이하다고 할 만큼 판이하다.
>
> 이유는 **인구동태적 구분**(연령, 성별, 소득, 학력, 직업, 인종, 종교, 가족 구성), **지리적 구분**(국가, 행정구역, 지방, 도시, 농촌, 인구밀도, 기후), **심리적 구분**(보수 vs 진보, 사교적 vs 비사교적, 권위주의 vs 자유분방, 라이프스타일), **행동적 구분**(구매량과 구매빈도, 광고와 가격에 대한 고객 반응, 브랜드 충성도) **등의 차이 때문이다.**
>
> 그 결과 특정 제품에 대한 구매 시점도 응당 달라질 수밖에 없다.

제품 vs 상품!

마케팅 관련 교재에 가장 많이 등장하는 용어는 단연 '제품'과 '상품'이다.

평소 아무 생각 없이 사용하는 단어들이지만, 분명 제품과 상품의 차이는 발음이나 글자 모양의 차이 이상으로 다르다.

'제품(製品)'이란 한자가 의미하듯 제조(製造)된 물건을 의미하지만, '상품(商品)'은 매매(賣買)의 목적물로서의 물건을 의미한다.

때문에 제품이라고 하는 집합은 상품이라고 하는 범주에 포함된다고 할 수 있다. 이를 테면 '농산물'이나 '해산물'처럼 제조(가공)되지 않은 것은 상품이라고 하는 범주에는 들어가지만, 제품이라고 하는 범주에는 들어가지 않는다.

"이 제품은 상품으로서의 가치가 충분하다"라고는 할 수 있으나 그 반대의 경우는 성립되지 않는다. 즉, "이 상품은 제품으로서의 가치가 충분하다"는 말은 잘못된 표현이다.

더불어 상품에는 구체적인 형태를 가진 유형(有形)의 물건만이 아니라, 무형(無形)의 물건이나 서비스, 아이디어처럼 직접적인 형태가 없는 것도 포함된다.

이 정도 설명이면 두 단어의 일반적 개념 차이는 충분하리라 생각된다. 이제 마케팅의 관점에서 두 단어의 개념 차이에 주목해보자.

마케팅 측면에서 본다면, 위의 일반적인 개념과는 다소 차이가 존재한다.

시장에서 소비자가 "이야~ 이거 괜찮은데!" 하며 구입하는 것이 '상품'이고, 생산자가 "이런 것을 소비자는 필요로 할 거야!"라며 만드는 것이 '제품'이다.

시장에서 소비자가 적정 금액을 지불하고 제품을 구입할 때 비로소 제품은 상품으로 탈바꿈한다. 쉽게 말해, 생산자의 시각에 무게중심이 실린 것은 제품이고, 소비자의 시각에 무게중심이 실린 것은 상품이라 보면 그 의미 전달은 더욱 뚜렷하다.

그럼에도 필자는 책에서 주로 '제품'이란 용어를 사용하고 있다. 각종 이론이나 시장 환경 등을 설명할 때 제품이란 용어가 훨씬 더 전후 관계를 설명하기 쉽고 눈에 익숙해서다.

소비자란 누구?

제품을 구매하는 소비자는 한없이 성가시고 가볍고 건방지고 무례한 존재다.

이따금씩 배신도 때린다. 그러면서도 동일한 잣대에는 무한히 저항한다. 더해 종종 세상 전복을 꿈꾸며 기업에 엄청난 스트레스를 안겨준다. 기업에게는 버거우면서도 더없이 정성들여 보살피고 관리해야 할 존재가 바로 소비자다.

이 지구상에 없던 새로운 제품이 시장에 출현하면 소비자들이 한날한시에 그것을 구입하지는 않는다. 해당 제품의 구입에는 개개인의 성향에 따른 시간적 차이가 뚜렷이 존재한다.

가령 뉴 모델의 스마트폰이 출시되었다면 밤새 줄을 서서라도 남보다 먼저 구입해 써보아야 직성이 풀리는 사람이 있는가 하면, 여기저기 귀동냥을 거쳐 조금 늦게 구입하는 사람, 그리고 한참 뒤에야 겨우 구입하는 사람 등이 있다. 물론 평생 스마트폰을 거부하는 사람도 있다. 이처럼 시장에는 각인각색의 구매 특성을 가진 천차만별의 사람들이 존재한다. 그로 인해 기업이 출시한 제품 역시 순차적 과정을 거쳐 최종 소비자에게 침투한다.

특히, 국내 소비시장은 '~족'이니 '~세대'니 '~열풍'이니 '~트렌드'니 하며 나날이 구체화되고 세분화됨으로써 입맛은 더욱 까다로워지고 있다. 우리 소비자들의 취향은 그만큼 민감하고 다양하다는 방증이다.

미국 사회학자 '에버렛 로저스(Everett M. Rogers)'은 그의 고전적 명저 "혁신의 확산(Diffusion of Innovations)"에서 새로운 제품을 채택하는 소비자의 유형(personality)을 다섯 그룹으로 나누었다.

❶ 이노베이터(innovators)

이노베이터(혁신적 채용자)라 지칭할 수 있는 부류는, 특정 신제품이 시장에 출시되면 재빨리 구입해 사용해보아야 성이 차는 조급증의 사람들이다. 제품 자체가 새롭다는 것에 가장 많은 의미를 두는 사람이다. 그러다보니 제품에 대해 곧바로 식상해 하는 경향을 가지고 있다.

기업 입장에서는 어떤 고객보다 앞서 제품을 구입해준다는 측면에서 더없이 고마운 존재이기는 하지만 '좋고 싫고'가 뚜렷한 이른바 까다로운 사람들이 많아 은근히 신경이 쓰이기도 한다.

비중은 소비자 전체의 2.5% 정도가 존재하고 좋게 얘기하면 대단히 도전적인 사람들이다. 또 모험을 즐기며 신제품을 다른 사람들보다 한 발 앞서 받아들이는 것을 인생의 또 다른 즐거움으로 받아들인다.

이들은 가격이나 외부 평가에 대해서는 별로 관심을 두지 않고 구성원들은 경제적인 풍요와 관련된 풍부한 지식을 가지고 있다는 점도 눈여겨 볼 특징이다.

얼리 어답터(early adopters)

신기술이나 이를 채용한 제품이 시장에 출시되면 앞서 언급한 '이노베이터'에 비해 다소 뒤지기는 하지만 제품 보급 초기부터 구입해 써봐야 직성이 풀리는 사람들이다. 신제품 자체가 가진 참신성만이 아니라 기존 제품이 가지고 있지 않은 특징(이점)에 대해서도 주목을 하는 사람들이 바로 얼리 어답터(초기 소수 채용자)이다. 이 부류의 사람들은 사용 후 괜찮은 제품이라 판단되면 그 느낌을 온라인 혹은 오프라인에 재빨리 전파한다.

이런 특징 때문에 주변 사람의 구매행동에 직접적으로 영향을 미치는 이른바 '여론주도형 소비자(opinion leader)'라 하겠다. 로저스는 얼리 어답터를 가리켜 '존경받는 사람들'이라고 까지 불렀다. 얼마나 이들의 역할이 소중했으면 그랬을까!

그런 반면에 자칫 오피니언 리더에게 나쁜 인상(비호감)을 심어주게 되면 그 만큼 타격이 커질 수 있음도 간과해서는 안 된다. 기업은 이들을 놓쳐서는 안 된다.

소비자 전체의 13.5%를 점하고 있으며 그 성향은 진취적 기질을 가진 현실론자라 할 수 있겠다. 또한 남들보다 한 발 앞서 관련 제품을 요모

조모 따져보며 사용한 탓에 기업이 모르는 내용까지도 줄줄이 꿰고 있는 경우도 허다하다. 더욱이 이들은 교육수준이 높아 관련 지식은 물론이고 경제적으로도 여유를 가진 사람들이 대부분이다.

❸ 얼리 매조리티(early majority)

얼리 어답터(오피니언 리더)의 의견을 충분히 받아들인 후 신제품의 신뢰성에 'OK 사인'이 떨어지면 제품을 구매하는 유형의 사람들이다.

다시 말해, 오피니언 리더로부터 제품 평가를 듣고는 괜찮은 제품이라는 것을 확인한 이후부터 구입에 나서게 된다. 얼리 매조리티(전기 다수 채용자)로 분류되는 사람들이 본격적으로 제품 구매에 나설 경우 관련 제품은 비약적으로 시장에 보급되기 시작한다.

소비자 전체의 34.0%를 차지하며 비교적 신중한 사람들이나, 전체 소비자 평균보다 조금 빨리 새로운 제품을 받아들이는 사람이다. 신제품을 남보다 빨리 받아들이는 모험심은 적지만 그렇다고 유행에 뒤지거나 하지는 않는다.

❹ 레이트 매조리티(late majority)

레이트 매조리티(후기 다수 채용자)로 분류되는 사람들은 관련 제품이 시장에 확산되고 난 이후에 이를 구매하려는 사람들이다. 즉, 일정 수준 이상으로 시장에 관련 제품이 보급되고 성능이나 기능 등에 대한 평가가 안정적이고 문제점이 사라진 시점에 비로소 구입하는 이들이다.

소비자 전체의 34.0%를 차지하며 보수적인 행동을 취하고 환경변화에 대해 늘 경계를 늦추지 않는 사람들이다. 그래서 새로운 제품을 소비자의 절반 이상이 받아들이기 전까지 한 발 물러서서 주시할 뿐 스스로 움직이지는 않는다.

⑤ 레거드(laggards)

"스마트폰, 그 까짓 거 없으면 어때서?", "피처폰으로 충분해!"라며 항변하는 이들이 바로 레거드(채용 지연자)로 분류되는 사람이다. 한 마디로 매우 강한 보수 성향의 소유자라 하겠다. 전통적 사고를 근거로 소비 행동을 이어가기에 해당 제품이 시장에 필수품으로 인식되는 수준까지는 구매하지 않는다.

물론 기업들은 이런 타입의 사람들을 지나치게 의식할 필요는 없다. 그로인해 자칫 오피니언 리더나 얼리 어답터의 수요를 충족시킬 수 없게 될 수도 있다.

그 비율은 소비자 전체의 16.0%를 차지하며, 혁신이나 새로운 사물, 사고에 대해 완강히 거부하는 사람들이다. 구성원 가운데는 개인의 성향적 차이나 혹은 경제적 여유 등이 원인이 되어 신제품을 수용할 수 없는 경우도 있다.

● 소비자들의 신제품 수용 프로세스

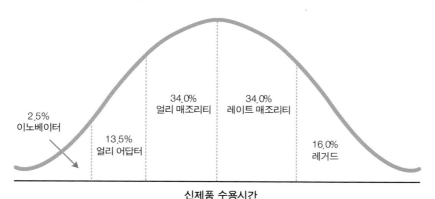

신제품 수용시간

오늘날처럼 날로 세분화 되어 가고 있는 시장에서는 어떤 성향의 사람들을 표적고객으로 하는 것이 가장 이상적이며, 기업이 창출한 제품 보급에 도움이 될까?

로저스가 분류한 소비자 행동양식 다섯 가지 그룹에 관한 얘기는, 결국 '이노베이터 2.5% 그룹'과 '얼리 어답터 13.5% 그룹'을 우리 편으로 끌어들이게 되면 관련 제품의 시장 보급은 시간문제라는 것이다.

그 중에서도 얼리(early)와 어답터(adopter)의 합성어인 '얼리 어답터'에 주목을 해야 한다. 목소리가 가장 크기 때문이다. 다른 사람들보다 먼저 신제품을 구입해 사용해보는 것을 즐기는 이들은 소비자와 기업의 매개체로 존재하고, 아무런 보상 없이 시장 개척과 여론을 이끌어가는 사람들이다. 또한 현재를 살지만 미래를 앞당겨 살아가는 사람들이기도 하다. 국내 소비시장은 신세대들을 중심으로 남들보다 앞서가려는 얼리 어답터 성향이 유난히 강한 편이다.

얼리 어답터가 1990년대 중반이후 많은 주목을 받고 있는 것은 IT 발전과 매우 밀접한 관련이 있다. 인터넷이 광범위하고 빠르게 보급되면서 이 속도와 함께 정체 모를 제품들이 시장에 쏟아져 누군가의 검증 작업이 필요하게 되었다.

여기에 얼리 어답터의 다양한 평가나 관련 정보가 네트워크를 타고 엄청난 힘을 발휘했다. 최근 스마트폰의 경우를 살펴보면 납득하기 쉬워진다. 어쩌면 그들이 존재하기에 오늘의 대한민국이 모바일 산업의 중심에 있는지도 모른다. 그런 측면에서는 대단히 감사해야 할 존재들이다.

수 년 전 발간한 필자의 책 "창의력에 미쳐라"에 대한 초기 독자(얼리 어답터)의 인터넷 서점 평가의 사례다.

"창의력에 관한 많은 책이 있지만, 창의력에 미쳐라 이 책이 단연 독보적입니다. 표지부터 시작해 내용을 읽어보면, 짤막하고 흥미로운 예시로서 창의력이 우리생활과 미래를 성공으로 만드는 중요한 요소임을 잘 말해줍니다. 재밌고 흥미로운 내용으로 누구나 쉽게 이해하고 읽을 수 있습니다. 꼭 한번 읽어보세요, 강추입니다."

이 정도의 리얼한 얼리 어답터의 평가라면, 차기작에서는 이런 내용들을 충분히 반영해 더 좋은 글을 써야겠다는 다짐을 필자는 하지 않을 수 없다. 독자 특히, 얼리 어답터란 정말 무서운 존재다.

기업들 또한 신제품 판촉 활동의 많은 부분을 이러한 16% 그룹(2.5% + 13.5%)에 맞추어 치밀하게 추진해야 한다. 물론 얼리 어답터에 너무 치중한 나머지 그 외 소비자와의 사이에 괴리(乖離)를 만들어 애써 개발한 제품과 서비스가 실패로 끝날 수 있는 위험성도 안고 있으니 주의해야 한다.

캐즘을 뛰어 넘어라!

얼리 어답터가 제품 보급의 관건을 쥐고 있다는 그 동안의 논리적 통설에 반박을 하는 이가 있다.

마케팅 컨설턴트 '제프리 무어(Geoferey A. Moore)'는 저서 "The Chasm(캐즘 마케팅)"에서 이노베이터와 얼리 어답터로 이루어진 초기시장과 얼리 매조리티와 레이트 매조리티로 이루어진 주류 시장 사이에는 좀처럼 쉽게 뛰어 넘을 수 없는 '캐즘(chasm)'이 가로놓여 있다고 했다.

즉, 혁신적이고 과감한 성향의 소수 소비자들이 점유하는 초기시장에서 실용주의적 소비자들로 넘쳐나는 주류 시장으로 이동해가는 과정에 일시적으로 수요가 정체하거나 퇴보하는 단절현상을 캐즘이라 부른다.

캐즘이란 단어는 원래 지각변동 등의 이유로 인해 지층 사이에 틈이 일어나 서로 단절된다는 의미를 가진 지질학 용어인데, 무어가 벤처업계의 성장과정을 설명하면서 이 용어를 사용하게 되면서 마케팅 이론 영역에 뿌리를 내렸다. 굳이 우리말로 표현하자면, '넓고 깊은 수렁(늪)'이라 보면 정확하다.

기업이 출시한 제품이 이 캐즘을 뛰어넘지 못하면, 주류 시장으로 진입할 수 없어 성공을 거둘 수 없을 뿐만 아니라, 결국엔 소규모 초기 시장에 잠깐 머물다 사라지게 된다. 특히, 테크놀러지의 진보가 급속한 업계(IT)의 경우 주목해야 할 마케팅 이론으로 자주 거론된다.

캐즘의 원인은 따지고 보면 간단하다. 얼리 어답터가 '누구도 사용하지 않는 제품을 경쟁사보다 앞서 출시'하는 것을 원하는 소비자들임에 반해, 얼리 매조리티는 '이미 많은 소비자들이 사용해 신뢰할 수 있는 제품으로 경쟁사에 비해 뒤지지 않고 출시'하는 것을 바라는 소비자들이라는 차이점에서 기인한다.

● 캐즘 뛰어넘기

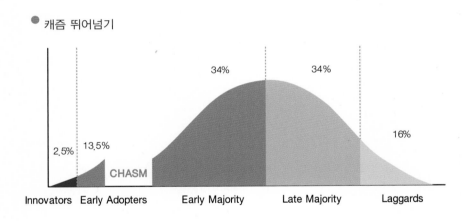

얼리 매조리티는 '다른 사람도 사용'한다는 것을 판단 재료로 제품 구입을 결정한다. 그런 이유로 일부 얼리 어답터만이 채용하고 있는 제품은 얼리 매조리티에게는 제품 구입을 망설이게 만든다.

쉽게 얘기해 시장의 대부분을 차지하고 있는 주류 시장의 고객들은 초기 시장의 고객들과 전혀 다른 특성을 가지고 있다는 사실이다. 주류 시장의 고객들은 첨단 제품보다 시장의 표준을 장악한 제품, 가격보다는 유지비용, 뛰어난 성능보다 애프터서비스(A/S)의 품질을 선호하는 집단이다.

결국 캐즘을 뛰어 넘기 위해서는 제품 중심의 익숙한 환경에서 시장 중심의 새로운 환경으로의 가치관 전환이 필요하다. 나아가 캐즘을 뛰어 넘어 주류 시장으로 진입하기 위해서는 국지적(local) 시장을 하나씩 제압해나가며 확장전략을 펼치는 것이 유효하다. 어찌 보면, 약자가 강자를 물리치는 란체스터 전략과도 일맥상통한다.

생각해 보기!

1 '제품(製品)'과 '상품(商品)'은 어떻게 다른가?

2 '얼리 어답터(early adopters)'의 역할이 중요한 이유는?

3 '캐즘(chasm)'이란 무엇인가?

소비자와 어떻게 만날까?

풀 전략과 푸쉬 전략

밀고 당기는 전략

제품의 판매촉진 전략에는 대표적으로 두 가지가 존재한다.

'푸쉬 전략(push strategy)'과 '풀 전략(pull strategy)'이 그 주인공이다.

푸쉬 전략은 말 그대로 생산자로부터 출발해 순차적으로 '밀고 나가는' 방법으로, 생산자는 도매업자에게, 도매업자는 소매업자에게, 소매업자는 다시 최종 소비자에게 각종 지원과 관리, 제품 설명 등을 통해 판매촉진을 한다. '인적 판매'를 중심에 둔 전략이라 할 수 있다.

이에 반해 풀 전략은 광고 활동을 중심으로 직접 최종 소비자에게 어필한다. 소비자의 구매심리를 환기시킴으로써 소비자는 소매업자에게, 소매업자는 도매업자에게 도매업자는 다시 생산자에게 주문을 한다. 광고 활동을 중심에 둔 전략이라 하겠다.

● 푸쉬 전략과 풀 전략

이처럼 동일한 제품을 취급하는 분야에서도 판매방법은 한 가지가 아니다. 따라서 마케팅 전략을 추진할 시에는 자사에 적합한 다양한 선택지를 검토해야 한다.

소비자가 특정 제품을 구입할 경우, 두 가지 방법이 있다. 약국에서 '소화제'를 구입하는 경우를 떠올려 보자.

먼저, 구입할 소화제를 스스로 결정하고는 약사에게 "ㅇㅇ 주세요"라고 요청한다. 다른 하나는 소화제로 머리에 특별히 떠오르는 것이 없다면 약사에게 증상을 얘기한 다음 "막힌 곳이 쑥 내려가는 약 주세요"라고 할 것이다. 그러면 잠시 후 약사가 내민 약을 소비자는 두말 않고 구입한다.

이처럼 소비자가 구입하고 싶은 제품을 스스로 지명해 구입하는 경우를 가리켜 소비자 스스로가 제품을 자기 쪽으로 끌어 당겨 구입했다고 해서 '풀(pull)'이라고 부른다. 그 한편으로 소화제의 필요성을 소비자로부터 경청한 후 그에 적절한 약을 약사가 직접 선택해 소비자에게 제시하고 처방했다는 의미에서 '푸쉬(push)'라고 한다.

풀 전략의 특징은 소비자가 중심이라는 점이다. 얼마만큼 소비자가 제품에 대한 정보를 알고 있는가 하는 제품 인지도와 이해도가 중요하다. 기업은 소비자에게 다양한 정보를 전달해 더 많은 지식을 가질 수 있도록 해야 한다.

그에 반해 푸쉬 전략은 유통이 중심이라 할 수 있다. 얼마나 많은 소매점포가 제품을 취급하고 있는가 하는 매장 점유율이 평가기준이다. 소비자가 해당 제품에 대한 지식이 부족한 경우라면 어떤 식으로든 점원과의 상담(설명)이 요구된다. 때문에 영업사원들은 열심히 소매점을 찾아다니며, 주인에게 손님이 오면 자사 제품을 적극 권유해줄 것을 부탁을 한다. 이는 결국 소비자가 아니라 유통을 얼마만큼 자신의 편으로 끌어들이느냐가 승부의 관건이다.

판매 방법의 차이

또 풀 전략과 푸쉬 전략은 마케팅 활동에 있어 매우 중요한 판매방법의 차이를 낳는다.

먼저, 제품에는 어떤 차이가 있을까? 일반적으로 풀 전략을 취하는 제품은 일상적으로 구매빈도가 높은 제품이 많다. 이를 테면, 식품이나 음료수, 과자 등이다. 이런 제품들을 구입할 때 소비자는 일일이 점원(주인)에게 질문을 하는 경우가 거의 없다.

또 이러한 제품은 구입 층도 넓고 판매되고 있는 장소도 많아 영업사원들이 모든 소매점을 방문해 점원을 설득하기는 실질적으로 불가능하다. 때문에 광고를 통해 소비자에게 직접 인지시키는 것이 훨씬 효율적이다.

그에 반해 푸쉬 전략형 제품은 이른바 전문품이라 불리는 것에 많다. 내구소비재 등이 그 예로 점원의 전문적인 지식과 상세한 설명이 필요하다. 일반적으로 고가격이면서 구매빈도가 많지 않은(소비자의 구입경험이 적은) 제품이라면 소비자는 그 관련 지식이 상대적으로 적다. 때문에 소비자는 제품 전문가와 이런 저런 상담을 통해 해당 제품을 구입한다.

제품수명주기로 볼 때 도입기는 푸쉬 전략을 취한다. 도입기에는 해당 제품을 매장에 반드시 진열하도록 힘써야 한다. 소비자 역시 제품에 관한 정보를 알고 있는 사람이 많지 않다. 게다가 제품이 대량 판매되는 시기가 아니므로 소매 마진을 높게 설정해 점포 당 이익을 높여줘 해당 점포가 적극 소비자에게 추천할 수 있도록 유도한다.

반면에 성숙기는 풀 전략이다. 이미 많은 소비자들이 수차례 제품을 구입한 경험을 가지고 유사 제품도 시장에 많이 나돌고 있다. 제품에 관한 정보는 넘쳐나고 사용 방법도 익숙해 구입 시 점원의 의견을 구하는 경우는 드물다. 또 이 시기에는 제품이 대량으로 판매되기는 하지만 소매 마진은 적다.

제품은 살아 숨쉰다!

제품수명주기(PLC)

통상 어떤 음식(메뉴)이 시장에 처음 선보였을 때는 그 나름의 참신한 맛과 형태, 조리법에 소비자의 이목이 쏠린다. 하지만 점차 유사 음식이 쏟아져 경쟁이 심화되고 소비자 입맛도 새로운 것을 추구하면서 시장은 바뀐다. 마침내 수요는 차츰 줄어들게 되고 결국 시장에서 그 자치를 감춘다.

제품 수명은 얼마나 될까?

생로병사(生老病死)

지구상 모든 생물들이 가지는 공통점은 위 과정을 반드시 거친다는 점이다. 사람이라면 태어나서 평균 80~90년 동안의 수명을 유지하다 화려한 생을 마감한다.

이런 죽음은 언제 어디서 누구에게나 환영받지 못하는 불온한 금기어다. 영생불사(永生不死)를 꿈꾸는 인간에게는 영원히 피해가고 싶은 주제가 죽음이다. 하지만 우리 인간의 의지와 무관하게 죽음을 결코 도외시할 수는 없다. 기업들이 생산하는 제품과 서비스 또한 예외는 아니다. 제품(서비스)도 언젠가는 죽는다.

제품이 시장에 처음으로 투입되어 일반인들에게 인식되기까지는 시간이 필요하지만(도입기), 어느 정도 보급되기 시작하면 가속도가 붙어 매출액이 급속도로 증가한다.(성장기) 하지만 영원히 성장을 지속시키기는 어려우며 다수의 경쟁자가 대두됨으로 인해 수요는 포화상태에 이른다.(성숙기) 그리고 어느 순간부터 제품은 서서히 진부화 된다.(쇠퇴기) 이 과정을 가리켜 마케팅에서는 PLC(Product Life Cycle)라고 부른다.

제품 하나에만 의지하고 있다가는 그 제품이 쇠퇴기에 진입함과 더불어 기업도 같은 운명에 처할 수 있다. 이를 테면, 발매 초기 폭발적인 판매를 자랑하던 자동차라 할지라도 이후에도 지속적으로 판매가 이어지지 않으면 기업은 생존할 수 없다.

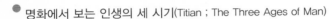
● 명화에서 보는 인생의 세 시기(Titian ; The Three Ages of Man)

기업들은 우리 제품이 PLC 상의 어느 위치에 머물고 있으며, 향후 방향성은 어떻게 전개될 것인지를 예측해 그에 걸 맞는 적합한 대응전략을 수립한다. 또한 시의 적절하게 새로운 제품을 시장에 투입할 수 있어야 기업은 영속성(going concern)을 보장받는다.

그리고 고객의 니즈를 반영한 제품을 기획, 개발하거나 라이프 사이클 마다의 전략을 세우거나 생산에서 출하까지의 지원을 하는 등 모든 업무를 총괄해 관리하는 것을 PLM(Product Lifecycle Management)이라고 한다.

_인간 : 출생 ➡ 유년기 ➡ 청년기 ➡ 중년기 ➡ 장년기 ➡ 노년기 ➡ 생의 마감
_제품 : 출시 ➡ 도입기 ➡ 성장기 ➡ 성숙기 ➡ 쇠퇴기 ➡ 시장 퇴출

인간의 유년기와 청소년기에는 펼쳐질 미래를 위해 배우고 지혜를 쌓으며 체력을 단련하는 등 일종의 투자기를 거친다. 중장년기에는 앞 단계의 투자를 이익으로 환원시켜 거둬들이는 단계, 노년기에 들어서는 직장 은퇴와 체력 저하 등으로 많은 이익을 거둬들이지는 못한다.

이와 마찬가지로 제품 역시 도입기에서 성장기와 성숙기를 거쳐 쇠퇴기에 이르기까지 각 단계마다 시장 환경이 달라 제품을 통해 거둬들일 수 있는 수익도 달라진다. 따라서 기업은 그러한 환경에 적절히 대응할 수 있는 마케팅 전략을 구사해야 한다. 그러기 위해서는 우선 제품수명주기에서 보여지는 각 단계별 특징을 정확히 꿰뚫는 것이 급선무라 하겠다.

가로축에 시간의 경과가, 세로축에 매출액이 규정돼 시간의 경과에 따른 제품의 매출액 추이가 그려지게 된다. 물론 모든 제품이 동일한 패턴을 경유하는 것은 아니다. 시장에 내놓았을 때 폭발적인 매출액을 기록하는가 싶더니 어느 날 갑자기 매출액이 뚝 떨어지는 것이 있는가 하면 매출액을 다시 회복해 제2의 전성기를 누리는 것 등 제품에 따라 그 수명주기는 실로 다양한 모습을 보인다.

이를테면, '새우깡'이나 '바나나우유', '죠리퐁', '신라면', '초코파이', 양파링' 등과 같이 오랜 기간 성숙기를 누리는 제품이 있는 반면, 과거 '타마고치'처럼 청소년들 사이에서 일시적으로 급속한 성장과 쇠퇴를 보여주는 제품도 있다. 또 일정한 주기 또는 시장에서 퇴출했다가 다시 성숙기를 되찾는 제품도 있다. 일전 추억을 무기로 많은 화제를 부른 '포켓몬 빵'이 대표적이다.

도입기(introduction stage)

　모든 제품에는 언제 세상의 빛을 받았는지를 기록한 탄생일이 있다. 해당 제품이 시장에 처음 출시된 시점을 가리킨다. 최초 시점에서는 당연히 시간과 매출액 모두 제로(0)이다. 그 이후 시간의 경과에 따라 매출액은 서서히 상승할 것으로 기대되지만, 안타깝게도 처음에는 그 속도가 그다지 빠르지 않다.

● 제품수명주기

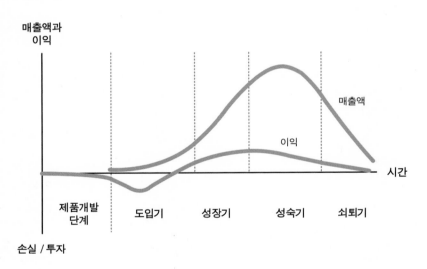

　이는 제품이 획기적인 신제품일수록 소비자와 유통업자는 그 제품의 정체(내용)와 브랜드명 등을 인지하지 못하고 있는 탓이다. 이를테면 스마트폰이나 아이패드가 처음으로 시장에 도입되었을 때 그 제품의 컨셉을 알고 있는 소비자는 많지 않았다. 이러한 단계를 가리켜 '도입기' 또는 '시장도입기'라고 부른다.

이 단계에서 특히 눈여겨보아야 할 점은, 과연 우리 제품이 시장에서 살아남을 수 있을 것인가 하는 '생존' 그 자체다. 그만큼 신제품은 실패할 확률이 높으며, 불확실성이라는 리스크에 적절히 대처할 수 있는 기업능력이 시험대에 오른다.

무엇보다 이 단계에서 가장 중요한 점은 '소비자 반응'이다. 기업은 먼저 제품의 이미지와 기능, 사용방법 등을 소비자와 유통업자에게 인지시켜야 한다. 여기에 차질이 생기면 기업은 제품 도입 그 자체에 실패하면서 시장에서 사라질 운명에 처한다. 가령 성공한 경우라도 이 단계의 소비자는 실험정신으로 똘똘 뭉쳐진 소수의 혁신 소비자에 머물게 된다는 사실도 명심해야 한다.

제품 개발과 제품의 이미지 광고 등을 위해 많은 비용이 투자되었으므로 이 단계는 적자라고 보면 틀림이 없다. 이런 이유 때문에 제품 가격이 다소 높게 책정되는 경우가 일반적이다. 즉, 초기 고가격 전략을 취하는 셈이다. 소수의 혁신 소비자는 가격에 그다지 구애받지 않는다는 전제 아래 책정된 가격이다.

하지만 모든 경우에 초기 고가격 전략을 취하는 것은 아니다. 특히 해당 시장에 후발 진입하는 기업은 선발기업의 시장점유율을 침식하기 위해 처음부터 저가격으로 진입하는 경우가 많다.

_**전략** : 소비자에 대한 노출(인식) 촉진, 매출액 촉진, 이익 안정화

성장기(growth stage)

성장기의 신호탄은 후발기업이 저가격 전략을 구사하면서 시장 진입을 시도하는 바로 그 시점이라고 보면 정확하다.

이 단계는 제품 매출액과 이익이 급성장하고 각지에서 우후죽순 격으로 경쟁자가 출현해 시장이 확대일로를 걷게 된다. 경쟁 격화로 인해 초기 고가격 전략은 폐기되고 저가격 전략으로 돌아서는 것이 일반적이다. 하지만 해당 제품에서 보자면 가장 좋은 시기라고도 할 수 있다.

이 무렵의 목표는 무엇보다도 수요 증가에 따른 시장점유율의 극대화라 하겠다. 이전 단계인 도입기에 제품 인지와 확대에 주력했다면, 이제부터는 동일 제품일지라도 가격과 성능이 다른 제품을 투입하면서 A/S나 보험, 금융 서비스 등을 하나로 묶어 보다 포괄적인 제품 개념으로 다루어야 한다.

조기 수용자에 이어 오피니언 리더가 제품을 구입하기 시작하고, 그와 함께 입소문과 SNS에 해당 정보가 퍼지면서 소비층이 점차 확대되는 시기다.

기업은 시장에서 자신의 위치를 확고히 하고 유통채널을 확충시키면서 이를 통해 시장점유율을 보다 확대시킨다. 이 시기에는 여전히 제품의 개량(모델 변경) 여지도 많아 차별화 전략을 적극적으로 추진할 수 있다.

_**전략** : 계속적인 성장 촉진, 시장점유율 최대화

성숙기(maturity stage)

지구상에 영원불변하는 존재가 없듯 끊임없이 성장만 할 것 같은 제품도 이윽고 성숙기로 접어든다. 시작이 있으면 반드시 끝이 존재하기 마련이다.

대다수의 소비자에게 해당 제품이 보급되게 되면 시장은 곧 포화상태로 접어들고 매출액도 이익도 거의 성장을 기대할 수 없는 '성숙기'가 찾아든다.

이 시기에는 대다수의 구매층이 개척된 상항이라 매출 성장률은 점차 떨어진다. 때문에 제품을 추가적으로 구입하거나 기존 제품을 버리고 신제품으로 갈아타는 수요가 중심이다. 더해 경쟁 격화와 제품 할인 등으로 이익은 차츰 감소한다.

우리 가정을 한 번 둘러보자. TV와 냉장고, 세탁기, 에어컨 등 각종 전자제품은 이미 성숙기를 맞았다. 그렇다고 해서 가전 기업이 마냥 손을 놓고 있지만은 않다.

제품에 대한 소비자의 주문은 날로 까다로워져 브랜드와 모델은 다양화되고 경쟁은 치열해지면서 경쟁 제품 간의 품질에도 차이를 발견할 수 없다. 결국 승패는 마케팅 전략이 핵심 가늠자가 된다.

제품 개발 전략이라면 먼저 새로운 용도를 개발한다. 즉, 제품의 기본 성능에다 획기적인 기능 또는 디자인 등을 추가한 제품을 투입하거나, 새로운 용도나 새로운 타깃을 목표로 제품(일반 냉장고가 김치 냉장고와 와인 냉장고 등의 기능성 냉장고로)을 투입한다.

가격과 광고 전략에 있어 매우 구체적인 전략과 전술이 필요하다. 기능 개량과 모델 변경은 가급적 소폭으로 하고, 대신 시장을 세분화하면서 브랜드 충성도를 높여 시장점유율을 계속 유지한다.

이러한 전략이 성공을 거두게 되면 성숙기일지언정 새로운 제품수명주기를 그릴 수 있다. 즉, 제품수명주기를 늘려 나갈 수 있다.

_**전략** : 시장점유율 방어, 이익 최대화

쇠퇴기(decline stage)

어떤 제품이든 마지막에는 시장으로부터 사라지게 되고, 언젠가는 그 흔적조차 남지 않는다. LP 레코드판이 CD를 거쳐 MP3로 바뀌어져 갔고, 플로피 디스켓은 CD롬과 USB 메모리스틱을 거쳐 클라우드로 자리 바꿈을 했다. 일반 카메라는 디지털 카메라를 거쳐 스마트폰이 그 기능을 대체하고 있다.

물론 쇠퇴기에 들어서고 난 이후에야 비로소 제품을 구입하는 소비층도 있겠지만, 전체적으로는 매출액과 이익의 감소가 눈에 띄게 늘어나는 것이 쇠퇴기의 신호탄이라 보면 정확하다.

이 시기에는 시장 철수 타이밍을 놓치지 않도록 주의한다. 가령 매출액이 떨어지고 있음에도 무리하게 제품과 브랜드를 유지하려 한다면 비용 가중으로 이익이 마이너스로 뒤바뀌는 사태를 초래한다. 다만, 철수 시 제품에 따라 A/S 체계와 사회적 책임(ESG)도 충분히 고려해야 한다.

시장 철수 후 사후관리 체계가 엉망이라면, 곧바로 그 기업의 이미지 손상으로 연결되어 향후 출시될 제품(서비스)에 악영향을 미친다. 때문에 '유종의 미'가 더 없이 소중하다.

_**전략** : 이익 확보, 철수 검토

● PPM과 제품수명주기의 관계

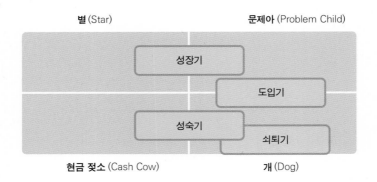

별(Star)　　　　　　　　　　　문제아 (Problem Child)

성장기

도입기

성숙기

쇠퇴기

현금 젖소 (Cash Cow)　　　　　　개 (Dog)

● 제품수명주기의 단계별 특징과 전략

	도입기	성장기	성숙기	쇠퇴기
매출액	저수준	급상승	완만한 상승	하락
이익	근소	최고수준	하락	저수준 혹은 제로(0)
현금 흐름	마이너스	완화	고수준	저수준
고객	혁신자	매스(mass) 마켓	매스 마켓	지체자
경쟁	거의 없음	증가	다수	감소
전략 초점	시장 확대	시장에서의 침투	시장점유율 방어	생산성
마케팅 지출	고수준	고수준	저하	저수준
전략의 강조점	제품의 인지	브랜드 선호	브랜드 충성도	선택적
유통전략	미정리	집중, 강화	집중, 강화	선택적
가격전략	고수준	저하	최저수준	상승
제품전략	기초적	개량	차별화	합리화

출처: Doyle(1976).

생각해 보기!

1 'PLC(Product Life Cycle)'란 무엇인가?

2 '성장기(growth stage) 전략'에 대해 얘기해보자.

3 왜 '포켓몬 빵'은 제2의 전성기를 맞았을까?

출시 50년을 지난 이 과자의 정체는?

죠리퐁의 비밀 속으로

한국형 씨리얼

지난 1972년 출시된 죠리퐁은 2022년으로 50살이 되었다.

대한민국 최초의 시리얼 과자인 죠리퐁은 윤영달 크라운해태홀딩스 회장이 직접 만든 첫 제품이다. 60년대 당시 상무였던 윤 회장은 미국 출장을 갔다가 미국인들이 시리얼로 아침 식사를 하는 모습을 보고 신선한 충격을 받았다. 먹을 게 부족해 영양부족에 시달리는 한국인들이 식사 대용으로 먹을 '한국식 시리얼'을 만들겠다고 다짐했다.

윤 회장은 귀국 즉시 바로 생각을 실행에 옮겼다. 당시 아이들의 최고 인기 간식이었던 뻥튀기에서 착안, 집무실에 뻥튀기 기계를 직접 들였다. 당시 주로 먹던 옥수수·보리·좁쌀·팥·밀·쌀 등을 직접 다 튀겨봤다. 그는 튀긴 곡물로 식사를 대신하며 끼니를 거르기 일쑤였다. 집무실에서 밤새 기계를 돌리는 바람에 기계가 터져 묵동(서울 중랑구) 공장을 다 태우기도 했다.

수많은 시행착오 끝에 낙점된 곡물은 '밀쌀'이었다. 맛과 식감이 훌륭하고 포만감이 높았다. 영양까지 풍부하다는 점에서 시리얼 원료로 제격이었다. 튀긴 밀쌀 겉면에는 윤 회장이 직접 개발한 당액을 입혔다. 밀쌀을 튀겼을 때 느껴지는 씁쓸한 맛을 잡아주기 위해서다. 우유와 함께 먹으면 더 달짝지근하고 고소한 맛을 냈다.

죠리퐁 탄생

죠리퐁은 그렇게 세상에 나왔다. '즐거운, 굉장한, 훌륭한'이란 뜻의 죠리(JOLLY)와 튀길 때 나는 '펑' 소리를 조합한 이름이다.

죠리퐁은 출시 직후부터 인기가 폭발했다. 도매상들은 현금을 들고 공장 앞에 줄을 서 죠리퐁이 나오기만을 기다렸다. 공장을 완전 가동했지만, 생산 물량이 한정돼 선착순으로 지급했기 때문이다. 유사품만 10개가량 출시될 정도로 죠리퐁은 소위 '대박'을 쳤다. 덕분에 크라운제과는 제2의 전성기를 구가하며 1976년 거래소에 상장됐다.

죠리퐁의 인기는 오랫동안 이어졌다. 팬클럽도 생겼다. '죠리퐁을 좋아하는 사람들'이라는 네티즌 팬 페이지다. 크라운제과는 이를 바탕으로 2002년 죠리퐁 자체 홈페이지인 '죠리퐁랜드'를 운영했다. 당시 회원 수는 16만 명에 달했다. 크라운제과 공식 홈페이지 회원보다 더 많았다.

수많은 유사품에도 죠리퐁이 끝까지 살아남은 비결은 기술력이다. 코팅한 원료를 올려 위아래로 건조해 한알 한알 바삭바삭하게 하는 '네팅(netting) 건조'가 그 핵심이다. 원조의 저력은 여름 장마철에 확인되었다. 다른 유사품은 고온다습한 날씨 탓에 눅눅해지고 당액이 녹아 들러붙었다. 때문에 덩어리가 뭉쳐져 딱딱하게 굳어 먹을 수 없는 정도가 되었다.

이 기술을 구현한 기계도 물리학을 전공한 윤 회장이 직접 개발한 것이다. 뻥튀기 기계 원리를 바탕으로 만든 '소형 수동 퍼핑 건(Puffing Gun)'이 그 주인공이다. 퍼핑(Puffing)은 기름에 튀기지 않고 고온·고압으로 순간적으로 팽창시켜 영양소 파괴를 최소화하는 기술이다. 기계 내부의 온도와 압력을 일정하게 유지하는 게 관건이다. 크라운제과는 이후 1995년 자동 퍼핑 건 설비를 갖추고 모든 공정에 자동화 시스템을 도입했다.

숫자로 보는 죠리퐁

47년
출시된 지 47년
(1972년 출시)

19억 봉지
국민 1인당
평균 36봉지 이상 먹은 셈

38만km
지금까지 판매된 죠리퐁 봉지를
모두 이으면 둘레가 4만km인
지구를 약 9바퀴 반을 돌 수 있고
여의도 면적 7번 덮을 수 있음

1636알
죠리퐁 한 봉지
안에 든 갯수
(76g기준)

7.2g
죠리퐁 100g 당
식이섬유 함유량
(토마토 3.7개,
당근 2.8개,
바나나 5.5개에
해당하는 양)

출처: 과자봉지 이으면 지구 9바퀴…출시부터 '대박' 만47세 이 과자,
중앙일보, 2019.12.28(그래픽=김영옥 기자)

끊임없는 변화로 위기 극복

죠리퐁의 변신은 반백 살을 넘어선 지금도 현재 진행형이다. 1995년 종이로 만든 스푼을 봉지에 넣은 데 이어 15년 후에는 여기서 진화된 플라스틱 스푼을 도입했다. 플라스틱 스푼에 조립완구가 붙어있는 형태로, 이를 32개 모으면 '드림볼'이란 공이 완성되는 '드림볼스푼'이다. 모으는 재미와 완성하는 재미를 더했다.

죠리퐁을 식사 대용으로 먹는 소비자들의 요구에 따라 대용량 제품(1998년)도 출시했다. 2012년에는 봉지를 뜯자마자 손대지 않고 먹을 수 있도록 세로로 길게 만든 '마시는 죠리퐁 이지샷'도 내놓았다. 최근에는 커피 전문업체와 협업해 만든 '죠리퐁라떼'(2017년)를 비롯해 '죠리팡 뮤

즐리'(2018년), '죠리퐁 마시멜로'(2019년) 등도 새롭게 선보였다.

'최초'라는 타이틀도 계속해서 경신 중이다. 지난 2013년 국내 제과업계에서는 최초로 할랄(HALAL) 인증을 획득해 인도네시아 등 동남아 시장에 진출했다. 전 세계 무슬림을 겨냥해 미국과 유럽 등에도 수출 중이다. 할랄은 아랍어로 "(신이) 허용하다"는 뜻으로 무슬림의 삶 전반에 적용되는 율법이다. 이에 따른 성분 및 제조과정에 대한 인증을 받은 식품만 이슬람 국가에서 유통된다.

크라운제과가 지난 2016년 죠리퐁을 '1호 희망과자'로 선정해 진행한 실종아동 찾기 캠페인 '희망과자 프로젝트'도 식품업계 최초 기록을 썼다. 죠리퐁 제품 뒷면에는 실종 아동 6명의 사진과 당시 나이, 실종 장소, 제보 전화번호 등을 적고 앞면에는 "함께 찾아주세요"라는 문구를 새겼다. 이를 통해 실제 이재인(62)씨가 지난 2017년 52년 만에 여동생을 찾기도 했다. 이 사연은 "죠리퐁의 기적"으로 알려졌고 이에 힘입어 죠리퐁 매출도 덩달아 늘었다. (출처 : 중앙일보 [2019.12.28]를 필자가 재구성.)

추락하는 것에는 날개가 있다고 얘기한다. 마찬가지로 오랜 기간 소비자의 선택을 받고 있는 장수 제품에는 그동안 우리가 간과해 왔던 그 나름의 이유(비결)가 존재한다.

가격은 어떻게 결정되는가?
가격 책정법!

> '가격(price)'이란 대체 뭘까?
>
> 그 개념을 한 마디로 표현하면 '심리적 사건(psychological event)'이다. 생산자와 소비자 사이에 결정되는 일시적 사고의 균형점이라 하겠다.

가격 책정의 이해

매장을 방문해 물건 구입할 시의 상황을 떠올려보라.

소비자 입장이 되어 보자는 것이다. 누구든 "성능도 디자인도 마음에 쏙 드는데 가격이 너무 비싸 엄두가 안 난다!"거나 "제품을 여럿 비교해 보고 결국 가격이 조금 싼 쪽을 골랐다!" 등과 같은 경험이 분명 있을 것이다.

시중에 판매되고 있는 수많은 제품의 가격은 어떻게 책정되는 것일까? 간단히 생산에 들어간 비용에다가 마진을 더해서 책정하는 걸까? 아니면 소비자가 지불할 수 있을 것 같은 가격(희망가격)을 붙이면 되는 걸까?

가격은 제품을 판매하는 측과 그 제품을 구입하는 측의 두 시점에서 바라본 합리적 책정이 필요하다. 제품을 판매하는 측의 요인을 '내부요인(內部要因)'이라 하며, 그 제품을 구입하는 측의 요인을 '외부요인(外部要因)'이라 부른다.

이러한 내외부 요인을 파악한 후 치밀하면서도 합리적인 가격 책정을 하게 되는데 그 방법에는 크게 두 가지가 있다.

"원가지향(cost orientation)"

"시장지향(market orientation)"

먼저, '원가지향'이란, 원재료비, 외주비, 구매 원가, 지불 운임, 포장비 등과 같이 생산량에 비례해 추가적으로 투자되는 변동비(變動費)와 인건비를 중심으로 임차료, 광고·선전비, 보험료, 교통비 등 생산량에 관계없이 일정액을 필요로 하는 고정비(固定費)처럼 제품과 서비스를 생산하는데 필요한 원가(cost)를 계산하고 이를 토대로 가격을 책정하는 발상이다. 즉, 원가지향식 가격 책정의 간단한 계산식은 이렇다.

가격 = 원가(변동비, 고정비) + 이익

아래 그림과 같이 매출액이 생산에 투자된 비용과 일치하는 점을 '손익분기점(Break Even Point)'이라 부른다. 손익분기점을 넘어서는 판매량을 달성하지 못한다면 비용을 줄이는 수밖에는 도리가 없다.

● 손익분기점이란?

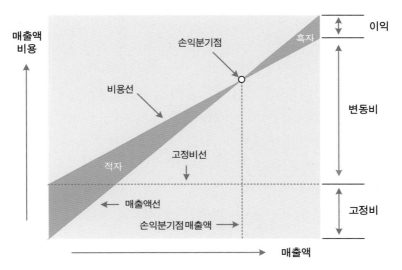

또한 일반적으로 생산수량이 늘게 되면 제품 한 개 당 비용은 저렴해진다. 규모의 경제성이 발휘되기 때문이다. 이처럼 원가지향에서는 전체 판매량과 비용 구성이 어떻게 될지 그 이미지를 그려가며 가격을 책정한다. 물론 원가를 밑도는 가격 책정이라면 해당 기업은 적자를 면치 못한다.

다음으로 '시장지향'인데, 판매할 제품을 둘러싼 시장 환경을 고려해 판매방법을 결정하고 그로부터 가격을 책정한다는 논리다. 그래서 생산에 필요로 하는 원가는 자연히 그 가격을 실현할 수 있는 범위 안에서 조정된다. 시장지향을 통한 가격 책정에는 다음 세 가지 시장 환경을 고려해야 한다.

"경쟁 제품(competitive products)**"**
"유통(distribution)**"**
"소비자(consumer)**"**

먼저, '경쟁 제품'과의 관계다. 동일한 카테고리에 있는 제품군 가운데서 가격을 높게 할 것인지, 낮게 할 것인지 아니면 완전히 동일한 가격으로 할 것인지는 그 안에서 목표로 하는 시장의 위치 선정(positioning)에 따라 달라진다.

고급 이미지를 가지면서 다른 제품보다 좋은 품질임을 강조한다면 의도적으로 높은 가격을 책정하게 될 것이다. 그러한 가격을 '신용가격'이라고 한다. 반면에 과감하게 가격을 낮추어 폭넓은 수요를 개척하는 전략도 있다. 근래 우리 주변에서 흔히 볼 수 있는 '단돈 1,000원'이라는 균일가격(flat pricing) 제품이 대표적이다.

다음으로 '유통'과의 관계도 고려해 보자. 동일한 제품일지라도 할인점, 백화점, 슈퍼마켓에서는 각기 다른 가격으로 제품이 팔리고 있다. 이것은 유통구조 때문에 판매량이 달라지거나 생산자와의 사이에 거래

조건이 바뀌어 최종 가격에 반영되었기 때문이다.

마지막으로 가장 중요한 것은 '소비자'가 그 가격을 어떻게 받아들일지를 판단하는 것이다. 소비자는 항상 가격과 품질, 그리고 제품으로부터 얻을 수 있는 편익을 엄격히 비교해보며 판단한다.

소비자에게는 실제 지갑과 다른 '심리적 지갑'이 있다고 한다. 이를테면, 동일한 1,000원의 제품일지라도 그것이 필수품인가 아니면 즐기기 위한 엔터테인먼트성 제품인가에 따라 완전히 다른 감정을 드러낸다. 그 때문에 소비자의 '가치관'은 중요하다.

또 980원이라거나 9,900원과 같은 단수가격(odd-even pricing)을 통해 가격을 설정하는 경우가 일반적인데, 이것은 1,000원의 20원, 10,000원의 100원이라는 미미한 금액차이가 소비자 심리에는 그 이상으로 할인율이 크게 느껴지기 때문이다.

아파트 평당 분양가에도 이런 가격 책정이 이뤄지고 있다. 이를 테면, 2,000만 원에 아슬아슬하게 못 미치는 1,980~1,999만 원 사이에서 책정하는 사례 등이 대표적이다. 소비자들이 느끼는 체감 분양가를 조금이라도 낮추고, 초고가 분양이라는 비난을 피하기 위한 가격 전략이 아파트 분양가에도 고스란히 적용되고 있는 것이다.

원가지향 기준의 가격 책정으로는 경쟁이 점점 더 어려워지고 있다. 시장지향을 통한 다양한 관점에서 가격 책정이 이루어져야 하겠다.

대표적인 가격 책정

소비 취향이 복잡해지고 날로 경쟁이 치열해지면서 기업은 자사 제품(서비스)의 가격 책정에 더욱 민감해지고 있다. 그러면서 소비자의 심리적인 측면을 가격 책정에 적극 반영하기 시작했다. 대표적인 가격 책정법 몇 가지를 소개한다.

위신가격(prestige pricing)

위신가격은 미술품과 보석, 명품 등의 사치품이나 희소가치가 높은 제품에 해당된다. 높은 가격이 곧바로 높은 사회적 지위와 높은 품질의 상징이라고 믿는 고객을 상대로 가격을 책정하는 방법이다. 소비자들은 제품을 구입할 시 무엇보다 '가격'을 제품 판단기준으로 활용한다. 고가의 제품은 품질도 좋고, 저가의 제품은 품질도 떨어진다고 판단한다.

즉, 유명 디자이너의 드레스나 향수(화장품), 고급시계, 보석, 모피, 핸드백과 같은 제품들이 이를 잘 대변해 주고 있다. 위신가격 설정은, 구매빈도가 낮고 소비자가 품질을 판단하기 어려운 명품, 고급품 등에 적합하다. '명성(名聲)가격'이라고도 부른다.

관습가격(behavior pricing)

소비자가 이전부터 관습적으로 인정하는 가격이다. 즉, 시장에서 오랜 기간 일정한 가격으로 정착된 제품이다. 소비자의 머릿속에 이미 가격이 고정되어 있어 가격 변경이 쉽지 않다. 때문에 가격을 올리면 시장의 반발을 초래할 수 있고, 내리면 품질에 이상이 있는 것은 아닌가하는 느낌을 소비자에게 전달해 오히려 판매량이 떨어질 수 있다. 관련 제품으로는 캔 음료(자판기)나 껌, 사탕, 달걀, 라면, 담배, 식당의 공기밥 등을 들 수 있겠다.

단수가격(odd-even pricing)

제품 가격이 백 단위나 천 단위로 끝나는 것보다 끝수(端數)가 3, 5, 9와 같은 홀수(odd numbers)로 끝나면 소비자들이 훨씬 저렴하게 느낀다는 전제 아래 고안된 가격 책정법이다. 이 가정은 가격이 홀수가격만이 아니라 짝수가격(even price)일 경우에도 소비자들의 반응은 호의적이라고 한다.

또 가격 끝수에 8이나 9와 같은 수를 붙임으로써 가격을 최대한 내려 거의 마지노선에 판매하고 있다는 인상을 심어주기도 한다. 10만 원과 99,000원의 제품 사이에는 1,000원의 차이밖에 없지만 금액의 단위로 보자면 10,000원이라는 큰 차이를 소비자에게 심어줄 수 있다.

98g에 980원하는 소고기와 100g에 1,000원인 소고기가 나란히 진열되어 있는 경우를 떠올려보라. 어느 쪽 소고기에 손이 가는가? 98g에 980원 하는 소고기에 마음이 더 쏠리지 않는가? 이처럼 어느 쪽이건 1g 당 10원이라는 가격 변동은 없지만, 단수가격 책정이 소비자에게 주는 심리적 영향은 의외로 크다. 이러한 가격 책정은 특정 제품에 대해 얼마 이상의 금액은 지불하지 않겠다는 '심리저항선(psychological resistance line)'을 가진 소비자에게는 매우 유용한 가격 책정법이다.

균일가격(flat pricing)

제품 가격을 모두 균일하게 설정을 함으로써 소비자에게 선택지를 부여하지 않는 가격 책정법이 균일가격이다. 가격이 저렴하고 균일할 경우, 매장을 둘러보던 소비자는 평소 별로 필요성을 느끼지 않던 제품까지 구매하는 경향이 있다.

대표적으로 다이소와 같은 균일가격(1,000원)을 내세운 생활용품점은 불황속에 급성장한 업종이다. 비즈니스 모델은 단순해 싸게 매입해서 1,000원이라는 균일가격에 판매한다. 더 많은 이익을 추구하고자 다양한 가격을 설정하게 되면 두 가지 불이익이 발생한다.

일단 제품 관리가 복잡해진다. 이어 균일가격이라는 소비자 심리가 무너진다. 저렴한 제품을 취급할수록 판매 개수 당 이익은 낮아짐으로 제품 관리는 단순화하여 관리비용을 낮출 필요가 있다. 또 어떤 것을 구매하더라도 1,000원이라는 소비자 심리(안심감)를 무너뜨리는 순간 매출은 급속히 하락한다.

단계가격(stage pricing)

매장에 저가품, 중가품, 고가품으로 구별된 제품이 진열되어 있다. 이 때 소비자는 싸지도 않고 비싸지도 않은 보편적 가격대의 제품을 선택하는 경향이 있다. 레스토랑을 찾았는데 1인 30,000원 코스, 50,000원 코스, 80,000원 코스의 메뉴가 있다. 그대는 어느 코스를 선택할 것인가? 필시 중간 가격대의 코스(5만 원)를 선택할 가능성이 높다.

한 도시락업체는 4,500원짜리 도시락과 7,500짜리 도시락을 편의점에서 납품하고 있었다. 평소 가장 잘나가는 제품은 4,500원짜리 도시락이었다. 어느 날 식자재 가격이 급등해 도시락 가격 인상이 불가피해졌다. 다만 그럴 경우 현재의 인기나 매출액을 유지할 수 있을지가 우려되었다. 이때 도시락 업체는 기존의 4,500원짜리 도시락과 7,500짜리 도시락 사이에 새롭게 5,500원짜리 도시락을 론칭해 3종으로 늘렸다.

결과는 어떻게 되었을까? 어느 순간부터 5,500원짜리 도시락이 가장 많은 소비자의 선택을 받기 시작했다. 이처럼 소비자는 극단을 회피하려는 성향, 즉 낮지도 않고 높지도 않은 중간 가격의 제품을 선호한다.

끼워팔기가격(product bundle pricing)

두개 이상의 제품을 하나로 묶어 개별 제품보다 조금 더 저렴하게 판매하는 가격책정법이다. 판매 빈도는 높지만 이익이 적은 제품과 판매 빈도는 낮지만 이익이 많이 발생하는 제품을 함께 묶어 판매함으로써 판매 수량과 이익을 동시에 확보하는 것이 목적이다. 이런 끼워팔기가격은 소비자의 합리적인 판단을 흐리게 만든다.

한편 세트(끼워팔기) 가격은 대체로 가격이 저렴해 손해 볼 것 같지만, 단품으로 판매하는 것보다 세트가 더 많은 제품을 판매할 수 있어 전체적으로는 매출액 향상에 기여한다. 대표적으로 맥도날드나 롯데리아와 같은 패스트푸드점의 세트 메뉴를 떠올려 보라.

프라이스 라이닝(price lining)

카테고리(같은 특성을 지닌 부류나 범위)별 제품에다 부가적으로 가격대별로 제품 라인업(line up)을 구성하는 것을 일컫는다. 이를 테면, 매장의 넥타이가 20,000원 균일, 50,000원 균일, 100,000원 균일 등과 같이 동일한 가격대로 구비되어 있는 경우다. 이렇게 되면 소비자는 합리적인 가격대에서부터 고가의 제품에 이르기까지 자신의 예산과 상황에 맞추어 제품을 고를 수 있다.

생각해 보기!

1 '손익분기점(Break Even Point)'이란 무엇인가?

2 '위신가격(prestige pricing)'에 대해 설명해보자.

3 '단수가격(odd-even pricing)' 책정의 가장 큰 이점은?

소비자의 머릿속을 마구 흔들어라!
소비심리 이해하기!

"아 해 다르고 어 해 다르다."

위는 우리 속담으로 같은 내용의 이야기라도 이렇게 말하여 다르고 저렇게 말하여 다르다는 말이다. 동일한 내용을 서술하더라도 토씨 하나 표정 하나 억양 하나에 따라 상대방의 수용 정도와 생각은 얼마든지 양 극단을 오갈 수 있다.

특히 어떤 제품과 서비스를 판매하거나 제시해야 할 입장에 놓여있다면, 강력한 설득력과 호감을 지닌 서술은 매출액 향상과 직결된다.

사례1. 가격이 10,000원인 제품을 8,000원에 판매하는 경우

_**사원A** : 10,000원인 제품을 2,000원 할인해 판매합니다.
_**사원B** : 10,000원인 제품을 20% 할인해 판매합니다.

사원A와 B가 제시하는 말의 느낌 차이는 어떤가? 제품은 똑같이 8,000원에 판매되지만, 20%라는 표현을 사용한 사원B의 제시가 훨씬 더 저렴하게 느껴진다.

사례2. 가격이 6,000만 원인 자동차를 5,700만 원에 판매하는 경우

_딜러A : 5% 할인해 드리겠습니다.
_딜러B : 300만 원 할인해 드리겠습니다.

딜러A와 B가 제시한 조건은 모두 동일한 5,700만 원에 자동차를 판매하겠다는 얘기지만, 딜러B가 제시한 300만 원 할인해주겠다는 쪽이 소비자에게는 더욱 솔깃하고 저렴하게 다가온다.

위 사례1과 사례2를 통해 알 수 있는 것은, 비교적 저가의 일상 제품은 %로, 자동차와 같이 고가의 제품이라면 금액으로 할인 정도를 알리는 것이 효과적이라는 점이다.

사례3. 가격이 다소 비싸거나 부담스러워하는 경우

몸이 하루가 다르게 불어나면서 건강관리와 다이어트의 필요성을 절감한다. 근처 찾은 피트니스 클럽의 월 이용료는 15만 원이라고 한다. 매월 15만 원, 솔직히 좀 부담스럽다. 그런 표정을 잽싸게 읽은 트레이너는 촌철살인의 멘트를 던져온다.

"하루 딱 커피 한 잔 값(5,000원)만 아끼면, 회원님의 건강과 S라인 몸매를 함께 되찾을 수 있습니다."

트레이너의 위와 같은 말에 상대(소비자)는 더 이상 이용료 부담감을 못 느끼며 선뜻 신용카드를 내민다. 워낙 그런 류의 얘기(달콤한 속삭임?)를 많이 들어 이제는 안 속는 다는 소비자도 생겨나기 시작했다. 그럼에도 금액을 하루 단위로 쪼갤 경우, 소비자의 가격저항은 현저히 낮아진다.

다음 두 가지 선택지 가운데 그대는 어떤 선택을 할까?

_조건A : 한 달 150,000원으로 어학실력을 향상시키세요.
_조건B : 하루 5,000원으로 해외 어학연수를 다녀오세요.

사례4. 고객의 선택을 유도하고 싶은 경우

주간 이코노미스트(The Economist)는 정기 구독에 관한 가격 조건 두 가지를 아래처럼 제시했다. 그런 다음 이를 미국의 명문사립대학인 매사추세츠 공과대학(MIT) 대학원생들에게 보여주며 하나를 고르라고 했다.

_조건A : 온라인으로만 볼 수 있다. 구독료는 59,000원이다.
_조건B) : 온라인 및 종이잡지(배달)로 볼 수 있다. 구독료는 125,000원이다.

머리 좋기로 유명한 MIT 대학원생들은 어떤 선택을 했을까? 그 결과는 우리의 예상대로 조건A를 선택한 대학원생이 68%였고, 조건B를 선택한 대학원생은 32%였다.

이번에는 조건을 하나 더 추가해 모두 세 가지를 제시했다. 마찬가지로 이를 MIT 대학원생들에게 선택하라고 했다.

_조건A : 온라인으로만 볼 수 있다. 구독료는 59,000원이다.
_조건B : 종지잡지(배달)로만 볼 수 있다. 구독료는 125,000원이다.
_조건C : 온라인 및 종이잡지(배달)로 볼 수 있다. 구독료는 125,000원이다.

그 결과는 우리의 예상을 훌쩍 뛰어넘는 흥미로운 내용이었다. 조건A

를 선택한 대학원생은 16%에 불과했고, 조건B는 아무도 선택하지 않았다. 반면에 조건C를 84%의 대학원생들이 선택했다.

뭔가 좀 개운치가 않다. 첫 번째 설문에서는 '온라인 및 종이잡지(배달)로 볼 수 있다. 구독료는 125,000원이다'가 대학원생 32%의 선택을 받았는데, 두 번째 설문에서는 무려 84%라는 압도적 선택을 받은 것이다.

첫 번째 설문과 두 번째 설문을 비교해보면 딱히 설문 내용이 달라진 것은 없다. 오직 하나 조건B가 추가되었을 뿐이다. 그럼에도 똑똑하기로 소문난 MIT 대학원생들의 선택은 조건A에서 조건C로 바뀌어버렸다.

즉, 두 번째 설문에는 좀 황당해 보이는 내용(조건B)을 한 가지 더 제시함으로써 조건C라는 이코노미스트 관계자가 의도한 정기 구독 가격을 자연스럽게 선택하도록 했다. 조건B는 소비자가 조건C를 선택하도록 유도하는 일종의 '미끼(decoy)'라 하겠다.

미끼 효과(decoy effect)라는 것이 있다. 두 가지 제품을 두고 고민하던 소비자가 세 번째의 또 다른 제품이 등장함으로써 앞선 두 가지 제품 가운데 한 제품에 대한 선호도가 증가하는 현상을 말한다.

사례5. 메뉴판 가격 표시는 내림차순, 오름차순?

그대는 조만간 호프집을 오픈할 계획을 가지고 있다. 가게 인테리어 공사를 모두 끝내고 마지막으로 벽면에 내걸 메뉴판을 만들 차례이다. 다만, 가게에서 제공할 메뉴 6가지의 가격을 내림차순으로 정렬할 것인지, 아니면 오름차순으로 정렬할 것인지가 고민이다. 대체 어떤 결정이 매출액 향상에 도움이 될까?

_조건A : 내림차순으로 메뉴 가격을 정렬해 표시한다.

MENU	
●●●	59,900원
◇◇◇	49,900원
▲▲▲	39,900원
○○○	34,900원
■■■	29,900원
◆◆◆	19,900원

_조건B : 오름차순으로 메뉴 가격을 정렬해 표시한다.

MENU	
◆◆◆	19,900원
■■■	29,900원
○○○	34,900원
▲▲▲	39,900원
◇◇◇	49,900원
●●●	59,900원

이상적인 메뉴판은 '내림차순' 정렬이다. 비싼 가격의 메뉴에서부터 점차 저렴한 가격의 메뉴로 정렬된 내림차순의 메뉴판이 오름차순의 메뉴판보다 평균 주문가격이 높다고 한다. 다시 말해, 내림차순으로 메뉴판을 정렬해야 객단가가 올라간다는 주장이다.

소비자가 느끼는 손실에 대한 인식은 이렇다. 메뉴 가격이 내림차순으로 정렬되면 아래로 내려갈수록 가격도 저렴해지나 좋은 품질(맛과 양)을 포기해야 한다는 손실 인식이 점차 강해지고, 가격이 오름차순으로 정렬되면 아래로 내려갈수록 품질은 좋아지나 비싼 가격을 지불해야 한다는 손실 인식이 점차 강해진다.

오름차순이든 내림차순이든 둘 모두 소비자는 손실을 인식하지만, 그래도 비쌌다가 점차 저렴해지는 쪽이 소비자에게 더 큰 만족감을 주는 것은 아닐까!

중간상이란 무엇인가?

중간상의 필요성!

> 중간상은 소유, 시간, 장소의 효용을 소비자에게 가져다준다.
>
> 먼저, 구매와 판매라는 교환 과정을 통해 '소유의 효용'을, 판매할 수 있는 재고를 확보함으로써 '시간의 효용'을, 끝으로 물질적 재화를 시장으로 이동시킴으로써 '장소의 효용'을 가져다준다. 여전히 고맙고 유용한 존재임에 틀림없다.

중간상, 정말 필요할까?

중간상(middleman), 이거 필요해?

이를 두고 전 세계 시장에서는 여전히 갑론을박이 오간다. 왜, 어째서? 중간상의 존재 의의는 무엇일까?

사전적 의미는 "도매상과 소매상의 중간에 개입해 상품매매업을 하는 소비지의 소규모 도매상인"을 가리키며, 일반적으로 분산적 도매를 영위하는 중간상 외에, 생산지에서 생산자로부터 소단위의 생산물을 구입해 산지 도매상에게 대단위로 넘겨주는 산지 중개상을 포함하기도 한다. 중간상이 다루게 되는 상품은 생산량이 소규모인 것, 부패 · 변질성이 높은 것이 많으며, 농산물 · 생선류 · 식료품 등이 중심이 된다.(네이버 백과사전)

중간상이 취하는 이익이라는 것은 결국 다른 사람이 만든 것을 단지 왼쪽에서 오른쪽으로 옮겨만 주면서 중간에서 곶감 빼먹듯 챙기는 불노

소득의 전형적인 모습은 아닐까? 오죽하면 대통령이 '중간상만 이득을 보게 되는 농산물의 유통구조 개혁'의 필요성을 지적할 정도니 말이다.

그렇다면 중간의 이익을 완전히 배제하면 중간상을 경유하지 않는 것의 제품 가격을 보다 낮출 수 있지 않을까? 예컨대, 중간에 불필요한 상인들을 배제해 생산자가 직접 소비자에게 판매하는 것이다.

이러한 중간상의 존재에 대한 의문은 따지고 보면 어제 오늘의 문제가 아니다. 오래전부터 끊임없이 제기되어 왔으며 앞으로도 꾸준히 제기될 것이다.

우리 주변에서 가끔 '공장 직판'이나 '생산자 직거래'라는 현수막을 내걸고 생산자가 직접 소비자에게 물건을 싸게 판다고 광고하는 경우를 볼 수 있다. 왜 이런 생산자의 '직판'이 일상화 되지 못하는 것일까?

대답은 지극히 간단하다. 조금 역설적이지만 중간상이 필요해서다. 즉, 없을 때보다 있을 때가 더 효용이 크기 때문이다. 나아가 소비자에게 훨씬 이익이 되어서다.

중개 기능을 한다고?

중간상에 대해 언급하기 전, 먼저 고유의 중개 기능에 대해 살펴보자. 원래 상거래가 성립되기 위해서는 다음과 같은 과정을 거치게 된다.

'거래상대를 찾아 거래대상(제품)의 내용·품질을 확인하고
거래조건이 합의에 도달하면 제품 전달과 대금결제가 이뤄진다.'

이러한 네 가지 거래 과정 속에 사용되는 비용을 '거래비용(transaction costs)'이라 하는데 중개업자가 담당하는 기능은 바로 거래비용을 삭감하는데 있다.

다시 말해, '판매자와 구매자를 접목시키는 브로커 기능'과 '제품 품질과 거래상대의 신용을 조사하는 정보생산 기능', 그리고 '제품의 재고보관과 배송 등의 유통기능', '자금의 융통을 원활하게 하거나 대금을 징수하는 결제기능' 나아가 '이러한 유통과 결제기능을 통하여 리스크 부담 기능' 등을 제공함으로써 거래비용을 삭감해 상거래가 원활히 이루어지도록 한다.

중간상의 핵심 이론

중간상의 필요성 여부에 대한 대표적인 설명으로는 영국의 경제학자 '마가렛 홀(Margaret Hall)' 여사가 제기한 '총거래수 최소화의 원리(principle of minimum total transaction)', '불확실성 풀의 원리(principle of pooling uncertainty)' 혹은 '집중 보관의 원리(principle of massed reserves)', '분업의 원리(principle of division of labor)' 등을 들 수 있겠다.

총거래수 최소화의 원리

홀(Hall)의 제1법칙이라고도 불리며 유통과정에서 중간상의 필요성을 주장하는 확고한 논리적 근거가 되고 있다.

생산자와 소비자 사이에 중간상이 존재함으로써 사회전체의 유통 비용을 삭감할 수 있다는 것이다. 예를 들면, 생산자가 세 명, 소비자가 네 명 존재하는 경우 중간상이 존재하지 않는다면 '3 × 4 = 12회'의 거래가 필요하지만, 중간상이 개입함으로써 그것이 '3 + 4 = 7회'로 감소된다는 것이다.

이처럼 중간상의 개입을 통해 총거래 수가 줄게 되면 비용 절감이라는 효과를 낳아 유통 경비를 절감시킬 수 있다.

● 총거래수 최소화의 원리

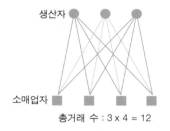

생산자

소매업자

총거래 수 : 3 x 4 = 12

중간상

총거래 수 : 3 + 4 = 7

불확실성 풀의 원리

홀(Hall)의 제2법칙이라고도 불리며 이 원리 역시 유통과정에서 중간상의 필요성을 주장하는 논리적 근거가 된다.

중간상이 계절 변동이나 지역 격차 등에 따른 소비자 수요를 예측하지 못하고서 재고를 보유하게 되면 사회 전체적으로도 낭비이며 비효율성을 떠안게 된다. 그래서 중간상이 중간 재고를 보유함으로써 수요 불확실성에 따른 손실을 줄이고 소매업자의 재고비용, 유통비용 등을 삭감할 수 있다는 것이다.

다시 말해, 시장경제 아래 제품은 생산된 만큼만 계속적으로 소비되는 것이 아니다. 그래서 생산과 소비의 접점은 항상 불확실하며 불안정하기 마련이다. 그러므로 누군가가 어떠한 형태로든 제품 재고를 보유하면서 그러한 불확실성에 대비해야 한다.

이 경우 생산자가 개별적으로 재고를 보유하기 보다는 중간상이 재고를 가지는 쪽이 전체 재고수를 줄일 수 있다. 이를테면, 다섯 개의 소매업자가 각각 500개씩 재고를 보유하고 있다고 치자. 그러면 합계 5×500=2,500개의 재고량이 필요하게 된다.

그러나 여기에 중간상이 개입되면 집중적으로 재고(1,000개, 임의로 잡은 수치임)를 가질 수 있어 개별 소매업자의 재고량은 100개 정도로 줄어든다. 그 결과 합계 재고량은 (100×5)+1,000=1,500개로 줄일 수 있다.

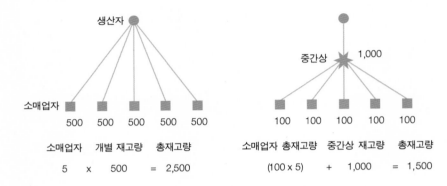

● 불확실성 풀의 원리

생산자

중간상 1,000

소매업자

소매업자	개별 재고량	총재고량
5	x 500	= 2,500

소매업자 총재고량	중간상 재고량	총재고량
(100 x 5)	+ 1,000	= 1,500

분업의 원리

대다수 생산자들은 자신이 생산한 제품을 최종 소비자에게 직접 유통시킬 만한 능력을 갖추고 있지 못하다. 설사 독자적으로 경로를 구성할 수 있는 능력이 있는 생산자라 하더라도 그 여력을 자신들의 주요 사업에 전념하면서 집중적으로 투자하는 것이 더 많은 수익을 낼 수 있어 직접 유통에 나서지 않는다. 이를 다른 말로 전문화의 원리라고 한다.

그 외에 중간상들은 생산자가 생산한 제품의 구색(여러 가지 물건을 고루 갖춤)을 소비자들이 원하는 구색으로 바꾸어 주는 기능도 하고 있다. 유통경로를 통해 중간상들은 수많은 생산자들로부터 제품을 대량으로 구입해 소비자들이 원하는 다양한 구색을 갖추고 소량씩 판매한다.

이처럼 중간상은 수요와 공급을 연결시켜서 시장의 조화를 이루도록 하는 중요한 역할을 한다. 때문에 무턱대고 중간상을 손가락질 하거나 부정적 기능만을 부각시키는 것은 바람직하지 않다.

생각해 보기!

1 왜 '중간상(middleman)'이 필요할까?

2 '총거래수 최소화의 원리(principle of minimum total transaction)'란?

3 '분업의 원리(principle of division of labor)'란 무엇인가?

억지스런 연결이 실은 매우 논리적이라면?

글로벌 공급망의 중요성

나비효과식 전개

"못(nail)이 없어 편자(horseshoe)가 사라졌고, 편자가 없어 말(horse)을 잃었다. 그러다 종국엔 왕국(kingdom)이 사라진다."

이전 바이든 미국 대통령이 반도체를 포함 주요 4개 품목에 대한 글로벌 공급망 검토를 지시하며 인용한 문구다. 이는 종종 인과관계를 다소 억지스럽게 연결 짓는 논리로 활용되어왔다.

바야흐로 세상이 지금까지의 '선형(linear)'적 모습을 벗어나 점차 '비선형(non-linear)'적 흐름이 주도하면서 바이든의 말은 힘을 얻고 있다. 오늘날에는 반도체가 편자의 못인데, 미국은 그로 인해 경제와 안보 위기에 직면했다는 것이다. 주요 완성차회사가 차량용 반도체 품귀로 셧다운 사태를 맞았고, 마이너스 옵션까지 내 놓기도 했다.

지금으로부터 30여 년 전쯤 처음 접한 철학 개론서. 그 서두에는 아주 생소한 아니 해괴한 논리 전개 하나가 등장하고 있었다.

"에도(도쿄의 옛 이름)에 바람이 불면 통장수가 돈을 번다."

이것을 '바람이 종국에는 돈을 벌게 한다'로 이어지게끔 논리를 펼칠 수 있겠는가? 그 바람이 돈바람이라면 얼마든 가능할 테지만. 사실 그 전개는 이렇다.

바람이 분다 → 흙먼지가 날린다 → 먼지로 인해 눈병에 걸린다 → 눈병으로 장님이 늘어난다 → 장님은 샤미센(현악기) 연주로 생계를 잇는다 → 샤미센 울림통은 고양이 가죽이다 → 가죽이 필요해 고양이가 다수 도축된다 → 고양이가 줄자 쥐가 늘어난다 → 쥐들이 통을 갉아 먹는다 → 통 수요가 급증한다 → 통장수가 돈을 번다.

인과관계를 억지스럽게 펼쳐 연결하고 있다. 미세한 변화나 사소한 일이 향후 예상하지 못한 엄청난 결과로 이어진다는 나비효과(butterfly effect)와 그 펼쳐짐이 흡사하다.

기억하는가? 지난 2021년 하반기 국민은 '요소수 대란'이란 희한한(?) 경험과 마주했다. 산업현장 혼란이라는 실제 상황이 마치 통장수가 돈을 버는 논리처럼 비약된 귀결이라 소름 돋을 지경이었다. 복기하면 그 과정은 이렇다.

미·중 패권 다툼 격화 → 미국이 코로나19 책임을 중국에 물으며 국제적 조사 요구 → 미국은 중국 견제에 호주를 끌어들임 → 호주는 중국에 코로나19 책임론을 제기 → 호주와 중국의 관계가 악화 → 중국이 경제 보복으로 호주산 쇠고기·보리에 이어 석탄 수입을 금지 → 중국의 석탄 공급량이 부족해 가격이 급등하는 자충수로 이어짐 → (석탄에서 암모니아를 추출해 요소 생산) 중국이 자국 내 요소 수요를 충족시키고자 수출을 제한 → 한국은 요소수의 원료인 요소의 대부분을 중국에서 수입 → 한국에 요소수 품귀 사태 발생 → (요소수는 디젤차 운행에 필수) 국내 일부 버스·트럭 등 디젤차의 운행 중지 → 디젤차의 발이 묶여 산업현장이 마비 직전까지 내몰림.

요소수 사태의 교훈

두 강대국의 패권 경쟁이 돌고 돌아 한국 산업계를 위기에 빠트리는 과정이 실로 드라마틱하다. 솔직히 요소수 사태가 벌어지기 전까지 '요소수(尿素水)'란 이름을 접해본 국민은 과연 몇이나 있을까! 딱히 그 생산에 첨단 제조기술이 필요한 것도 아니다. 10여 년 전 국내 기업들이 단가가 지나치게 낮아 채산성이 없다는 이유로 생산을 중단한 제품이다. 그랬던 요소수가 디젤차의 발을 묶어 국내 산업계를 뒤흔들었다.

사태를 계기로 글로벌 공급망 교란이 주는 위험성을 통감했다. 결과론이기는 하지만 경제안보에 경종을 울려 제2의 요소수 사태 백신이 되어 다행이다. 주요 수입품목 1,850개 가운데 중국산 비율이 80%(2021년 기준)를 넘는 다고 한다. 대중 의존도를 낮춰 리스크를 분산시키는 '차이나 플러스 원' 전략이 시급해 보인다. 더해 강대국 사이의 회색지대(전략적 모호성)는 점점 좁아지고 있다.

요소수를 둘러싼 일련의 움직임은, 언뜻 황당해 보이면서도 한편으로는 정교한 톱니바퀴 맞물리듯 아귀가 잘 맞다. 그 양상이 선형적 모습과 비선형적 요소를 동시에 포괄하고 있다. 수출로 먹고사는 우리나라 입장에서는 글로벌 공급망을 두고 한시도 긴장의 끈을 늦추어서는 안 된다.

● 주요 산업 분야의 중국산 수입 의존도

배터리	반도체	휴대전화	자동차
80.2%	30.6%	25%	12.3%

주: 2021년 수입액 기준.
출처: 대외경제정책연구원 자료를 조선일보(2022.4.18.)에서 재인용.

광고란 무엇인가?
광고의 진실!

> 나는 당신 회사의 이름을 모른다.
> 나는 당신 회사의 제품을 모른다.
> 나는 당신 회사의 고객을 모른다.
> 나는 당신 회사의 명성을 모른다.
> 그런 나에게 무엇을 어떻게 팔겠다고 하는 건가?

이게 무슨 광고?

인간의 가장 중요한 소통 수단의 하나인 문자(文字).

그 문자가 지구상에서 홀연 사라졌다. 더불어 쓰고 읽고 하던 능력도 모두 자취를 감추었다.

이런 상황 속에서도 당신은 회사 신제품에 대한 광고와 홍보를 게을리 할 수 없다. 어떻게 소비자들에게 알려야 할까? 다음의 돌바닥 사진은 해답으로 가는 큰 힌트를 던져주고 있다.

단단한 석판도 인고의 세월을 거치면서 닳고 닳아 희미하다. 희멀건 면에 누군가 장난치듯 새긴 어떤 그림이 보인다. 그런데 이 그림은 여타 그림에서 결코 접할 수 없는 독특하고 심오한 의미를 담고 있다.

먼저 사진 왼쪽 위에는 무수한 점들이 찍힌 하트 모양이 보이고, 바로 오른쪽엔 작은 +모양이, 그 아래는 사람의 왼발 모양이 있다. 또 그 옆에는 여성의 얼굴 모습과 바로 아래에는 직사각형 모양의 뭔가가 눈에 들어온다.

그 비밀의 문을 오픈할 열쇠는 다음의 다섯 가지 키워드다.

"Heart"   "Cross"   "Foot"
"Cash"   "Woman's head"

대체 이 석판에 새겨진 다섯 가지 그림이 의미하는 건 뭘까? 실은 다음과 같다.

사진의 왼쪽 발은 "교차로(+모양)에서 왼쪽으로 가면"

여성의 얼굴 모습은 "귀여운(예쁜) 여자들이"

무수한 점들이 찍힌 하트는 "많은 여자들이 마음을 담아 서비스합니다."

직사각형 모양의 화폐는 "꼭 돈을 가지고 오세요."라고 하는 예상 밖의 의미가 담겨져 있다.

정리해보면 이렇게 된다.

"교차로에서 왼쪽으로 가다보면, 예쁜 여자들이, 마음을 가득 담아 서비스하오니, 꼭 돈을 가지고 놀러오세요."

그 내용은, 현존 세계 최고(最古)의 광고다.

기원전 튀르키예(구, 터키)의 에페소스 유적 도로(道路) 위에 새겨진 것이다. 광고 내용은 위 설명을 통해 충분히 추측할 수 있었으리라 생각된다.

그렇다. 바로 매춘굴(brothel)에 대한 광고다. 당시엔 문자가 존재하지 않았던 탓에 적절한 그림으로 표현한 것이다. 기막히다.

매춘은 가장 오래된 직업이라고 한다. 더불어 비즈니스가 존재하는 곳이면 고금동서를 초월해 광고(홍보)는 존재했던 모양이다. 그래 최초의 광고도 매춘 관련 광고가 될 수밖에 없었던 것이다. '태초에 광고가 있었다.' 이를 석판은 잘 증명하고 있다.

그럼에도 우리들의 발상을 초월하는 기발한 광고임엔 틀림이 없다.

인간은 본능적으로 자신을 포함해 두 사람 이상이 모인 곳이라면 언제나 자신을 상대에게 알리려고 여러가지 행위를 한다. 그 때문에 현대를 가리켜 자기 PR의 시대라고까지 한다. 위 광고를 보고 있노라면 과거 역시 자기 PR의 시대였던 것 같다. 그 방법론만 달랐을 뿐이다.

다양한 광고 매체

프랑스의 한 광고인은 '광고'를 이렇게 극적으로 표현했다.

"우리들이 호흡하고 있는 공기는 산소와 질소, 그리고 광고로 이뤄져 있다."

특히 오늘날 삶의 대부분이 비즈니스와 직간접적으로 연계되면서 광고를 떠나 한 시도 살 수 없다. 실제로 아침에 일어나 잠자리에 들 때까지 우리들이 접하는 광고 수는 무려 5,000개를 넘는다고 한다.

수많은 기업이 소비자들의 구매의욕을 자극하기 위해 TV와 라디오, 인터넷, 신문, 잡지 등의 매체를 통해 자사 제품을 어필하고 있다. 이처럼 돈을 들여 하는 선전활동이 '광고'다.

활동 전개의 장은 미디어 외에도 간판 등의 옥외 광고, 전차나 버스, 택시 내의 광고, 급성장하고 있는 SNS, 모바일 광고 등 실로 다양하다.

● 4가지 매체의 특징

TV	라디오
·수많은 시청자들에게 접근 가능함. ·단기간에 강한 인상을 심어줌 ·원가가 높음.	·시간대에 따라 청취자가 다른 경우가 많으므로 제품 타깃에 맞춘 광고가 가능함. ·비교적 낮은 원가.
신문	잡지
·보존할 수 있고 상세히 설명할 수도 있음. ·설명형의 정보 제공에 적합함.	·패션 잡지, 스포츠 잡지 등처럼 독자층이 명확하므로 타깃에 맞춰 사용할 수 있음.

호객용 광고?

가진 상상력을 총동원해도 상상하기 힘들 정도로 야(野)하다.

보는 이의 눈동자는 말 그대로 격하게 흔들린다. 기발하기는 한데 좀 심하다. 언론이 이를 터뜨린다. SNS에 갑론을박이 오간다. 마침내 논란의 중심에 선다. 특정 '광고'를 두고 벌어지는 우리 사회의 한 단면이다.

예외 없이 그 광고에는 섹시한 여성 혹은 근육질 남성이 등장한다.

의류나 화장품, 자동차, 기호식품 등 여성이나 남성과 밀접한 관련이 있는 제품이라면 그렇다 치더라도 굳이 벗을 필요성을 느끼지 못하는 윤활유·타이어, 심지어 피자나 아이스크림, 주방용품 광고에서도 왜 섹시한 여성과 우람한 남성이 예외 없이 등장한다. 왜 꼭 그래야 할까?

그 까닭을 모르지 않는다. 소비자의 눈이 이제 웬만한 광고에는 요동도 눈길도 주지 않는 탓이다. 그러다보니 자극적인 것, 조금 더 자극적인 것만 추구하게 된 결과다.

광고에 관한 흥미로운 연구 결과를 보면, 일견 납득이 간다. 특정 제품에 상관없이 야한 복장의 미녀가 광고에 등장하면 남성의 판단력이 흐려져 지갑을 쉽게 연다는 사실이다.

브랜드나 목표 고객에 따라 차이는 있지만 섹스와 카피를 결합시킨 광고가 날로 늘어나고 있다. 이러한 광고는 기본적으로 표적 고객의 많은 관심을 끈다는 점에서 여전히 광고 기획자들을 유혹하는(?) 확실한 소재다. 동서고금을 막론하고 사실 섹스는 여전히 우리 인간이 아주 은밀하면서도 가장 탐닉하는 대상 가운데 하나이다.

광고의 다양한 카피나 소재(사진)들이 던져주는 뉘앙스는 묘한 성적 이미지를 촉발시킨다. 물론 철저히 계획되고 기획되어온 의도적 도발이다. 광고에 성애(性愛)가 등장한 것은 어제 오늘만의 일이 아니다.

광고의 가장 큰 목적은 역시 기업이 자신의 제품을 팔고자하는 취지에서 비롯되었다. 그런 만큼 일단 잠재 소비자의 정서에 강하게 호소해 이들의 눈길을 사로잡아야 한다. 그 때문에 인간이라면 누구나 공감하고 지대한 관심을 가지며 원초적 기능을 부추기는 섹스를 광고에 접목시키려는 행동은 어쩌면 당연한 것이리라.

다만 강렬한 섹스 냄새가 물씬 풍기는 광고라 할지라도 그 의도는 섹스를 하나의 수단으로 활용할 뿐, 섹스 그 자체가 목적이 아니라는 점을 잊지 말아야 한다. 목적은 제품(서비스)을 소비자에게 알리고 판매하는 것이다.

"광고는 제품에 관한 뉴스이다."

이렇게 말한 로저 리브스(Rosser Reeves)의 주장을 외면하지 마라. 광고 그 자체가 주목받는 주인공이 되어서는 절대 안 되며, 광고는 오롯이 제품을 위해서만 존재하다 사라져야 한다는 자기희생적 태도다. 물론 말처럼 쉬운 작업은 아니다.

자극적인 섹스어필 광고라 하더라도 기업이 의도하는 광고효과를 기대할 수 없다면, 그것은 무용지물에 지나지 않는다. 관련 기업으로서는 소비자에게 눈 보신만 시켜주었을 뿐 별다른 소득도 없이 밑천만 드러냈다. 남는 것은 의도와 어긋나 소비자의 눈총만 받을 수 있다.

세계적으로 유명한 마케팅 컨설턴트 '잭 트라우트(Jack Trout)'는 이렇게 지적한다.

"너무 특이한 광고가 나가면 사람들은 그곳에만 신경을 집중해 사실상 제품에는 눈길을 주지 않는다."

노골적인 형태보다 보일 듯 말 듯 내릴 듯 말 듯 상상력을 증폭시킬 수 있는 광고가 더욱 효과적이라 판단된다. 세심한 접근이 거듭 요구된다.

섹스 어필 광고

다음 인쇄 광고에 비춰지는 상황(장면)은 지극히 단순하다. 새하얀 방석위에 달랑 호두 두 개가 안락하게 그리고 사이좋게 놀고 있는 듯하다. 이것이 광고의 전부다.

"무슨 광고가 이래!"하는 푸념이 절로 나온다. 지나치게 단순한 상황 설정 때문인지 도리어 광고 속에는 우리가 모르는 복잡한 의미와 상징이 숨어 있는 지도 모른다.

실은 매컬슨(McAlson)의 남성 속옷 광고다.

그 카피는 이렇다.
"세계에서 가장 편한 남성 속옷."
(The World's man Comfortable Boxer Shorts.)

광고 속 호두 두 개는 남성의 불알 두 쪽을 가리킨다. 상상만으로도 무척 야한 광고다.

파격적인 광고로 유명한 의류브랜드 베네통(Benetton)의 광고 하나를 소개해보자.

더 이상 광고의 정의나 그 의미에 관한 담론을 불허할 지경이다. 한 마디로 머리가 띵하고 아찔하다. 베네통 광고의 특징은 자신의 제품 자체를 이슈로 하는 것이 아니라, 각종 사회 문제에 초점을 맞추어 사람들의 이목을 집중시킨다.

이를테면, 인종차별, 전쟁, 에이즈(AIDS), 살인 사형수 등을 주제로 여러 충격적인 사진들을 광고로 만들고 있다.

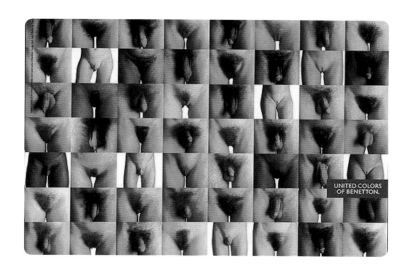

충격적이고 엽기적인 메시지 때문에 사람들의 이목을 집중시키는 것은 분명하나, 그것이 광고 효과를 발휘해 제품 판매로 이어지는지에 대해서는 불투명하다. 하지만 여전히 세계적인 명품 브랜드로 건재한 걸 보면 효과가 있는 건 분명하다. 더해 'United Colors of Benetton'이라 표현한 것도 베네통다운 발상이다.

아래의 광고는 데이빗 팔머(David Palmer)의 속옷(underwear) 광고다. 남녀의 은밀한 부위 노출(露出)이라는 측면에서는 과히 파격적이라 할 만하다. 보일 듯 말 듯 한 남녀의 성기는 소비자들에게 또 다른 세계로의 감흥을 불러온다. 예술적이면서도 다소 외설적이라는 평가가 내려지기도 하는 광고다.

그럼에도 아이디어 측면에서는 단연 타의 추종을 불허한다. 남녀의 음모를 면도기로 사정없이 밀어내 데이빗 팔머의 십자형 브랜드 로그를 만들었다.

"당신들의 아랫도리를 감싸 줄 수 있는 것은 데이빗 팔머의 속옷뿐이다."

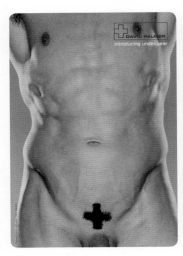
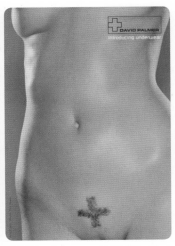

그러한 강력한 메시지가 보는 이의 온몸을 타고 흐르는 듯하다. 이쯤 되면 외설적이라는 시비보다는 고품격의 예술작품에 가깝다고 해야 옳지 않을까. 판단은 독자에게 맡긴다.

다음 광고는 그 속의 'Mans Underwear'가 의미하듯 남성 속옷 브랜드 JBS 광고다. 응당 남성 속옷 광고라면 조각 같은 몸매의 남성이 모델이다. 그런데 이 광고는 기존 발상을 완전히 뒤집어 섹시한 여성이 등장한다. 그 컨셉은 관능미 넘치는 하녀다.

그녀는 세상의 갖은 수컷을 유혹하듯 아슬아슬한 부분까지 가슴을 드러내고, 치마 밑 속옷을 끌어내려 미끈한 허벅지에 걸쳤다. 노팬티다. 그리곤 뭇 남성 속옷 하나를 집어 세상에서 가장 깊고 강렬한 숨을 들여마신다.

어찌 보면 성인비디오 표지 사진 같은 농도 짙은 사진에 아주 약간 민망해지기도 한다. 광고는 광고로만 봐야한다. 그렇게 되새기지만, 그녀의 표정 속에서 갖은 상상이 춤을 춘다.

이탈리아의 하이엔드 명품 패션 브랜드 펜디(FENDI). 지난 2018년 네티즌들은 거의 $1,000에 가까운 이 고급브랜드의 숄을 조롱하느라 바빴다. 펜디의 신상 모피 소재 숄이 버자이너(vagina)와 너무나 닮았다고 한다.

은색과 군청색 등 다양한 색깔로 구성된 이 숄은 별 생각 없이 보면 그리 이상하게 느껴지지 않는다. 그러나 한눈에 깜짝 놀랄 반응을 자아내는 색깔이 따로 있다. 바로 분홍색 숄이다.(아래 사진 참조) 펜디가 의도한 기획은 아니라고 생각되지만 고객들에게 많은 오해를 살 수 있는 디자인임에는 분명하다.

끝으로 광고 네 개를 제시한다. 무슨 제품의 광고일까?

실은 모두 동일한 제품의 광고이다.

굳이 필자의 답변을 필요로 하지 않을 듯하다.(이해 불가인 경우는 professorkim@naver.com으로 문의) 광고 제품과 더불어 왜 이런 컨셉의 광고인지도 한번 고민해보자.

181

한편, 섹스 어필 광고를 두고서 "상업주의에 빠져 역사의식을 망각한 자기 비하"라는 비판도 소비자로부터 뒤따른다. 좀 아쉽다. 광고는 그냥 광고로 봐주었으면 하는 것이 필자의 평소 지론이다. 광고에 대한 평가 (비판)는 소비자의 선택 즉, 시장 매출을 통해 판가름 나야 옳지 않을까!

생각해 보기!

1 "우리가 호흡하고 있는 공기는 산소와 질소, 광고로 이루어져 있다"의 의미는?

2 에페소스(Ephesus) 유적 도로에 새겨진 광고의 시사점은?

3 '섹스 어필 광고'의 효용(이점)은 무엇일까?

모순을 깨닫자 이윽고 뇌가 흔들렸다!

광고 효과를 높여라!

높은 강도의 위협이 더 효과적?

가게에 한 여성 고객이 들어선다.

여성은 "담배 하나 주세요"라는 멘트 대신 아무렇지도 않다는 듯 이렇게 말한다.

"후두암 1mg 주세요."

뒤이어 들어온 남성들은 또 이렇게 말한다.

"폐암 하나 주세요."

"뇌졸중 두 갑 주세요."

이 때 고객과 점원 모습 뒤로 유리병 속에 갇혀 있는 여성과 남성 고객의 분신. 제발 담배를 구매하지 말라는 듯 유리벽을 두드리며 갖은 몸짓으로 애걸복걸 한다.

곧이어 내레이션이 나온다.

"치료하지 않으면, 죽음에 이를 수 있습니다. 흡연은 질병입니다. 치료는 금연입니다."

그렇게 금연광고는 막을 내린다. 위 광고는 지난 2015년 보건복지부가 제작해 유튜브와 TV에 내보낸 금연광고다. 담배를 구입하는 행동은 결국 질병과 죽음에 이르는 길이라는 강렬한 메시지를 담고 있다. 실제로 흡연은 자신의 몸에 발암물질을 집어넣는 자해 행위다.

복지부는 위 광고를 이렇게 설명을 했다.

"과거 금연광고는 흡연이 질병임을 은유적으로 표현했다면, 이번 광고는 흡연이 곧 질병이며 치료하지 않으면 죽음에 이를 수 있다는 직접적인 메시지를 전달한다."

광고는 참신하고 노골적이고 충격적이어서 금연에 도움이 될 것 같다는 긍정적 반응도 있지만, 그 한편으론 좀 섬뜩하고 꺼림칙하며 나아가 인권 침해라는 논란까지 일었다. 또 담배는 합법적으로 구매 가능한 상품인데다 높은 세금을 지불하면서 구매하는데, 마치 흡연자 모두가 중병에 걸려 죽음과 직결되는 것처럼 왜곡하고 있다는 것이다.

이에 한국담배판매인회중앙회는, 복지부의 금연광고가 담배를 피우면 반드시 후두암과 폐암, 뇌졸중이 발병한다는 내용으로 허위사실을 유포해 담배 상인의 명예를 훼손하고 업무를 방해한다며 법원에 광고금지 가처분 신청을 내기도 했었다.

지나치게 높은 강도의 위협소구(fear appeal)는 도리어 메시지에 대한 거부감을 불러온다. 그로 인해 광고 실효성이 떨어진다는 초기연구 결과도 존재한다. 허나 대체적으로 높은 강도의 위협소구가 낮은 강도의 위협소구보다 더 효과적임은 다수의 연구 결과를 통해 확인할 수 있다.

그럼에도 좀 더 신선하면서도 우리 사회나 흡연 당사자에게 뭔가 교훈적 메시지를 던져줄 수 있는 창의적 캠페인은 되지 못했다. 아쉬움으로 남는다.

500만 원으로 거둔 대성공!

불 좀 빌려 주세요?"

흡연자라면 누군가로부터 한 번쯤 들어봤을 법한 요청이다. 흡연 당사자끼리 이루어지는 소통의 첫 번째 말이다. 이에 흡연자 대부분은 흔쾌히 응한다.

헌데 태국에선 정반대 일이 벌어졌다. 길거리 이곳저곳에 선채 연신 담배를 빨아대는 성인 남녀 모습이 보인다. 이들에게 누군가가 다가가 주머니에서 담배를 한 개비 꺼내들고는 불 좀 빌려달라고 한다. 이때 돌아온 대답은 의외였다.

"절대 안 돼."
"후두암에 걸린다고. 수술이 두렵지 않니?"
"담배엔 독이 담겨있어."

이런 말을 흡연자들은 상대에게 거침없이 쏟아낸다. 그 외에도 담배를 피우면 몸에 해로워 일찍 죽거나 폐암, 뇌졸중 등에 걸린다며 넌지시 타이르거나 열심히 설교까지 해댄다.

흡연자들은 도대체 왜 이러는 걸까? 그냥 불 좀 빌려주면 어디가 덧나! 이들은 의사라거나 금연협회 관계자, 아니 가족이나 지인도 아닌 생판 모르는 사람들이다.

실은 불을 빌려 달라는 상대는 속칭 머리에 피도 안 마른 아이였다. 깜냥도 안 되는 기껏해야 초등학교 저학년쯤으로 봬는 나이로 반팔에 반바지를 입은 까까머리 남자아이와 두 갈래로 긴 머리를 땋은 여자아이였다.

때문에 요청을 받은 모든 흡연자들은 아이에게 불을 빌려주길 단호히 거절했다. 여기에 더해 흡연의 위험성을 알리려 무척 애를 쓴다. 그런 흡연자에게 아이는 꼬깃꼬깃 접은 종이 한 장을 건네고는 자리를 뜬다. 아이로부터 무심코 건네받은 쪽지를 펼친다. 거기에는 이런 충격적인 메모가 적혀있다.

"제 걱정은 해주면서, 왜 당신 걱정은 않나요?"
(You worry about me. But why not about yourself?)

185

정말 담배가 그렇게 나쁘면, 당신은 왜 담배를 피우냐며 따지는 듯하다. 무엇보다 자신의 소중한 건강을 우선 걱정하고 금연하라는 아이의 따끔한 충고다. 이에 뭔가에 홀린 듯 당황해 하는 흡연자들은 사라져가는 아이의 뒤를 멍하니 바라보는 모습으로 광고영상은 끝난다. 흡연자들로 하여금 금연을 스스로 좀 더 심각하게 받아들이고 생각게 하는 광고다.

이게 다가 아니다. 또 하나, 이 광고의 핵심을 놓쳐선 안 된다. 아이들이 건넨 쪽지 하단을 자세히 보면, 금연을 상담할 수 있는 무료통화 전화번호가 적혀 있다.

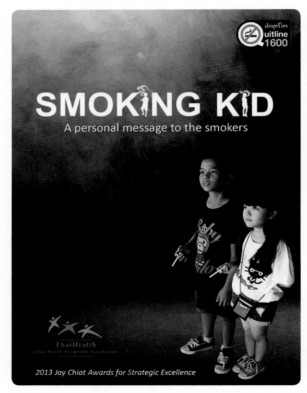

출처: 태국건강촉진재단 금연 캠페인.

모순으로 불편하게 만들어라!

태국건강촉진재단. 이 재단은 25년 이상에 걸쳐 금연 활동을 해오고 있다.

수백 만 달러라는 막대한 금액을 투자해 캠페인을 벌여도 핫라인(금연 상담전화)으로 걸려오는 전화는 거의 없었다. 어떤 메시지를 내보내도 흡연자의 마음엔 와 닿지 않았던 모양이다. 그들도 담배가 건강에 해롭다는 건 잘 알고 있으나 스스로 금연을 위한 특별한 행동을 하려 들지 않았다.

이런 가운데 재단은 2012년 발상을 뒤집는 창의적 캠페인을 위해 칼을 뽑았다. 흡연자가 가장 귀담아 듣는 건 재단이나 반려자의 충고가 아니다. 흡연자 자신이 진심으로 "금연을 하고 싶다"고 생각하는 게 뭣보다 중요하다고 결론을 낸다.

이에 '스모킹 키드 캠페인'이라 이름 붙여진 금연 캠페인을 시작한다. 바로 앞서 언급한 내용이다. 해당 영상은 'smoking kid campaign'이라고 유튜브에 입력하면 현재도 볼 수 있다.

캠페인 영상 속에서 확인할 수 있듯 아이에게 쪽지를 받아든 흡연자는 거의 모두가 그 자리에서 손에 든 담배를 버렸다. 쪽지를 버리는 사람은 아무도 없었다.

이 캠페인의 예산은 단돈 5,000달러로 언론을 통한 홍보는 일체 하지 않았음에도 효과는 대단했다. 핫라인 이용률은 60% 이상 증가했다고 한다. 흡연자와 아이의 동영상은 인터넷에 확산되어 불과 일주일 사이에 500만 번이나 재생되었다. 스모킹 키드 캠페인은 대성공을 거두었다.

위 캠페인이 대성공으로 막을 내릴 수 있었던 건 '모순(矛盾)'을 깨닫게 한 게 주효했다. 영상을 통해 타인(아이)에게 말하는 것과 자신이 하고 있는 행동의 모순을 흡연자 스스로 깨닫게 하는 효과였다.

즉, 모순을 지적하고 이를 전면에 내세운다. 사람들은 자신의 모순된 행위를 깨닫고 이를 해소하려 힘쓴다. 인간은 말과 행동이 다르다는 사실을 깨닫게 되면 이를 고치려 노력한다. 그 까닭은 자신의 태도와 가치관에 어떤 모순이 생기면 불안해진다.

심리학에서 이러한 현상을 '인지부조화(cognitive dissonance)'라고 부른다. (이론에 관해서는 뒤에서 자세히 설명하고 있다.)

신념과 실제로 보는 것 사이에 모순과 불일치, 비일관성이 존재할 때 발생하는 것으로 인지부조화를 느낀 사람은 심적으로 불편해 어떡하든 모순을 제거하려 노력한다. 이처럼 변화를 일으키기 위해 필요한 것은 강제력이 아니라, 스스로 모순을 깨닫게 하는 것이 최선책이다.

최고의 창의적 해결법과 탁월한 아이디어는 모순을 건드리며 첫 발을 뗀다. 칭송받는 세상의 많은 솔루션은 그동안 누구도 뛰어넘길 주저했던 모순을 극복하면서 일궈낸 성과다. 그런 측면에서 모순의 의미를 새삼 되새기게 하는 훌륭한 광고다.

MARKETING

INTRODUCTION
TO MARKETING

고객만족과
브랜드전략

고객이란 누구인가?
고객의 개념과 특성!

> "고객은 자기가 원하는 것을 절대로 말해 주지 않습니다. 그래서 우리는 1년에 3차례씩 현지 진출 국가의 소비자 행태를 비디오로 녹화합니다. 행동을 면밀히 관찰하다 보면 소비자가 원하는 것을 찾아낼 수 있죠."
>
> _벨킨 사장 마크 레이노소

고객의 본질을 파헤친다!

Who is the customer?

그대가 떠올리는 고객이란 어떤 모습인가? 혹시 고객을 다음과 같이 인식하거나 오해하고 있지는 않은가?

"문제점을 항시 지적해주는 사람"
"제품과 서비스를 일방적으로 팔아주는 사람"
"우리 브랜드를 주변에 알려주는 사람"

물론 모두 잘못된 것은 아니다. 분명 고객은 위와 같은 역할을 수행하기도 한다. 그렇다고 고객의 본질을 퇴색시키거나 흘려버려서는 안 된다.

'고객'을 한자로 쓰면 '顧客'. 여기서 '顧'는 '돌아볼 고'로, 이를 풀이하면 '사방을 둘러보고 마음에 새기며 유심히 관찰한다'는 의미가 담겨있다. 그냥 물건이나 사고 혹은 밥이나 먹고 서비스나 받고서 종종걸음으로 사라지는 사람이 고객은 아니다. 실제로는 대단히 사려 깊고 민감한 관찰자가 고객이다.

해외 유명 컨설팅기관(Bain & Company와 Ravi & Marcia) 등의 조사에 따르면,

"불만족 고객의 4%만이 불만스러움을 직접적으로 표현하는 반면, 75~90%의 불만족 고객은 재 구매를 하지 않는다."

"불만족 고객은 9명 이상의 지인(친구)에게 그 경험을 전달하지만, 만족한 고객은 5명의 잠재 고객에게 전달한다."

"고객 중 60% 이상이 서비스 제공자를 바꾼다. 그 가운데 14%는 구매한 물건의 품질 때문이고, 46% 이상은 자신들이 제대로 대우받지 못했기 때문이다."

고객 불만족의 40%는 고객 자신이 야기한 문제에서 기인한다는 조사 결과도 있긴 하지만, 기업과 경영자의 목줄을 쥐고 있는 것이 고객이라는 관점에서 본다면, 고객은 항상 옳은 것이다. 이런 사고는 마케팅 활동 및 접객 서비스의 기본 정신이요, 출발점이 되어야 한다.

한번 떠난 고객은 간판을 바꿔 달기 전까지 결코 돌아오지 않는다고 믿어라. 실로 비정한 얘기지만 이게 바로 고객의 속성임을 잊지 마라.

한비자(韓非子)의 한 구절을 상기해 본다.
天下之難事(천하지란사)는 必作於易(필작어이)요,
天下之大事(천하지대사)는 必作於細(필작어세)이니라.

이 말의 의미는 "천하의 어려운 일은 반드시 쉬운 데서부터 시작이 되고, 천하의 큰일은 반드시 작은 데서부터 시작이 된다"는 것이다.

결국 사람은 산(山)이 아니라 자그마한 조약돌에 걸려 넘어진다는 것을 일러준다. 평소 사소하고 작다고 소홀히 취급해 왔던 것들이 결정적인 순간 치명타를 줄 수 있음을 잘 일깨워주고 있다.

위 말을 마음에 새겼다면, 고객을 대할 때 작은 것 하나라도 배려하는 세심함을 길러야 한다.

잠시 질문 하나 던져보자.

"전 세계에서 가장 큰 슈퍼마켓은?"

"면적 당 매출액 미국 최고의 슈퍼마켓은?"

정답을 아는 이가 그리 많지는 않다. 이른바 잘 나가는 슈퍼마켓(Dairy Store) '스튜 레오나드(Stew Leonard)'를 가리키는 질문이다.

이 슈퍼마켓은 지난 1969년 종업원 6명의 소규모 점포로 출발했으나, 현재는 매출액 3억 달러, 종업원 2,000명에 달하는 세계 최고의 슈퍼마켓으로 성장했다. 일전 뉴욕 타임스는 이 슈퍼마켓을 가리켜 '슈퍼마켓의 디즈니랜드'라는 격찬을 아끼지 않은 곳이다. 또 스튜 레오나드는 1992년 미국의 식품 매장 중 단위 면적당 가장 큰 매출을 올려 기네스북에 등재되기도 했다.

더불어 이곳이 최상의 고객 서비스를 지향한다는 입소문이 퍼지면서 전 세계에서 이를 벤치마킹하고자 매장을 방문하는 사람들이 끊이지 않는다.

이 슈퍼마켓을 더욱 유명하게 만든 건 서비스 외에 또 다른 자랑거리가 하나 있다. 매장 입구에 떡하니 버티고 서있는 무려 3톤(6,000 파운드)에 가까운 화강암 바위가 그것이다. 바위 정면에는 창업자의 고객 서비스에 관한 경영 원칙(Our Policy) 두 가지가 새겨져 있다.

  _Rule 1 : The Customer Is Always Right!
          (원칙 1. 고객은 항상 옳다.)
  _Rule 2 : If The Customer Is Ever Wrong, Reread Rule 1.
          (원칙 2. 만약 고객이 틀렸다고 생각될 때는 원칙 1을 다시 읽어 보라.)

● 경영 원칙을 새긴 바위

출처: http://www.mailorder-copywriting-secrets.com

이 거대한 바위에 적힌 내용은 지극히 간단하다. '고객은 모든 상황에서 옳다'라는 촌철살인(寸鐵殺人)의 한 마디다.

195

고객 서비스의 최첨단을 추구하는 기업임에 의심할 여지가 없다. 이에 고객들도 안심하고 스튜 레오나드 매장을 찾아 필요한 물건을 구입하고, 종업원들 역시 최상의 접객 서비스를 위해 자신의 노력을 아끼지 않는다.

이른바 잘 나가는 기업에게는 반드시 그 이유가 존재함을 스튜 레오나드는 증명하고 있다.

고객은 정말 왕일까?

고객은 왕(王)이다!

그렇다. 고객은 최고로 모셔야 할 왕임에 틀림이 없다. 하지만 이 말이 가리키는 표면적 의미처럼 '고객'이란 왕처럼 무조건 복종하고 따르며 극진히 모셔야 할 대상은 아니다.

"허름한 집에 특별히 눈에 띄는 서비스를 제공하지 않음에도 불구하고 연일 긴 줄이 생기는 해장국집이 있다."

"머리 스타일의 문제점을 지적하면 헤어 디자이너는 오히려 고객으로부터 고맙다는 얘기를 듣는다."

"고객(엄마)에게 반말과 꾸지람을 서슴지 않는 소아과(의사)에 환자(아이)를 동반한 엄마들로 병원 복도가 꽉 들어찬다."

"할머니(경영자)의 입에서 튀어나오는 말은 전부 상스러운 욕뿐인데도 이 칼국수집은 단골손님으로 발 디딜 틈이 없다."

"무명에다 팬 관리도 하지 않는 인디 밴드의 공연에 일명 '오빠 부대'들이 수 백 명씩 몰려든다."

왜 이런 현상들이 벌어지는 것일까?

앞서 언급한 곳(대상)에는 다른 곳이나 다른 사람(존재)에게서 좀체 느낄 수 없는 그들만의 독특한 맛과 멋이 숨겨져 있기 때문이다.

미국 의류브랜드 '아파트먼트 넘버 9'은 고객에게 직설적인 말을 하는 회사로 유명하다. 이 회사의 매장 직원들은 손님이 잘 어울리지 않는 옷을 걸쳤을 때 이렇게 말한다.

"손님 좀 뚱뚱해 보입니다."

고객에게는 잔인하게 들리겠지만, 실상은 진실을 말하고 있다.

고객은 다수의 의류매장에서 종종 이런 소리를 듣는다.

"딱 고객님 스타일입니다."

고객은 왕이다. 하지만 고객의 '기대치' 이상으로 어떤 가치를 제공할 수 있다면 굳이 고객을 왕으로 떠받들지 않아도 된다. 색다르고 예상하지 못했던 방식의 서비스로 고객들에게 특별함과 진정성을 안겨줄 수 있다면, '아파트먼트 넘버 9'의 접객방식은 또 다른 의미를 지닌다.

생각해 보기!

1 고객이란 누구인가?(Who is the customer?)

2 정말 고객은 왕(王)일까?

3 '스튜 레오나드(Stew Leonard)'의 경영 원칙 2가지를 설명해보자.

고객이 시장에서 사라진다면?

저출산과 소비시장 변화!

어느 나라 얘기일까?

아래에는 암울한 실상 열 가지를 꼽았다.
도대체 어느 나라 상황인지 맞출 수 있겠는가?

"사망자가 출생아보다 더 많은 나라"
"전쟁도 아닌 시기에 인구가 감소하는 나라"
"출산율이 전세계 198개국 가운데 198등인 나라"
"14세 이하 인구 비율이 전세계 꼴찌인 나라"
"전국 228개 시군구의 46%가 소멸위험지역인 나라"
"2018년 이래 생산가능인구가 줄고 있는 나라"
"2020년 전국 초중고 3,834곳이 폐교한 나라"
"2021년 결혼 192,507건으로 통계 작성 이래 최저인 나라"
"2025년 초고령 사회로 진입하는 나라"
"2056년 국민연금이 바닥나는 나라"

그동안 추진해온 국가전략의 총체적 부실과 실패를 접하는 듯하다.
예상대로 위 주인공은 대한민국이다.

생산가능인구 100명당 부양할 노인인구는, 2020년 21.8명에서 2036년 50명을 넘고, 2070년 100.6명으로 2020년 대비 4.6배가 될 전망이다. 통계청 전망에 따르면, 2070년의 총인구는 3,766만 명, 노인인구 비율은 46.4%다. 그 비율은 2050년대 초 현재 1위인 일본을 뛰어넘어 세계 최고령국가가 될 전망이다. 인구 고령화는 평균수명의 연장과 출산율의 영향을 받는데, 무엇보다 낮은 출산율이 결정적이다.

정부는 지난 2006년부터 15년간 저출산 대책으로 380.2조 원이란 천문학적 금액을 쏟아 부었다. 그랬음에도 합계출산율(2021년)은 도리어 0.81까지 추락해 세계 꼴찌다. "응애~ 응애~"는 과거에나 존재했던 의성어가 되면서, 가장 아름다운 한글 '엄마'는 차츰 사어(死語)가 되어가고 있다. 비상벨이 오래 전 울렸음에도 정부 전략은 느릿느릿 거북이 걸음이고, 전술은 비틀비틀 서툴기 짝이 없다. 출산 정책 실패는 그 자체로 국가적 대재앙이다.

혹독한 겨울이 오고 있다

"겨울이 오고 있다.(Winter is coming.)"
드라마 '왕좌의 게임'에 나오는 스타크 가문의 지침이다. 경험한 적 없는 혹독한 시련이 닥치니 빈틈없이 경계하고 준비하라는 경종이다. 우리에게도 겨울이 곧 닥친다. 사실 인구 문제 만큼 확실하게 예견되는 미래 위기는 없다.

한국은 인구 수축과 인구 절벽을 넘어 '인구 고갈'에 직면해 있다. 비혼(非婚)이 늘면서 4인 가구에서 출생해 1인 가구로 생을 마감하는 침울한 사회가 되었다. 그럼에도 위정자를 비롯해 국민 다수가 국가 소멸의 위기감을 제대로 공유하지 못한다. 이 나라는 어디로 가고 있는가! 조만간 맞이하게 될 겨울은 상상 이상으로 참혹하다.

"노동력 부족, 소비(내수) 위축, 경제성장률 하락, 병역자원 감소, 기업 생산 위축, 중소기업 도산, 세수 감소, 국가재정 악화, 학교(유치원, 초중고, 대학 등) 붕괴, 연금과 보험 등의 재정 붕괴, 사회보장제도 소멸, 병원과 의료체계 붕괴, 지방 소멸 등."

우리를 위협하는 외부 적이 아닌 저출산이란 내부 자멸이 시작되었다. 안타깝게도 다들 간과하는 것이 있다. 저출산이 경제 전반에 영향을 미치기까지의 '시간적 차이'다. 가령 2023년 태어난 아이가 자라 직업을 가지는 시기는 빨라야 2043년쯤이다. 사회 노동력의 절반 이상은 여전히 그 전에 태어난 이들로 채워진 상황이라 거시경제에 큰 변화는 없다.

정작 저출산이 경제 성장에 본격적으로 영향을 미치는 시기는 그보다 20년 정도 더 흐른 시점(2063년)이다. 즉, 저출산이 한국 경제에 실질적으로 악영향을 미치는 것은 지금으로부터 40년 후 시점이다. 미래 생존을 좌우할 핵심 사안이 저출산임에도 국민들 반응이 시큰둥한 데는 '시차'로 인해 당장 악영향을 체감할 수 없는 탓이다.

더해 일시적이긴 하나 저출산으로 부양해야 할 인구가 줄면서 경제 성장에는 긍정적 효과를 불러와 위기감은 잠시 수면 아래에 머문다. 그러다보니 숲은 안 보고 나무만 보면서 나라가 사라진다는데도 떨떠름한 표정뿐. 이러는 동안 경제를 정치로 아는 꾼들에게 정책이 휘둘려 판돈(지원액)이 늘면서, 공(公)돈은 공(空)돈이 돼 급기야 공(恐)돈으로 돌아올 공산이 커졌다.

혁명 수준의 대책이 필요!

경종을 울리는 의미에서 단순계산을 해보았다. 합계출산율 0.81은 남녀 2명 사이에서 자녀 0.81명이 태어났다는 것을 의미한다. 부모와 자녀 사이에 나이 차이가 대략 30세 정도라면, 30년 후의 자녀 인구는 부모 세대의 약 40%밖에 안 된다.

3세대, 90년 동안 이런 참담한 일이 지속되면 $0.40 \times 0.40 \times 0.40 = 0.064$, 즉 인구는 지금의 15분의 1이란 경천동지할 수치다. 이 정도로 급격한 감소 추세가 지속되면, 기술 진보나 생산성 향상만으로 국내 산업과 경제를 뒷받침하기에는 절대 역부족이다.

사학자이자 철학자였던 윌 듀란트는, 인류 역사의 생물학적 교훈으로 경쟁과 선택, 번식 등 세 가지를 꼽았다. 특히 "역사의 세 번째 생물학적 교훈은, 생명은 번식해야 한다"(The third biological lesson of history is that life must breed) 라는 도발적 경구를 남겼다. '번식'이란 거친 단어가 뇌리에 꽂히며 갖은 잡념이 교차된다.

2023년은 한국인 인구가 5,000만 명 밑으로 내려간 원년이다. 출생아 감소와 사망자 증가로 인한 인구 자연감소가 계속 확대된 결과다. 이제는 좌고우면하며 실낱같은 희망(?)에 기대기에는 시간이 별로 없다. 혁명 수준의 출산대책이 뒤따라야 한다.

고객관계관리란 무엇인가?
CRM과 LTV

기존 마케팅은 일회성과 비연속(non-linear)성을 띄는 전략이었다. 하지만 '고객관계관리(CRM)'는 고객 데이터의 세분화(맞춤화)를 통해 지속적 관계를 유지함으로써 '한번 고객을 영원한 고객'으로 만드는 경영기법이다. 이를 통해 고객 가치의 극대화는 물론 기업 이익의 극대화도 동시에 달성할 수 있다.

우리는 모두 다르다!

내가 두 팔을 펼칠지라도,
하늘은 조금도 날 수 없지만,
날 수 있는 작은 새는 나처럼,
땅위를 빠르게는 달릴 수 없어.

내가 몸을 흔들지라도,
고운 소리는 나치 않지만,
저 울리는 방울은 나처럼,
많은 노래는 알지 못해.

방울과, 작은 새와, 그리고 나,
모두 달라서, 모두 좋아.

짧은 문장으로 가장 긴 여운을 주는 마음의 비타민 시(詩). 한 편의 동시로 글문을 열었다. 일본 여류시인 '가네코 미스즈(1903년 출생)'의 대표작 중 하나인 "나와 작은 새와 방울과(私と小鳥と鈴と)"라는 제목의 시다. 시인은 26세의 요절(음독자살) 직전까지 무려 500여 편의 시를 썼다.

'시'라고 하면 흔히 심연의 의미나 암시적으로 표현으로 가득할 것이라는 선입관이 장삼이사에게는 존재한다. 허나 위 시는 지극히 평이해 오독 여지는 손톱만큼도 없다. 시인이 전하고자 하는 메시지 또한 또렷하다.

"모두 달라서, 모두 좋아."

세상 모든 존재들은 저마다의 개성과 역할, 잠재력을 지니고 있어 더 없이 각별하고 소중하다고 외친다.

마지막 구절 직전에는 "방울과, 작은 새와, 그리고 나"라고 읊고 있다. 제목에서는 분명 '나'의 위치가 맨 앞이었는데 이제는 맨 뒤로 자리바꿈해 있다. 나와 네가 아닌 너와 내가로 옮겨가면서 "모두 달라서, 모두 좋아"라는 시인의 외침이 한층 힘을 얻는다.

고객관계관리(CRM)의 개념

위 시인의 주장처럼 사람은 모두 저마다의 성향과 역할, 잠재력을 지니는 분명 각별한 존재다. 천차만별이고, 각양각색이다.

기업의 '고객'도 예외는 아니다. 고객별로 고유한 관리를 해야 하는 이유가 여기에 있다. 이에 등장한 경영기법이 바로 고객관계관리(Customer Relationship Management)이다.

줄여서 종종 'CRM'으로 지칭되는 고객관계관리는 이제 언제 어디서나 쉽게 접하는 일상어가 되었다. 참고로 이 개념의 출발은 기업은 반드시 고객을 만족시켜야 한다는 강한 책임감에서 비롯되었다.

"나리타 공항에서는 가방 손잡이가 반드시 밖으로 향하게 해서 회전한다. 다른 나라 공항은 손잡이가 안쪽을 향해 있기도 하고, 경우에 따라서는 가방 두 개가 겹쳐서 나오기도 한다. 나리타 공항에서는 상상도할 수 없는 일이다."

_고미야 가즈요시(小宮一慶)의 "창조적 발견력"에서

사실 전 세계 곳곳을 여행하다보면, 가방 손잡이가 밖으로 나오기는 커녕 짐이 제대로 나오는 것만 해도 황송할 정도로 엉망인 경우가 많다. 그럴 때면 승객들은 '인천공항'이 세계 최고인 까닭을 몸소 깨닫는다.

과거 필자가 모스크바에서 경험한 사례다. 공항에 도착해 짐이 나올 때까지 거의 두 시간 이상 무작정 기다려야 했고, 또 다른 짐은 다음 날 다시 공항에 가서 찾아와야 했다. 세계 많은 공항의 한 모퉁이에는 탑승 전 부칠 짐을 아예 비닐로 둘둘 말아 포장해주는 기계가 있다. 이유는 공항 관계자 등이 짐을 날카로운 칼로 찢어 귀중품을 빼가는 것을 사전에 예방하기 위함이란다.

선진국 미국의 공항도 크게 다르지 않다. 국내선 여객기로 갈아타면서 한 번쯤 짐이 사라져버린 경험을 적지 않은 여행객들이 겪는다. 공항 관계자들의 배달사고 탓이다. 여기가 정말 선진국인가 싶을 때가 한 두번이 아니었다.

이처럼 어느 공항은 가방 손잡이 방향까지 고려해 고객을 맞이하는데, 또 다른 공항에서는 가방의 방향은 고사하고 고객에게 제대로 배달조차 이루어지지 않는다. 이러한 시스템 환경에서 고객 만족 운운은 별나라 얘기가 되어버린다.

가위손 헤어숍의 CRM 전략

논의를 원점으로 돌린다. 'CRM'이 무엇인지 명쾌히 설명해보자.

○○아파트 단지 안에는 '가위손 헤어숍'이 있다. 장남 '대한'과 엄마·아빠는 한 달에 한 번 이상 꼭 이용하는 단골 헤어숍이다.

오늘은 대한이 머리 다듬는 날. 엄마는 쌍둥이 어린 동생 돌보아야 해서 대한은 아빠와 다정히 손을 잡고 헤어숍으로 향한다.

헤어숍 출입구에 이르렀을 무렵 주인아줌마가 먼저 문을 열며 "어서 오세요", "대한이 안녕! 오늘은 아빠하고 왔네~"하며 대한의 손을 이끌고 머리를 쓰다듬으며 반갑게 맞아 준다.

_포인트 1 : 이미 헤어숍 종업원(주인)은 대한의 이름은 물론 엄마와 아빠 얼굴도 기억하고 있다. 즉, 자신의 고객을 제대로 정확히 꿰뚫고 있다. CRM의 실천은 고객이 누구인지를 아는 것에서부터 출발한다.

마침 휴일이라 헤어숍 안은 순서를 기다려야할 만큼 붐벼 아빠와 대한은 잠시 소파에 걸터앉았다. 종업원이 다가와 "어머 죄송해요. 휴일이라~ 조금만 기다려 주세요"라며 동화책과 스포츠 신문을 내민다.

_포인트 2 : 서비스가 지체되어 미안하다는 메시지와 함께 기다리는 동안 책과 신문을 제공하며 친절을 베푼다. 그러면서도 고객 취향에 맞게 아이에게는 동화책을, 어른에게는 신문을 가져다준다.

잠시 후 차례가 되자 미용사는 대한을 의자에 앉히며, "지난번처럼 할까요?"라는 간단명료한 물음을 아빠에게 던진다.

_포인트 3 : 그 동안의 거래 데이터를 통해 고객 성향을 파악해 실제 활용하고 있다. 때문에 고객은 불필요한 설명을 하지 않아도 되고, 나를 알아주는 헤어숍에 자연히 마음이 끌린다.

이어 "옆 부분은 골격이 조금 나와 있는데, 옆머리를 조금 길게 해서 가리면 될 것 같아요"하고 미용사가 제의를 해온다.

_포인트 4 : 개별 고객에게 가장 부합되는 새로운 아이디어를 도출해 고객의 위상(멋)을 한 단계 끌어올린다. 머리만 다듬는 헤어숍이 아니라, 해당 고객에게 최적화된 모델(제품)을 제시한다.

머리를 다듬는 중 대한이가 가위질 소리에 자꾸만 머리와 몸을 멈칫거린다. 이에 다정한 목소리로 "괜찮아요, 조금만 참아~. 다 끝났어요. 우와 멋진데!" 등 다독거리며 머리를 다듬어 간다.

_포인트 5 : 해당 고객에게 가장 적합한 응대를 함으로써 고객 당사자는 물론 주변의 잠재 고객에게도 안심감과 친근감을 던져준다.

옆에서 대한의 머리 다듬는 모습을 지켜보고 있는 아빠에게 미용사는 "일반 비누로 머리를 감기세요? 두피가 좀 거칠어요. 앞으로 ○○샴푸로 감기는 것이 좋을 것 같아요"라며 살짝 팁을 건넨다.

_포인트 6 : 고객에게 부가 서비스(새로운 정보)를 제공하고, 여기에 대안까지 알려줌으로써 한층 고객에게 강한 신뢰감을 심어준다.

머리 손질을 다 끝내고 계산대에서 잔돈을 거슬러 준다. 이어 "대한아! 박하 맛이 좋니? 누룽지 맛이 좋니?"하며 알사탕을 주인아줌마가 내민다. 그리고는 아빠에게 "요즘 일교차가 심한데 쌍둥이 감기는 괜찮으세요?"라며 가족에 대한 안부 인사도 잊지 않는다.

_포인트 7 : 자칫 아이와 같이 소홀해지기 쉬운 고객에 대해서도 선택권을 부여해 중요한 고객임을 재삼 인식시킨다. 또 현재 여기에 없는 '가족(쌍둥이)' 상황까지 거론해 고객에게 관심과 감동을 안겨준다.

이로써 대한이의 가족은 물론이고 그 지인까지 모두 가위손 헤어샵의 고객이 될 가능성이 한층 높아졌다. 단순한 고객이 아니라 '우량 고객' 나아가 '초우량 고객'으로 육성할 수 있게 되었다.

이제 대한이 아빠는 직장 건물 지하에 위치한 가격이 저렴한 '구내 이용소'에 갈 기회가 생겨도 참는다. 퇴근 후, 단지 내에 있는 가위손 헤어샵에서 머리 손질을 하기 위해서이다.

이상의 '가위손 헤어샵'이 행하고 있는 고객 전략이 바로 'CRM'이다.

CRM의 중요성

"고객의 클레임에 신속하게 대처하게 되면 고객의 70%가 거래를 계속한다."

"기존 고객을 유지하는 비용은 신규 고객을 취득하는 비용의 6분의 1에 지나지 않는다."

"기존 고객에 대한 제품판매 예상은 50%인데 반해, 신규 고객에 대한 제품판매 예상은 불과 15%에 지나지 않는다."

"기업은 연간 5%의 고객 유지율을 증가시킴으로써 수익을 무려 85%나 증가시킬 수 있다."

"평균적인 회사의 비즈니스 가운데 65%는 만족을 느낀 기존 고객을 통해 이루어진다."

"만족한 고객은 기꺼이 더 많은 비용을 지불하려고 한다. 신용카드산업의 경우 1년 된 고객으로부터의 연 평균 이익이 30달러인 반면, 5년 된 고객으로부터의 연 평균 이익은 55달러였다."

"단골 고객은 총 고객의 15~20% 정도이며, 기업 이익의 70~80%가 단골 고객으로부터 나온다."

"A/S 및 서비스센터 운영비용의 대부분이 수익성이 낮은 고객 때문에 발생한다. 홈쇼핑 업체의 가장 높은 비용이 반품 서비스에 드는 비용인데, 반품을 가장 많이 하는 고객들이 바로 '단발성' 고객들이다."

(Ravi Kalakota & Marcia Robinson(2000)., Amrit Tiwana(2001)., Bain & Company 등을 참조.)

위의 주장들은 신규고객 확보가 기존 고객을 유지하는 것보다 결코 이익이 되지 않는다는 점을 지적하는 것이다. 이런 논리 속에서 출발한 것이 바로 'CRM'이다. 고객과의 끈끈한 관계 구축 여하에 따라 기업 경쟁력이 결정된다는 것을 의미한다.

고객은 기업이 어떤 데이터를 수집하고, 정보를 어떻게 축적·관리하고 있는 지는 아무 관심도 없다. 다만, 고객은 섬세하고 감동적인 서비스를 그 자리에서 곧바로 누리고 싶어 한다.

고객은 변덕이 심하고 건방지며, 이기주의의 최첨단을 달리는 까다로운 존재다. 그렇다고 고객을 무리하게 설득하거나 충고하려 해서는 안 된다. 고객은 모든 조건에서 최우선 시 해야 할 소중한 존재다.

CRM의 개념이 보급되기 시작한 것은, 시장 환경의 급속한 변화로 인해 고객의 수요 파악이 어려워지고 있으며, 종래의 성별, 연령 등만으로는 고객 세분화가 힘든 까닭이다. 게다가 첨단 정보기술(IT)과 인공지능(빅데이터) 등이 도입되면서 새로운 마케팅 전략이 가능해지는 등 시장 환경의 변화도 한 몫을 했다.

그 중에서도 IT 기업에서의 CRM 잠재성은 전통적인 기업보다 높은데, 그것은 전환비용(switching costs)과 거래비용(transaction costs)이 전통적인 비즈니스와 비교했을 때 훨씬 저렴하기 때문이다.

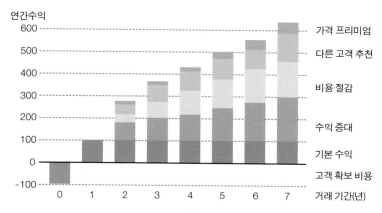

● 1명의 단골 고객이 7년 동안 창출하는 부가가치

연간수익

600	가격 프리미엄
500	다른 고객 추천
400	
300	비용 절감
200	
100	수익 증대
0	기본 수익
-100	고객 확보 비용

0 1 2 3 4 5 6 7 거래 기간(년)

참조: 1인당 고객 확보비용을 100으로 환산했을 경우
출처: Bain & Company.

더불어 '고객을 유지하는 비용이 신규 고객을 개척하는 비용보다 적다'라거나 '이익에 공헌하는 것은 일부 한정된 고객'임을 기업들이 깨닫기 시작했다. 충성스러운 20%의 고객이 80%의 매출을 발생시킨다고 하는 80/20 법칙, 즉 파레토 법칙이 반영되기 시작했다.

고객생애가치(LTV)

지난날 마케팅 담당자는 신규 고객 확보를 최 우선시했다.

혹자는 이를 가리켜 "지금껏 영업 사원들은 고객들을 '경작(cultivate)'하기보다는 '사냥(hunt for)'하는 데 대부분의 시간을 소비했다"라고 꼬집기도 했다.

하지만 현재는 고객을 유지하면서 객단가를 높여가는 것이 무엇보다 중요하다는 것을 깨달았다. 한 명의 고객을 상실한다는 것은 단지 그 고객에게 기업이 다시 제품을 판매할 수 있는 기회를 상실했다는 것만을 의미하지 않는다.

기업은 그 고객이 평생 구매했을 때 얻게 되는 미래 이익까지 상실한다. 이러한 점에 착안해 출발한 개념이 '고객생애가치(LTV, Life Time Value)'다. 즉, 고객가치(한 사람의 고객으로부터 얻을 수 있는 이익)에 시간 개념을 도입했다.

'평생 동안 고객으로부터 획득할 수 있는 고객가치를 현재가치로 환산한 것.'

일정 기간 내 거래 고객으로부터 획득할 이익에 초점을 맞추는 것이 아니라, 고객과 장기간(평생)에 걸친 거래를 통해 이익을 발생시키겠다는 관점에서 고객가치를 바라본다. 이것이 바로 LTV가 추구하는 핵심 개념이다.

고객이 특정 기업이나 그 제품을 반복적으로 이용하거나 구매할수록 고객의 생애가치는 높아진다. 신규 고객 확보를 위한 비용은 갈수록 증가하고 있으나, 기존 고객의 유지는 거래 기간에 비례해 줄어든다. 때문에 고객의 장기간 반복구매는 기업 이익을 더욱 높여 줄 수 있다.

'고객(customer)'은 단순히 우리 기업이 생산, 판매하는 물건을 팔아주는 소비자가 아니다. 이제 고객은 브랜드(brand)와 같이 '자산가치(asset value)'로 판단해 무엇보다 소중히 다루어야 할 존재다.

실제로 M&A(기업의 매수·합병)의 경우, 해당 기업의 고객이 평가 대상이 된다. 얼마만큼 구매 가능성이 있는 고객을 확보하고 있는지도 기업 자산으로 중요하게 취급되고 있다.

고객점유율과 반복구매율을 높이는 대안으로 '락인 전략'이 많은 주목을 받고 있다. 락인(lock-in)이란, 글자 그대로 '자물쇠를 잠근다'는 것을 의미하며 고객의 고정화를 목표로 한다. 즉, 충성고객 확보는 모든 기업의 중요한 화두요, 숙원이다.

락인 전략은 유료 멤버십을 비롯해 자체 결제시스템, 자체 콘텐츠 등에서 보듯 소비자의 이탈을 철저히 막아보겠다는 의도에서 행해진다. 이를 테면 다수의 소매점에서는 포인트 카드를 발행해 일정 포인트에 도달하면 경품과 할인 서비스 등을 제공한다. 고객은 포인트를 쌓아 경품과 서비스를 제공받고자 해당 소매점을 계속해 이용하게 된다.(고정고객화)

이러한 락인 전략은 소비자에게 일종의 전환비용(제품과 서비스를 구매해 사용하다 훗날 다른 제품으로 갈아탈 때 발생하는 비용)을 설정하는 것이라 보면 정확하다.

생각해 보기!

1 고객관계관리(CRM)가 중요한 이유는 뭘까?

2 '기존 고객 유지가 신규 고객 취득 비용의 1/6에 지나지 않는다'는 무슨 뜻?

3 '락인(lock-in) 전략'의 필요성에 대해 설명하라.

AI가 쏘아올린 큼지막한 공!

인공지능과 마케팅 미래!

넷플릭스는 네가 누군지를 알고 있다!

오늘날 인공지능(AI)의 혜택을 많이 누리는 분야의 하나가 마케팅이다.

향후 맞이할 미래에서도 인공지능의 가장 많은 혜택을 누릴 분야 역시 마케팅이다.

주지하듯 마케팅은 고객의 니즈를 파악하고, 그 니즈에 맞는 제품과 서비스를 창출한 다음, 이를 고객에게 제시하고 설득해 구매로 연결 짓는다. 인공지능은 이러한 마케팅 활동에 필요한 역량을 최대치로 끌어올릴 수 있는 강력한 무기다.

컴퓨터 검색창에 몇 글자만 입력하면 우리가 원하던 결과를 보여주고 영상을 추천한다. 실로 경이로울 지경이다. 모두 인공지능이 불러온 와우(wow)효과다. 넷플릭스가 'Just for you'라는 범주의 영상물이나, 구글과 네이버 검색에 나오는 맛집 추천, 카카오의 웹툰 등이 그렇다.

인공지능이 우리의 삶 속에 깊숙이 들어와 부지불식간에 인식과 사고를 제어하는 것은 이미 일상화 되었다.

유튜브의 전 세계 이용자 수는 월 평균 19억 명, 사용 시간은 매일 10억 시간을 넘는다. 이용자 대부분은 유튜브가 구성해 놓은 알고리즘에 따라 콘텐츠를 소비한다.

유튜브 알고리즘의 기본은 콘텐츠 기반 필터링과 협업 필터링으로 알려져 있다. 기존 이용자가 시청한 콘텐츠를 분석해 비슷한 특성을 지닌 콘텐츠를 계속 추천하는 기술이 콘텐츠 기반 필터링이다. 협업 필터링은 대규모의 사용자 행동 정보를 분석해 비슷한 성향의 사용자들이 선호하는 항목을 추천하는 기술이다. 더해 스스로 진화도 거듭하고 있다.

이처럼 인공지능은 그대가 하루 종일 무엇을 하는지 알고 있다. 그러니 마케팅과의 접목은 바로 물고기가 물을 만난 격이 아닐 수 없다.

인공지능을 활용해 성공적 마케팅 활동을 펼치고 있는 넷플릭스. 이 회사는 고객의 모든 행동을 꿰뚫고 있다. 그 성공 뒤에는 고객 데이터와 이를 분석하는 인공지능의 알고리즘 덕분이다.

미국 TV 및 영화 기획자인 밋첼 허위츠(Mitchell Hurwitz)는 이런 얘기를 한 바 있다.

"넷플릭스는 모든 것을 알고 있다. 넷플릭스는 당신이 영상물 시청을 언제 멈추는지 안다. 알고리즘을 통해 당신이 5분간 영상물을 시청하고 멈추었다는 것을 안다. 넷플릭스는 과거 기록을 근거로 고객의 하루 행동과 시간 분석을 통해 그들이 다시 돌아오리라는 것을 알고 있다.(Netflix will know everything. Netflix will know when a person stops watching it. They have all of their algorithms and will know that this person watched five minutes of a show and then stopped. They can tell by the behavior and the time of day that they are going to come back to it, based on their history.)"

허위츠의 얘기는 인공지능이 가져다 줄 편익에 놀라는 한편으로 두려움마저 안겨준다.

고객 데이터베이스를 구축해 신규 고객의 확보 시점부터 고객 번호가 부여되면 이후부터 고객의 모든 활동이 추적되고 기록된다.

어떤 콘텐츠를 검색하는지, 어떤 영화나 드라마를 다시 시청하는 것 같은 기본적인 사항부터 영상을 멈추고 다시 시청하는 지점, 그리고 영화의 어느 지점에서 고객이 마지막까지 시청하는 것과 같은 세부 정보까지 고객과 플랫폼과의 모든 관계에 대한 정보가 빅데이터로 축적된다.

이러한 고객 정보는 넷플릭스 데이터베이스 내에 이미 축적된 다른 유사한 고객 정보와 함께 분석이 이루어져 고객에게 가장 적합한 새로운 영화를 추천한다. (출처 : 한국경제 [2022.4.19]와 AI타임스 [2021.9.15]를 필자가 재구성.) 이러니 넷플릭스에 빠져들 수밖에.

AI로 평생고객 발굴!

앞서 지적한 일련의 과정이 바로 고객 만족도를 끌어올리면서 한번 고객을 '평생고객'으로 만드는 넷플릭스만의 마케팅 전략이다.

거듭 얘기하지만 고객 확보와 유지 전략이라는 과정은 인공지능 기술이 있기에 가능하다. 그냥 무심코 지나쳐버렸을 영화를 추천함으로써 고객이 넷플릭스를 재방문하게 하고, 오랫동안 넷플릭스 내에 머물도록 만든다. 성공적인 마케팅 전략이 따로 없다.

그 결과 넷플릭스는 2억 명 이상의 구독자를 거느린 전 세계 최고의 구독형 비디오 스트리밍 서비스(OTT) 회사가 되었다.

비단 넷플릭스만이 아니라 앞서 살펴본 유튜브, 페이스북, 네이버, 카카오 등의 기업들은 강력한 인공지능을 무기로 인간의 심리와 행동방식에 대한 데이터를 끊임없이 수집, 축적해 고객의 니즈를 수시로 제시한다. 완벽히 통제받는 느낌이지만 한편으로 참 편리하다는 생각까지 든다.

인공지능을 활용한 마케팅은 향후 엄청난 잠재력을 가지고 있음에도 지금까지는 좁은 분야의 업무를 처리하는데 머물고 있다. 조만간 인공지능은 마케팅은 물론 우리사회에 곳곳에 대변혁을 몰고 올 것이다.

마케팅 전략은 엄청난 변화의 기로에 섰다. 마케터는 인공지능과 같은 디지털 기반의 신기술을 적극 활용해 고객(소비자)의 머릿속을 체계적으로 정확히 읽기 시작했다. 지금까지 경험한 적이 없는 새로운 세상이 다가오고 있다.

고객을 분류하고 취사선택하라!
80/20 법칙 vs 롱테일 법칙

기업이 사람에 따라 얼굴색을 싹 바꾼다. 고객들을 아주 대놓고 노골적으로 차별하기 시작했다. 그런 한편으로 일부 고객에 대해서는 무한한 애정을 담아 유무형의 성의를 표한다. 귀빈(VIP) 공략을 위해 핀셋 마케팅 경쟁이 치열하다. '고객이 왕'이라던 기업이 왜 이러는 것일까? 기업 움직임을 엿보면 왕에도 진짜와 가짜가 있는 듯하다.

80/20 법칙이라고?

모두들 긴장하라.

오늘날 우리들이 살아가는 세상은 복잡계(complex system) 마냥 얽혀있다. 게다가 그 흐름이 비선형(non-linear) 양상을 띠고 있다. 그로 인해 원인이 결과로 정확히 연결되는 경우는 그리 많지 않다.

더 큰 문제는 특정 부분의 힘이 엄청난 영향력을 발휘해 공정해야 할 전체의 분배를 왜곡시키는 일들이 다반사다.

애통하게도 세상은 20% 남짓한 부자에게 자산총액의 80%가 집중되어 있다. 또 20%의 제품이 기업 총 매출의 80%를 차지한다.

과거에는 열심히 노력만 하면 반드시 그에 따른 보상을 기대할 수 있을 것으로 철썩 같이 믿어 왔다. 하지만 그러한 노력의 대부분은 오늘날 결과에 별 보탬이 되지 않아 무시해도 좋을 정도다. 오히려 노력의 20%

가 결과의 80%에 많은 영향과 보탬을 주고 있다.

이러한 현상을 가리켜 "80/20 법칙(The 80/20 Principle)"의 저자 '리처드 코치(Koch, Richard)'는 말했다.

"20%의 노력으로 80%의 성과를 거두는 것이 '80/20 법칙'이다."

이는 19세기 이탈리아의 경제학자 '빌프레도 파레토(Vilfredo Pareto)'가 만든 이론으로 "전체 결과의 80%는 전체 원인 중 20%에서 비롯되었다"는 법칙이다. 다시 말해, 투입(input)의 20%가 산출(output)의 80%를 낳고, 나머지 80%는 산출의 20% 밖에 기여하지 못한다는 지적이다.

80/20 법칙은 우리 사회의 어떤 상황을 일반화시킨 것인지 몇 가지 예를 통해 알아보자.

"부(富)의 80%를 20%의 부자가 소유한다."
"20%의 뛰어난 직원이 기업 부가가치의 80%를 창출한다."
"투입된 업무시간의 20%가 전체 가치의 80%를 창조한다."
"20%의 제품이 기업 부가가치의 80%를 창출하고, 20%의 고객이 기업 매출의 80%를 발생시킨다."

수 년 전 국내 한 은행이 10만 원 미만의 예금 잔고를 가진 고객들에게 연 2,000원의 거래유지 수수료를 부과한다고 발표해 서민들의 지탄을 받았다. 사실 은행이나 증권사 같은 금융권은 20%의 우량고객들이 80%의 수익을 창출하는 철저히 80/20 법칙이 성립되는 곳이다.

또 엔진 연료의 80%는 낭비되고 나머지 20%가 이를 가동시키고, 사회의 범죄건수 80%와 교통사고 80%는 20%의 범죄자와 20%의 운전자가 유발하며, 이러한 원칙이 모두 공통적으로 80/20 법칙의 산물이라는 것이 코치의 주장이다.

어떠한 조직이나 구성원의 20%에 해당하는 사람들이 사고나 행동에 변화를 가질 때 비로소 조직이나 구성원 전체의 변화가 시작된다는 것을 의미한다.

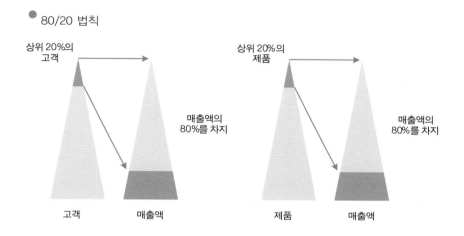

● 80/20 법칙

80/20 법칙

이전 IBM에서는 80%의 컴퓨터 사용시간 가운데 20%의 프로그램 코드가 가장 많이 사용된다는 사실을 발견하고, 이 20%의 프로그램 코드에 집중하여 R&D 투자를 한 결과 많은 성공을 거두기도 했다.

코치의 주장대로라면 기업은 확실한 수익 기반인 20%의 핵심 제품과 20%의 핵심 고객에게 마케팅 역량을 집중해야 한다. 더불어 그다지 보탬이 되지 않는 80%의 제품과 고객에게 대한 마케팅은 과감히 줄이는 것이 현명한 방법이다.

80/20 법칙은, 결과적으로 기업은 자신의 핵심역량(core competence)을 발견하고 그곳에 자원을 집중(배분)시키는 마케팅 전략이 유효하다는 논리적 근거가 되고 있다.

매출 공헌도 평가

이제 80/20 법칙이 지닌 의미를 충분히 배웠다. 그 법칙을 근거로 할인점의 '우수고객'과 그렇지 못한 '일반고객'과의 매출 공헌도를 살펴보자.

_**우수고객** : 주 3회 할인점에서 물건을 구입하고, 1회당 객단가는 50,000원으로 가정한다.
_**일반고객** : 주 1회 할인점에서 제품을 구입하고, 1회당 객단가는 30,000원으로 가정한다.
_**1년 동안의 구입금액 비교** :
  우수고객 : 50,000원 × 3회 × 52주 = 7,800,000원
  일반고객 : 30,000원 × 1회 × 52주 = 1,560,000원

1년(52주) 동안 우수고객과 일반고객과의 구입금액 차이는 무려 5배나 된다. 그렇다면 그대는 어느 고객에게 타깃을 맞추어 마케팅 전략을 추진해야 할까? 물론 이 물음에 망설일 여지라고는 일절 없다.

3가지 유형의 고객

앞서 할인점에서 연간 7,800,000원의 제품을 구입하는 우수고객의 경우를 살펴보았다. 하지만 그러한 고객 역시 모두 동일한 성향을 가진 고객은 결코 아니다. 세 가지 유형의 고객으로 분류할 수 있다.

_**고객 유형A** : 해당 할인점을 자주 이용하는 것은, 주변의 다른 가게보다 가격이 비교적 저렴하기 때문이다.
_**고객 유형B** : 해당 할인점을 자주 이용하는 것은, 다른 가게에는 존재하지 않는 제품과 서비스를 제공받을 수 있기 때문이다.
_**고객 유형C** : 해당 할인점을 자주 이용하는 것은, 주변의 어떤 가게보다 접근성이 뛰어나기 때문이다.

가령, 현재의 할인점 주변에 가격이 보다 저렴하면서도 접근성이 편리한 할인점이 들어선다면 고객들의 움직임은 어떻게 될까?

_유형A와 유형C : 저렴하면서도 접근성이 뛰어난 새로운 할인점이 오픈했으므로 기존 할인점을 구태여 고집할 이유는 사라진다.

_유형B : 새로운 할인점의 경우 가격이 저렴하고 접근성도 뛰어나지만, 현재 이용하고 있는 할인점은 다른 가게에서 찾을 수 없는 독특한 제품과 서비스를 제공하고 있다. 때문에 굳이 다른 곳에서 쇼핑을 해야 할 이유는 없다.

고객 유형B의 우수고객은 제품 및 서비스와 같은 가격이나 접근성 이외의 요소에 대해 강한 애착을 가진 고객이다. 이러한 고객이야말로 브랜드 충성도가 높은 유형에 속한다.

브랜드 충성도가 높은 고객은 다른 가게(기업)로 쉽사리 옮겨가지 않아 기업 입장에서 본다면 대단히 귀중한 존재다.

그런 반면에 고객 유형A와 유형C에 속하는 우수고객은 현재의 제품 구매 패턴으로 보자면 매출 공헌도는 높지만, 가격과 접근성에 의존하기에 그 부분이 다른 곳에서 충족될 수 있다면 얼마든 쉽게 다른 곳으로 옮겨갈 수 있는 고객이다.

고객을 철저히 구분하라!

지금까지 '매출 공헌도'와 '브랜드 충성도'를 통해 고객 선택방법을 짚어 보았다. 이번에는 이 두 가지 요소를 활용해 네 가지 유형의 고객으로 다시 분류할 수 있겠다.

❶ 매출 공헌도도 낮고, 브랜드 충성도도 낮은 고객
매출과 충성도라는 두 측면에서 기업이 크게 기대하지 않는 고객이

다. 그 어떤 유형의 고객보다 쉽게 빠져나갈 것으로 이미 기업도 예상하고 있어, 설사 다른 곳으로 옮겨간다고 해도 기업에게 큰 타격을 주지는 못한다. 때문에 그다지 중점적으로 전략을 구사하거나 관리하지 않아도 되는 성향의 고객이다.

❷ 매출 공헌도는 낮지만, 브랜드 충성도가 높은 고객

브랜드 충성도가 높은 고객임에도 매출 공헌도가 크지 않은 이유를 찾아내 묶음 판매나 플러스 원(+1) 판매와 같은 다양한 대책을 모색해 객단가를 높이는데 주력한다.

❸ 매출 공헌도는 높지만, 브랜드 충성도는 낮은 고객

여기에 해당하는 고객에 관해서는 주의가 필요하다. 시급히 브랜드 충성도를 높일 수 있는 특단의 대책을 마련한다.

❹ 매출 공헌도도 높고, 브랜드 충성도도 높은 고객

가격이나 접근성 이외에 어떤 요소에 고객이 만족을 표하고 있는지를 정확히 분석해 그 요소를 더욱 보강하는 마케팅 전략이 필요하다.

● 고객 분류 4가지

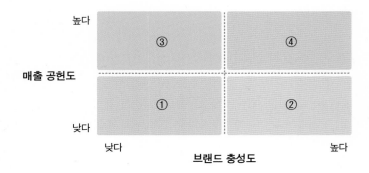

기업이 보유한 자원과 자금은 유한(有限)하다. 그처럼 한정된 기업의 자원과 자금을 어떤 고객에게 어떤 식으로 투자하는 것이 브랜드와 매출을 높이는데 도움이 될지를 객관적으로 바라보아야 한다. 고객은 매우 신중한 것 같으면서도, 다른 측면에서는 의외로 가벼운 이중적 존재이기도 하다.

이제 기업은 자신들의 매출액에 대한 공헌도 정도에 따라 철저히 고객을 분류하고 그에 상응하는 혜택을 주고 있다. 모든 고객이 결코 동일한 비중의 고객일 수는 없다는 것이다. 이처럼 기업은 자신의 고객을 스스로 선택하기 시작했다.

한 마디로 기업들은 '돈 되는' 고객은 우대하고, '돈 안 되는' 고객은 점차 홀대하는 차별화 전략을 구사하고 있다. 80/20 법칙을 기반으로 하는 고객 차별화 전략이 갈수록 더욱 구체화되고 있다.

롱테일 법칙도 있다!

전체 매출액의 80%가 20%의 충성 고객 또는 핵심 제품을 통해 창출된다는 '80/20 법칙'은 그동안 비즈니스 세계의 금과옥조(金科玉條)로 여겨져 왔다.

백화점이나 신용카드사 등에서 상위 20%의 고객을 특별히 관리(차별)하는 이유도 바로 80/20 법칙에서 기인한다.

그러던 것이 인터넷의 등장과 관련 비즈니스가 활성화 되면서 시장에 이변이 생겨났다. 이른바 '긴 꼬리'에 머물던 80%의 주목받지 못한 고객과 제품이 새로이 부각되면서 혁신적이고 성공적인 비즈니스 모델을 창출하기에 이르렀다.

e-비즈니스의 경우 일부 히트 제품을 제외하고는 그 동안 간과되어 온 비인기 제품에 대한 소비자의 진입장벽을 낮추면서 고객들에게 무한

한 선택의 기회를 주었다. 이를 통해 수요곡선의 꼬리 부분이 짧은 머리 부분보다 더 길어지게 되었고 틈새시장과 비인기 제품들이 각광을 받는 롱테일(long tail) 현상이 부각되기 시작했다.

실제로 틈새시장이나 틈새 제품에서 유발되는 매출액은 비록 미미할지 모르지만, 이들의 합계는 기존 히트 제품과 대등하거나 오히려 더 높다.

온라인 서점 아마존(Amazon)의 다양한 서적 판매 사례가 대표적이다. 오프라인 서점은 한정된 매장과 공간에 서적을 진열해야 하는 탓에 주로 상위 20%의 서적이 그 대상이 되었다. 하지만 온라인에서는 이런 비용이 적어 오프라인에서 주목을 받지 못하던 서적들이 유통될 수 있는 기회를 가지게 되었다.

● 롱테일 법칙

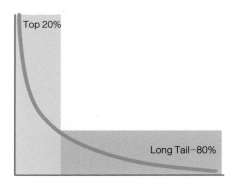

롱테일 법칙은 '결과물의 80%는 조직의 20%가 생산한다'는 80/20 법칙과는 상반되는 개념으로, 80%의 '사소한 다수'가 20%의 '중요한 소수'보다 뛰어난 부가가치를 만들어냈다.

참고로 롱테일이라는 용어는 미국의 넷플릭스, 아마존 등의 특정 비즈니스 모델을 설명하고자 IT 잡지 '와이어드(Wired)'의 편집장 크리스 앤더슨(Chris Anderson)이 주장한 개념이다.

생각해 보기!

1 '기업이 사람에 따라 얼굴색을 바꾸고 차별까지 한다'의 의미는?

2 '80/20 법칙(The 80/20 Principle)'을 한 단어로 정의해보자.

3 '롱테일(long tail) 현상'은 왜 발생하는가?

거악에게서 배우는 마케팅 전략!
야쿠자는 협상의 대가?

'○○○'에 들어갈 직업은?

"꼭 그만 두길 바란다. 공부 따윈 해본 적이 없고 악행만 거듭해온 나에게 숙식이 제공되는 유일한 일자리는 ○○○였다. 현재는 예의범절을 익히며 일반 직장에 다니고 있다. ○○○ 일을 열심히 하면 심적으로 편히 돈을 벌 수 있다고 생각하지만, 실상 아무것도 하지 않고 돈을 벌 수 있는 존재는 윗사람들뿐, 말단에겐 돈도 시간의 자유도 없다. 요즘엔 일을 그만둘 때 새끼손가락을 바치는 경우가 줄었지만, 내가 일할 당시엔 새끼손가락과 현금을 함께 바쳐야 그만둘 수 있었다. ○○○를 하고 싶으면 한번쯤 경험하는 건 말리진 않겠으나 추천하진 않겠다. 부모님이 온전한 몸으로 나를 낳아주었는데 이기심 때문에 몸을 불완전하게 만드는 건, 내가 부모가 되고 비로소 부모님의 기분을 알게 됐다."

위는 29살 어느 청년의 몸서리치는 직업 체험담이다.

근무 당시 청년의 연봉은 400만 엔(약 4,000만 원)이었다. 일본 '취업가이드(www.shokugyou.net)'에 실린 265개 직업 가운데 하나다.

'○○○'에 들어갈 직업을 맞추어보라.

앞서 던진 질문 '○○○'에 들어갈 직업명은 무엇일까?

:: _____

이미 감이 왔을 것이다. 세계적으로도 그 악명이 자자한 범죄조직 마피아와 삼합회, 이 둘을 가뿐히 제친다는 조직폭력배, 즉 '야쿠자(やくざ)'에 관한 내용이다. 직종의 하나로 야쿠자의 상세 정보가 취업가이드에 등장한다는 사실은 놀랍다. 그 외의 체험담도 좀 더 들어보자.

"각오가 돼있다면… 좋은 여자, 좋은 차, 맛있는 밥, 그런 거 없었다. 학교 졸업하면 바로 취업하는 게 현명하다."(28살 청년)

"정상적 사고로는 될게 못된다. 내부 분열에 염증을 느껴 그만뒀으나 지금도 '좋은 자리 줄 테니 돌아와'라는 요청에 계속해 거절하고 있다. 몸의 한 부위와 새끼손가락, 최악의 경우 죽을 각오가 돼있는 자라면 괜찮으나 조폭 영화처럼 미지근한 게 아니라는 점을 각오하라. 나는 친척 덕분에 새끼손가락이 붙은 채로 일을 그만둘 수 있었다."(29살 청년)

야쿠자의 모든 것!

야쿠자 어원(語源)은 다양한 설(說)이 존재한다.

가장 유력한 후보는 포르투갈에서 유래된 도박 카르타(carta)에서 나왔단다. 화투처럼 1에서 10까지 숫자가 나오는 카드로 게임을 하는데, 카드 세 장을 뽑아 그 숫자 합이 9가 되면 이긴다. 반면에 여기서 8, 9, 3의 세 장을 뽑으면, 한 자리 수가 0(8+9+3=20)이 돼 최악이다.

이런 8, 9, 3의 일본어 첫 소리가 8은 야(や), 9는 쿠(く), 3은 사(さ)인데, 이를 붙여 읽으면서 '야쿠자'로 바뀌었다. 이것이 '인생을 도박처럼 사는 무리' '일생에 도움이 되지 않는 인간'이란 의미로 사용되면서 조직 폭력배의 다른 이름으로 불리게 되었다.

야쿠자는 공개적으로 기업을 운영하면서도 음지에서는 갖은 불법을 서슴지 않는다. 즉, 겉으론 연예기획사 운영, 부동산 투자 등 합법적으로 사업을 벌이면서, 뒤론 마약 밀매와 근로자 파견(용역), 도박, 매춘업 등 불법적인 일에 종사한다.

이처럼 합법과 불법의 경계를 넘나들며 돈을 벌고 있기에 일반인에게는 얼핏 야쿠자가 일본 사회에서 '공인'된 조직인 냥 비춰진다. 야쿠자와 일본 정치인 사이의 유착도 공공연한 비밀이다. 야쿠자는 정치인들의 가려운 곳을 긁어주고, 정치인들은 은밀히 야쿠자의 뒤를 봐주기도 했다.

지난 1989년 일본 경찰청이 발표한 야쿠자의 자금줄은 이랬다. 각성제 등 위법약물 판매 4535억 엔, 도박 등으로 2,200억 엔, 유흥업소와 술집 등의 보호 명목으로 1,132억 엔, 각종 민사 분쟁에 개입해 950억 엔, 기업 대상 폭력으로 442억 엔이었다. 그 외에도 최근에는 고금리 대출과 보이스피싱 등을 통해 수입을 취하고 있다.

야쿠자 되는 법은 무엇일까?

인맥(연결고리)이 필요하다. 공개 모집하지 않는다. 대부분 현지 불량배 동료와의 연결고리를 통해 스스로 희망하거나 야쿠자 권유에 따라 가입한다.

직급별로 수입이 다르다.

사무실 전화를 받거나 잡일을 도맡으며 숙식을 제공받는 '신입'의 수입은 거의 제로(0)다. 정식 '조직원'이 되면 수십만 엔에서 수천만 엔 정도로 능력에 따라 수입 규모는 천차만별이다. 수입이 적은 야쿠자는 트럭운전과 토건업 등 투잡을 뛴다. '조장'의 경우라면 조직원의 숫자와 지위 등에 따라 다른데 연간 수천만 엔에서 수십억 엔에 달한다.

상납 시스템도 있다.

조직 간판을 사용하는 대가로 고붕(子分)으로부터 아니키붕(兄貴分), 오야붕(親分)으로 이어지는 상납금 의무를 진다. 돈은 정해진 기일과 액수에 맞춰 납부해야 한다. 조직으로서도 그 상부 조직(지위가 높은 조직)에 대한 상납이 의무화 되어있다.

야쿠자는 협상의 대가?

"야쿠자는 '협상의 고수'다."

야쿠자를 오랜 기간 취재(연구)했거나 이 바닥을 꿰는 이들이 그렇게 입을 모은다. 실제로 각종 분쟁에 개입한 야쿠자는 살라미 전술을 시작으로 육참골단(肉斬骨斷) 전략까지 능숙한 협상술을 구사해 이익을 극대화 한다.

하나. 상대에 대한 위협은 전략적이고 치밀하게!

"파묻어 버린다." "대가리에 나사 쑤셔 박는다!" 협상 시작부터 상대를 향해 잔뜩 인상을 찌푸리고 냅다 고함을 지른다. 위협을 수단 삼아 통상적 방식은 허용되지 않는다는 인식을 강인하게 심어주어 협상에 유리한 고지를 선점한다. 마냥 고함과 협박만 내지르는 것은 아니다. 자신이 정말 잘못한 것이 있으면 "그건 미안!"이라며 곧바로 사과한다. 사과를 함으로써 약점에 대한 상대 공격을 사전에 봉쇄한다.

둘. 적게 시작해 점차 금액을 부풀린다!

적은 요구로 협상을 시작한다. 처음부터 상당한 금액의 '뒤 봐주는 비용'을 요구하는 것이 아니라 "조금만 더 얹어 줘도 괜찮지 않아!"라며 차츰 금액을 높여간다. 적은 요구를 수락하면 더 큰 요구도 수락할 가능성이 높아진다. 심리학의 '문간에 발 들여놓기(foot in the door)'라고 불리는 협상전략과 닮아 있다.

셋. 시작은 받아들이기 힘든 요구부터!

처음부터 황당한 수준을 요구한다. 상대에게서 100만 원을 취하고 싶을 때는 먼저 1,000만 원을 요구한다. 큰 요구 직후에는 그 보다 적은 요구를 수락할 가능성이 높아진다. 심리학에선 이를 '문전박대 기술(door in the face technique)'이라고 부른다. 실제로 돈 좀 빌려 달라는 친구 요청을 거절한 뒤, 밥 한 끼 사달라는 부탁까지 거절하기는 쉽지 않다.

넷. 때로는 부드럽게, 때로는 엄하게!

완급 조절이 능수능란하다. 고함과 화만 냈다가는 효과가 오래가지 않는다. 부드러움과 위협적인 태도를 적절히 섞어가며 협상에 임한다. 범죄 용의자의 자백을 이끌어낼 시 흔히 사용되는 설득 기법의 하나다.

공포에 노출된 용의자는 빨리 그 상황을 벗어나고 싶어 형사의 빤히 들여다보이는 달콤한 소리에 덜컥 입을 열고 만다.

다섯. 사과를 받고 요청서를 코앞에!

협상 도중 어떡하든 상대의 사과를 이끌어낸다. 상대의 모순점과 꼬투리를 잡았다면, 이를 끈질기게 추궁하고 문제 삼는다. 결국에는 "죄송합니다"란 말을 상대 입에서 끄집어낸다. 그런 후 "너 아까 사과했었지. 진심 사과할 생각이라면 ○○해라"며 협상 주도권을 틀어쥔다. 상대 사과를 받아낸 다음 핵심 요청을 들이민다.

고객과 제품은 어떻게 관리할까?
ABC 분석!

모든 고객(제품)은 동일하게 평가하고 관리해야 할까?
고객(제품)을 보다 체계적으로 구분 지어 관리할 수는 없을까?
이것을 가능하게 한 것이 바로 'ABC 분석'이다.

ABC 분석이 뭐지?

특명 하나. 판매할 제품을 A, B, C등급으로 분류하라!

'ABC 분석(ABC Analysis)'이란, 통계적 방법을 통해 고객 관리대상을 A, B, C그룹으로 분류한 다음, 먼저 A그룹을 최우선 관리대상으로 지정해 관리노력을 집중함으로써 관리효과를 높이려는 분석방법이다.

비는 모두에게 고루 내리지만, 제품의 인기는 그렇지 않다. 소비자의 사랑을 한 몸에 받는 제품이 있는가 하면, 정반대인 제품도 허다하다. 그런 흐름을 숫자로 명확히 보여줌으로써 과잉 생산과 과다 공급을 해소할 수 있는데, 그 기법이 다름 아닌 ABC 분석이다.

이는 극히 소수 요인에 의해 대세가 결정된다는 '파레토의 법칙'에서 도출된 분석방법이기 때문에 '파레토 분석'이라고도 한다.

고객(거래처)관리를 예로 들어, ABC 분석 과정을 살펴보자.

"매출액이 많은 순서로 정리한다."

"총 매출액을 100%로 해 고객별 백분율을 산출한다."

"그 누적 구성비율을 상위 고객부터 순서대로 누적해 간다."

"그래프의 세로에 매출액 점유비율의 누적치를, 가로축에 고객을 기입하고 고객별 누적 구성비를 표시해 간다."

"세로축의 70%와 90%의 누적치 해당점에서 가로선을 긋고, 그래프 선과의 교차점에서 수직선을 긋는다."

이때 누적 구성비율 70%까지를 A그룹, 90%까지를 B그룹, 그 이상을 C그룹으로 분류하고, 먼저 A그룹을 고객관리의 최우선 목표로 설정해 대책을 세우고, 이어 B, C 그룹으로 점차 옮겨간다.

각 그룹별 대응책은 다음과 같다.

1 A그룹은 고객 당 매출액이 높아 중점고객으로 앞으로도 꾸준히 육성해 나간다.

2 B그룹은 향후 A그룹으로의 전환 가능성을 타진해가며 접근, 조절해 간다.

3 C그룹은 유망 고객을 제외하고는 접근(조절)을 유보하거나 거래 중지를 고려한다.

● 파레토 분석

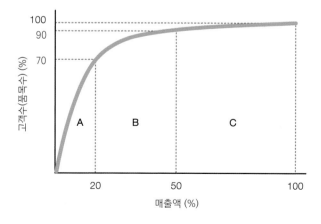

육성 전략은 이렇다!

25평의 마법이 연출하는 무대 편의점에서 삼각 김밥, 도시락 등과 함께 꾸준한 인기를 끌고 있는 효자제품이라면 단연 '컵라면'이다. 현재 국내에서는 이루 헤아리기 어려울 만큼 다양한 종류의 컵라면이 판매되고 있다.

가령, S편의점의 컵라면 매출액이 100만 원(1주일)이었다고 치자. 먼저 모든 제품(라면)의 판매 상황을 순서대로 정리해 상위 70만 원까지의 매출을 구성하는 제품군을 A그룹, 90만 원까지의 매출을 구성하는 제품군을 B그룹, 그 이하(10만 원)의 제품군을 C그룹으로 관리한다.

_약 20% ⇒ A그룹
A그룹 : 매출 누적 구성비율이 70%까지의 제품

_약 80% ⇒ B, C그룹
B그룹 : 매출 누적 구성비율이 90%까지의 제품
C그룹 : A, B그룹보다 하위 제품, 즉 10%의 매출 구성비율

이렇게 분류해 보면, A그룹에 들어가는 제품군은 모든 제품의 약 20%에 해당하고, 나머지 약 80%의 제품군이 B, C그룹을 구성한다는 것이 정형화되어 있다. 이를 토대로 'A그룹 = 핵심 전략제품', 'B그룹 = 일반 제품', 'C그룹 = 비인기 제품'이라고 판단할 수 있다.

그리고 S편의점은 A그룹의 재고 상황을 파악해 전략제품이 매진되는 일이 없도록 제품관리를 한다. 즉, 제품 부족으로 인해 판매하지 못하는 최악의 상황은 발생하지 말아야 한다. 이어 C그룹에 속하는 제품군은 신제품 발매와 동시에 진열대에서 내리는 결정을 할 수도 있다.

참고로 국내 모 편의점의 경우 매출의 75%에 드는 제품을 A군, 25% 이내의 제품을 B군, 5%에도 못 미치는 제품을 C군으로 나누어 각 그룹

에 맞는 제품관리를 하고 있다.

이번에는 '고객관리'를 두고 ABC 분석을 적용해 보자. A그룹 고객만을 주요 타깃으로 하고 나머지 B, C그룹은 아예 제외시키는 전략은 결코 바람직하지 않다. 차라리 고객을 그룹화하고 그 특징을 명확히 규정해 하위 그룹 고객을 A그룹으로 끌어올릴 수 있는 방법을 찾는 것이 중요하다. 이것이 진정한 마케팅이다.

가령 어떤 고객이 A그룹까지 성장하게 되면, 단골 고객으로 머물게 되어 향후 높은 관리비용을 투자하지 않아도 안정된 매출을 가져다준다.

반면에 시간이 경과하면 A그룹으로부터 하위 그룹으로 탈락하는 고객도 나타나게 된다. 이를 두려워하지 말라. 이와 같은 현상이 일어났다면 그 고객의 수명이 다했다고 판단하라.

이런 고객에게는 종전과 같은 서비스를 제공하더라도 효과가 잘 나타나지 않는다. 한번 등을 돌리면 다시 고객으로 끌어들이기는 쉽지 않다. 여기에 해당되는 사람이 많아지게 된다는 것은 기업이 새로운 비즈니스를 시작해야 하는 시기로 판단하고 대비하는 것이 바람직하다.

분석 한계점도 있다!

ABC 분석을 근거로 핵심 전략제품만을 취급하는 것은 기업 측면에서 대단히 효율적이며 지혜로운 경영 방법인 것 같지만, 실상과는 전혀 다른 방향으로 흘러가기도 한다.

최근 '핵심 전략제품'의 트렌드가 수시로 변하고 있기 때문이다. '비인기 제품 → 일반 제품', '일반 제품 → 핵심 전략제품'으로 이동하고 있어 이들 제품을 초기단계에서 발굴할 수 있는 능력이 어느 때보다 요구된다.

시장은 살아 있는 생물(生物)이다. 소비자의 소비패턴과 그 스타일(취향)이 바뀌고, 계절이나 유행 등으로 인해 시장은 요동친다. 때문에 마케팅도 그 변화에 맞추어 변신을 거듭하며 늘 전체적 관점에 입각한 점검과 분석을 게을리 해서는 안 된다. 만일 그것이 성가시다면 시장 변화를 주도할 만큼의 마케팅 전략을 수립해야 한다.

생각해 보기!

1 'ABC 분석(ABC Analysis)'이란?

2 '파레토의 법칙(Pareto's law)'이 무엇인가?

3 ABC 분석의 한계점에 대해 설명하라.

고객의 속내를 읽을 수 있을까?

마케팅과 인지부조화!

난, 절대 안 그래!

"담배 때문에 병에 걸리는 사람은 일부야. 난 아니라고."

금연은 어째서 힘들까? 담배는 폐암은 물론 각종 질병을 유발한다. 이 사실을 모르는 흡연자는 아무도 없다. 그러나 지금 피우는 담배 한 개비는 별 문제가 없을 거라는 착각에 빠져있다. 흡연을 정당화하면서 생각을 바꾸는 것이 금연보다 쉽고 편하기 때문이다.

생각과 행동의 차이가 날 때 이런 식으로 무언가 자기 나름의 논리를 만들어 해소하는 것을 심리학에서는 '인지부조화(cognitive dissonance) 이론'으로 설명한다.

인지부조화에 앞서 '부조화(dissonance)'부터 설명해보자. 차만 타면 잠이 쏟아진다는 사람이 많다. 심리학에서는 이를 '부조화' 때문이라고 설명한다.

달리는 차 안에서 책을 읽거나 스마트폰으로 웹툰을 보는 동안 우리 눈은 무언가에 고정되게 된다. 바깥 풍경은 보이지 않는다. 눈으로는 마치 자동차가 움직임이 없는 것처럼 느낀다.

그러나 우리 몸은 실제로 흔들흔들 움직인다. 귓속에는 몸의 기울어짐이나 회전을 감지하는 감각기관이 있다. 이 평형기관은 차가 달리면서 생기는 진동을 고스란히 감지한다.

눈은 정지 상태이고, 귀는 운동 상태라서 뇌에서는 혼란이 벌어진다. 감각들이 서로 다른 목소리를 내고 있어서 그렇다. 이를 부조화 현상이라고 한다. 부조화 상태가 계속되면 뇌는 이중 정보 가운데 어느 쪽을 따를지 갈팡질팡하게 된다. 그러다가 뇌가 "에라 모르겠다"며 일종의 파업을 벌인다. 졸음이 몰려오는 이유이다. 뇌도 자신을 방어할 필요가 생기니 졸음이 온다.

이 현상은 운전자에게는 잘 일어나지 않는다. 운전자는 탑승객과 달리 운전에만 집중하다 보니 몸이 느끼는 시각 자극과 진동 자극이 완전히 동일하기 때문이다.

마음도 몸처럼 '일관성'을 좋아한다

우리 몸의 감각기관에서 부조화가 일어나면 뇌가 갈피를 잡지 못한다. 이와 마찬가지로, 우리의 생각과 행동 사이에 부조화가 생겨도 똑같이 혼란과 불편함을 경험할 수 있다. 사람은 이러한 불편함을 잠재우고 일관성을 유지하기 위해 특정한 방향을 선택하게 된다.

우리 몸과 마음은 똑같이 항상성(恒常性)을 유지하려는 특성이 있기 때문이다. 이를 인지부조화 이론이라고 부른다. 사회심리학자인 레온 페스팅거(Festinger)가 1957년에 처음 발표했다.

'이솝우화'에 나오는 '여우와 신포도 이야기'가 인지부조화 이론의 대표적인 사례다. 한 배고픈 여우가 탐스러운 포도송이를 발견하게 되었다. 포도가 먹고 싶어서 발돋움도 하고, 펄쩍 뛰어 봤지만 결국 닿을 수가 없었다. 여우는 돌아서면서 이렇게 혼잣말을 내뱉는다.

"저 포도는 신 포도라 어차피 못 먹어."

여우에게 '포도를 먹고 싶다'는 생각과 포도에 닿지 못했다는 행동 사이에 인지부조화가 발생한 것이다. 부조화가 생기면 뇌는 괴로움을 느낀다고 한다.

여우 입장에서는 행동을 바꿔보았자 포도를 따 먹긴 불가능한 상황이었다. 대신 생각은 바꿀 수 있다. '저 포도는 신맛이 나서 원래 못 먹는 거였어'라고 생각해서, 먹고 싶었는데 먹지 못했다는 부조화를 줄인 것이다.

페스팅거는 이를 증명하기 위한 실험을 했다. 한 시간 동안 실패를 감는 단순 작업을 대학생에게 시킨 뒤 A그룹에는 20달러를, B그룹에는 단돈 1달러를 주었다. 두 그룹 중 어느 쪽이 작업을 마친 뒤 '유익한 일을 했다'는 평가를 더 많이 했을까? 놀랍게도 돈을 적게 받은 B집단이었다.

A집단은 '돈'이라는 보상을 충분히 받았다. 그래서 마음 편히 '지루한 일이었지만 보상을 받았으니 괜찮다. 일 자체는 유익하지 않았어'라고 생각할 수 있다.

하지만 B집단은 달랐다. '무의미한 일을 지루하게 한 데다 보상조차 단돈 1달러밖에 못 받았어'라고 생각하느니, '보상은 충분치 않았지만 생각해보면 그럭저럭 유익한 일이었어'라고 합리화하는 편이 마음 편했다.

(출처: 조선일보 [2018.12.17]를 필자가 재구성)

마케팅 기법으로 사용되는 '인지부조화'

이러한 인지부조화 이론은 마케팅 기법으로도 쓰이고 있다.

아이 셋 모두를 속칭 명문대 보내고 이제 좀 여유가 생긴 아빠. 15년 동안 몰아온 낡은 자동차 교체를 고민한다. "이번엔 차를 꼭 바꿔야지"라는 애초 생각과 "그간 아껴 모은 피 같은 적금을 깨기가 좀……"하는 또 다른 생각이 서로 충돌하면서 머릿속은 한 달째 갈등 중이다.

보다 못한 친구가 한마디 거든다. "질러. 애들 키우느라 얼마나 고생을 했는데, 그깟 차 한대 가지고 뭘 그리 생각을 해!" 친구 말에 아빠 머릿속은 "맞아, 바꾸자. 그간 열심히 살아온 내게 주는 격려와 보상인데 이 정도 쯤이야!"라는 생각이 강화된다. 생각이 한쪽으로 쏠리면 인지부조화는 조금씩 줄어든다. 그러면 실제로 적금을 찾아 자동차를 살 확률이 높아진다.

그 외에도 기업은 인지부조화를 마케팅에 이용한다. 대표적인 것이 '한정판'이다. 구매에는 열을 올리게 하면서도 환불이나 교환할 가능성은 줄여준다.

또 다른 방법은 'A/S'라 하겠다. 아직 일어나지 않은, 심지어 일어나지 않을 수도 있을 대비책을 강조하면서 소비자로 하여금 "제품에 뭔가 문제가 생기면 서비스 받으면 되지"하는 생각을 심어준다. 가령 실제로 제품이 고장 나더라도 소비자의 큰 불만을 막을 수 있다.

브랜드가 말을 하네!(Brand talks.)
유형자산 vs 무형자산

> "개성이 없는 브랜드란 친구가 없는 사람과 같이 쉽게 무시당한다."
> "브랜드란 홀로 존재하는 것이 아니라. 시스템 내에서 다른 브랜드들과 상호관계를 맺으며 형성되는 것이다."
> "브랜드 강화란 브랜드 이미지만이 아니라, 회사 전체 이미지를 고양시키는 획기적인 역할을 한다."
>
> _데이비드 아커

유형과 무형자산, 더 중요한 쪽은?

아마존(Amazon)의 제프 베조스 회장은 과거 이런 말을 했다.

"많은 사람들이 아마존에 몰리는 것은 아마존의 책값이 싸거나, 구입하기가 쉬워서가 아니라 그것이 '아마존'이기 때문이다."

베조스 회장의 말은 아마존이라고 하는 브랜드의 위상과 브랜드의 중요성을 가장 단적이면서도 명료하게 표현했다.

제품의 품질, 즉 제품의 가치를 구성하는 요소에는 두 가지가 있다. 하나는 물리적인 제품 특성으로 유형(有形)의 것이다. 이것을 유형가치(tangible value)라고 부른다. 자동차로 말하자면 성능이다. 마력이라든가

엔진 타입, 배터리 성능, 배기량, 최고시속이 얼마이며 1리터의 연료로 몇 km를 달릴 수 있다든가, 인테리어는 어떠하며 무슨 첨단기능이 장착되어 있는지 등이 바로 유형가치다.

또 하나는 무형가치(intangible value)로 지극히 정서적이며 감성적이고 이미지적인 것이다. '역사와 전통을 가지고 있다', '디자인이 탁월하다', '한류 스타들이 즐겨 탄다', '벤처 사업가들 사이에 큰 인기다', '왠지 섬세하면서도 강렬한 느낌을 준다' 등 사용자 이미지와 그 제품을 사용하였을 때 얻거나 느낄 수 있는 기분 감정, 만족감 즉 감성적 보상(emotional reward)을 말하며 제품 자체의 유형가치와는 크게 관계없다.

지금까지 '자산(資産, assets)'이라는 것은 대부분의 경우 물적(고정)자산과 금융자산을 가리키며 이른바 '유형자산', 즉 눈에 보이는 자산을 의미하여 온 것이 사실이다. 그러나 이제는 그 의미에 종지부를 찍을 때가 되었다. 기업 가치를 결정하는 요인은 유형자산에서 무형자산(intangible assets)으로 급속히 이동 중에 있다.

어떤 제품이 시장에 탄생하면 유형가치와 무형가치의 가치 합계가 제품의 품질을 결정하게 되었다. 특히, 일반 소비자들은 해당 제품이 가진 유형가치를 올바로 판단할 만큼의 지식도 경험도 가지고 있지 못한 경우가 대부분이라 무형가치로 제품을 평가하기 쉽다.

게다가 최근에는 제품 디자인이나 성능, 기능이 거의 비슷해지고 있어 제품의 유형가치를 통한 차별화는 점점 더 어려워지고 있다. 때문에 갈수록 무형가치가 소비자들의 제품 선택에 중요한 의미를 가진다.

시장에서 인기를 끌고 있는 브랜드가 있는 반면에 그렇지 못한 브랜드가 있다. 단적으로 인기를 끌고 있는 제품은 무형가치가 높고, 그렇지 못한 것은 무형가치가 낮다고까지 표현할 정도다.

세계적으로 잘 알려진 유명 브랜드는 그 제품이 가진 유형가치보다 무형가치가 훨씬 높다는 사실이다.

지난 2000년 코카콜라의 기업 가치는 약 187조원이었다. 이 가운데 장부가치는 약 12조원인 반면 브랜드 가치는 약 94조원이라는 평가를 받았으며, 나머지 81조원은 노하우나 영업권 등 무형가치였다.

국내 기업의 경우도 살펴보자. 한국존슨은 삼성제약의 살충제 '에프 킬라' 사업 부문을 인수하면서 총 387억 원의 돈을 지불했다. 이 가운데 공장부지와 기계대금은 90억 원이었고, 나머지 297억 원은 에프 킬라라는 '브랜드'에 대한 값이었다.

대만을 대표하는 글로벌 반도체 기업인 'TSMC'의 무형자산 가치는 한국을 대표하는 기업 삼성전자를 크게 앞지르고 있다. 브랜드 가치 연구기관인 브랜드파이낸스(Brand Finance)는 무형자산인 저작권(copyright), 상표권(trademark), 특허(licenses)를 합한 이른바 '지적재산권(intellectual property rights)'을 비롯해 영업비밀(trade secret)과 연구개발, 정부 인허가 등을 기준으로 할 때 TSMC의 2020년 무형자산 가치는 4,710억 달러로, 삼성전자의 1,200억 달러를 크게 앞선다고 평가했다.

● 브랜드의 가치 (유형가치 + 무형가치)

241

기업 경영이 점차 디지털화·복잡다양화 되고 패러다임이 급속히 변화하면서 '무형자산'의 중요성이 날로 부각되고 있다. M&A(합병과 인수)의 경우, 유형자산의 평가와 더불어 무형자산이 중요한 평가 항목의 하나로 정착된 지 오래다.

기업의 무형자산 가운데 가장 중요한 것이 바로 '브랜드 자산(brand equity)'이다. 이제 브랜드 자산을 논의하지 않고서 기업 자산을 논의한다는 것은 무용지물이고 탁상공론에 지나지 않는다.

특히, 서비스 산업에서 무형자산은 브랜드가 핵심이다. 서비스 브랜드가 기업 브랜드(CB: corporate brand)로 대체되고 있어 경쟁력 있는 브랜드를 가지는 것이 곧 경쟁력 있는 기업으로 소비자에게 인식된다.

브랜드의 기원!

'마케팅 전쟁은 다름 아닌 브랜드 전쟁이다.'

우리는 브랜드에 열광한다, 마치 종교처럼! 솔직히 브랜드의 중요성이 지금처럼 강조되거나 주목받은 적은 일찍이 없었다.

브랜드에 관한 소비 심리를 설명하는 이론으로 미국 경제학자 하비 라이벤스타인의 '스노브 효과(snob effect)'가 있다. 스노브란 다른 사람과 달리 보이고 싶어 고상한 체하는 사람을 의미한다.

과시적 소비 욕구를 의미하는 스노브 효과는 '속물 효과'와도 닮아있다. 우리가 명품 브랜드에 열광하는 것은 구하기 힘들수록 왠지 자꾸 가지고 싶어지는 심리가 적지 않게 작용하기 때문이다. 소유하지 못했거나 그럴 가능성이 높을수록 그에 대한 욕구는 더욱 강렬해지는 이치와 일맥상통한다.

그런 '브랜드'의 정의와 본질은 무엇일까?

간단히 말하면, 특정 기업(공급자)이나 제품(서비스)을 구별하게 해주는 명칭이나 기호, 심벌, 디자인 등이 바로 브랜드라 하겠다.

현재 시장은 제품 품질이나 기능을 두고 벌이는 경쟁이 아니라, 브랜드 우위를 두고 벌이는 치열한 전쟁이다. 때문에 브랜드를 통해 소비자 감성에 호소하고 그 마음을 사로잡을 수 있어야 생존을 보장받는다.

미국 마케팅협회(AMA)가 규정하고 있는 브랜드 정의는 이렇다.

"특정 공급자 혹은 공급자 집단의 제품 및 서비스를 식별하고 경쟁 상대의 제품 및 서비스와 차별화시킬 목적으로 사용하는 명칭, 언어, 사인, 디자인, 상징 혹은 이들의 조합이다."

(A name, term, design, symbol, or any other feature that identifies one seller's good or service as distinct from those of other sellers.)

흔히 유명 브랜드란, 유형가치만이 아니라 무형가치가 훨씬 높은 위상을 차지하고 있다. 소비자는 제품의 품질과 기능, 디자인이 뛰어나다고 하는 점과 유명 브랜드 제품을 동일 선상에서 바라보고 있다. 즉 '고품질 = 유명 브랜드'로 생각한다.

글로벌 시장에서도 품질이나 기능 등 제품 간의 차이가 좁혀지고 있어 유형가치를 통한 차별화는 점점 더 어려워지고 있다. 때문에 브랜드와 같은 무형가치의 중요성이 날로 부각되고 있다.

브랜드에는 강력한 영향력이 잠재해 있으며 오늘날에는 브랜드가 붙어있지 않은 제품이나 서비스가 없을 정도다. (국내 '노브랜드'도 브랜드의 일종이다.)

또 브랜드는 다양한 관점에서 소비자에게 도움이 된다. 브랜드가 붙어있으면 소비자는 우선 제품을 식별(인식)하기 쉽다. 동일한 브랜드를 구입하는 소비자는 그것을 구입할 때마다 동일한 품질(기능)을 손에 넣을 수 있음을 잘 알고 있다. 더해 브랜드는 충성도 높은 고객을 확보해 기업에 안정된 수익까지 가져다준다.

'브랜드(brand)'의 기원(origin)은 무엇일까? 이에 관해서는 다양한 주장이 존재하나, 그 가운데서도 가장 설득력이 있는 내용을 소개한다.

'Brand'는 소인(燒印)이라고 하는 영단어 'Burned'로부터 파생되었다. 미 서부 개척시대 목장에 풀어놓은 소와 말의 소유를 증명하는 방법의 하나로, 이름과 심벌을 불에 달구어 소의 어깨에 소인을 찍어 표식을 한 것이 브랜드의 시작이었다.

목장주가 소유하던 소나 말이 사라지거나 도둑맞았을 때 어깨에 찍힌 표식을 통해 증명하고, 시장에서 소와 말의 숫자에 관한 논쟁이 벌어졌을 때도 표식을 통해 해결했다고 한다. 이처럼 초기 브랜드는 소와 말이 소속된 목장을 구분할 목적으로 사용되었다.

브랜드는 때때로 그 목장을 가리키는 것만이 아니라, 그 이상의 심오한 의미까지 포함했다. 특정 목장에서 양육된 소는, 건강 상태와 육질, 그리고 맛이 좋다는 사실이 주변에 알려지면서 그 브랜드가 '특별한 의미'를 가지기 시작한다.

또 목장 소유주가 바뀌거나 혹은 자식이 사업을 계승할 경우에도 그 브랜드 자산은 계승되었다. 결국 브랜드는 일에 관여하는 개인보다도 그 자체로 독자적인 힘을 가지게 되었다. 서서히 브랜드 본연의 가치가 드러나면서 주목을 받기 시작한다.

한편, 유럽 중세사회에서는 검(劍)이나 도자기가 어떤 장인의 손을 거쳐 제작되었는지를 알리고자 제작자 이름을 새겨 넣었는데, 이것 역시 브랜드 기원과 관련이 깊다.

브랜드의 본격적인 도입은 무단 복제로부터 소유권을 보호하려는 일환에서 비롯되었다. 이를 테면, 18세기 초 스카치 위스키(scotch whisky)의 본고장 스코틀랜드의 위스키 수출업자들은 위스키 통에 소인을 찍어 위조 방지에 노력했다.

결국 이러한 움직임은 제작자의 출처를 표시하고 제품 품질을 보증하기 위한 상표(trade mark) 탄생으로 이어진다. 19세기 들어 영국과 프랑스에서는 브랜드 개발자 권리 보호의 한 방편으로 '상표법'과 '특허법' 등 법률이 제정되기에 이른다.

당초 '표식'으로서의 기능밖에 가지지 않았던 브랜드가 제품의 '신뢰와 보증'이라고 하는 또 다른 의미를 가지기 시작했다. 오늘날에는 제품 신뢰와 보증은 물론, 차별화와 경쟁력의 중요한 요소로써 브랜드가 활용되고 있다. 이제 소비자는 제품이 아니라, 브랜드를 구입하고 소비한다.

브랜드 구축 전략

이번에는 브랜드 전략에 대해서 살펴보자.

기업이 브랜드 전략을 검토할 경우, 다음 네 가지를 고려하게 된다. 라인 확장과 브랜드 확장, 멀티 브랜드, 뉴 브랜드 도입이다.

❶ 라인 확장

라인 확장이란 기존 제품의 카테고리(같은 특성을 지닌 부류나 범위) 내에서, 기존 브랜드 명 아래에 새로운 형태나 맛, 칼라, 성분, 패키지 크기 등을 도입하는 것을 말한다. 비교적 낮은 원가, 낮은 리스크로 신제품을 도입할 수 있는 방법이다.

예를 들면 '컵라면'이라는 카테고리 안에서 '해산물 맛', '육개장 맛', '카레 맛' 등으로 라인을 확장하는 사례가 여기에 해당한다. 마찬가지로 기존 브랜드의 샴푸에다 새로운 성분을 배합하거나 새로운 패키지 디자인 제품이 추가되는 등과 같은 것이 라인 확장이다.

❷ 브랜드 확장

브랜드 확장이란 이미 성공한 브랜드 명을 다른 제품이나 다른 카테고리로 확장하는 것을 가리킨다. 시장에서 평판이 좋은 브랜드 명을 사용하면 새로운 제품 카테고리에 진입하기가 용이하다.

이를 테면, 식용유 브랜드가 동일한 브랜드를 가지고 케첩이나 마요네즈에 진입하는 것도 브랜드 확장에 해당한다. 대표적으로 월트 디즈니 컴퍼니(The Walt Disney Company)를 들 수 있다. 자칫 이 회사를 애니메이션 제작사 정도로만 판단하기 쉬우나 사실은 방송과 케이블, 제품 등 다양한 분야에 걸쳐 비즈니스를 하는 글로벌 미디어 기업이다.

❸ 멀티 브랜드

멀티 브랜드란 기업이 동일한 제품 카테고리 내에 새로운 브랜드를 추가해 두 개 이상의 브랜드로 사업을 펼치는 전략이다.

쉽게 설명하면, 시계 메이커가 고가격의 손목시계 브랜드와 저가격의 손목시계 브랜드로 나누어 전략을 펼치는 것이 멀티 브랜드라 하겠다. 세계 1위 식음료회사 네슬레(Nestle)는, 미네랄워터 카테고리 내에 페리에, 비텔, 콘트렉스 등 여러 가지 브랜드를 가지고 있다.

❹ 뉴 브랜드

새로운 제품 카테고리에 새로운 브랜드를 가지고 진입하는 방법이다. 새로운 카테고리에 진입할 시 기존 브랜드로는 부적절하다고 판단되는 경우 뉴 브랜드를 개발한다.

● 브랜드의 기본 전략

		제품 카테고리	
		기존	신규
브랜드 명	기존	① 라인 확장	② 브랜드 확장
	신규	③ 멀티 브랜드	④ 뉴 브랜드

브랜드는 고객과 종업원, 주주 등에게 자부심과 미래(희망)를 안겨주고, 기업에게는 지속적인 성장과 수익을 가져다줌으로써 가격을 초월한 '가치 그 자체'라 하겠다.

나아가 브랜드의 긍정적인 이미지는 제품의 시장 진출 초기비용을 절감시키는 등 기업 경쟁력을 끌어올릴 뿐 아니라, 한 국가의 이미지 제고에도 영향을 미쳐 수출전선에도 큰 도움이 된다. 독일, 프랑스, 이탈리아, 일본 등이 생산하는 주요 제품을 떠올리면 수긍이 된다.

하루 빨리 대한민국도 세계 시장에 통용되는 '강력한 브랜드'를 창출해야 한다. 지구촌이 하나의 상권으로 통합되면서 기업의 글로벌 브랜드 구축은 선택이 아니라, 필수 마케팅 전략으로 자리 잡고 있다. 명심하라, 탁월함은 유형자산이 아니라 무형자산을 통해 창출된다.

생각해 보기!

 유형가치(tangible value)와 무형가치(intangible value)에 관해 말해보라.

 '브랜드(brand)'의 기원(起源)은 무엇일까?

③ '라인 확장'과 '브랜드 확장'의 차이점은 무엇인가?

노브랜드(No Brand) 정말 노 브랜드일까?

노브랜드의 성공전략!

위기가 부른 혁신 '노브랜드'

수년 전부터 유통업 위기에 대한 경고가 본격적으로 흘러나왔다.

디지털 혁명과 모바일 쇼핑 혁신이 전 세계적으로 확산된 데다 한국에서는 1인 가구 증가까지 본격화 되었다. 그로 인해 4인 가족을 기준으로 판매대가 구성되고 포장단위가 만들어지는 기존 오프라인 할인마트 비즈니스는 뒷걸음질 치기 시작했다.

지난 2015년 이마트의 영업이익은 실제로 전년 대비 하락하기 시작했다. 업계의 '맏형' 이마트가 이 정도라면 다른 할인마트 운영 기업들의 사정도 불 보듯 뻔한 상황. 3, 4년 전부터 유통업 전체의 위기도 심각한 상황이었다. 대형할인마트는 물론이고 백화점 실적도 제자리걸음을 거듭하고 있었다.

이에 신세계그룹과 이마트는 '혁신이 필요한 상황'이라고 판단한다. 한 마디로 소비자의 장바구니는 채우면서도 지갑은 덜 열고, 유통업 성장은 계속되는 혁신전략이 필요했다. 하지만 유통업에서의 혁신이라는 것은 생각처럼 쉬운 게 아니었다. 까르푸나 월마트 등 이마트 등과 유사한 비즈니스 모델을 가진 글로벌 업체들도 어려움을 겪고 있었다.

그런데 유독 유럽에서 초고속 성장을 하는 유통업체, 알디(Aldi)와 리들(Lidl)이 눈에 띄었다. 두 회사 모두 초저가 할인매장으로 독일에 본사

를 두고 유럽 전역으로 체인을 확장하고 있
었다. 모든 상품 구색을 갖추지는 않지만
소비자들이 꼭 필요로 하는 제품을 구비하
고 좋은 '가성비(가격 대비 성능)'를 내세운 제
품을 판매하는 방식이었다.

다른 대형마트나 창고형 매장에 비해 포
장단위도 작았다. 할인마트가 아닌 '초저가
슈퍼마켓'의 개념이었다. 이마트 관계자들
에게 하나의 질문이 던져졌다.

"우리도 '어느 정도의 품질은 보증되지만 확실히 더 싼 제품'을 팔수는
없는 것일까?"

제품의 본질적 기능에 집중하다!

'질 좋은 제품을 더 싸게 팔아 보자.'

이러한 이마트의 결론은 언뜻 보면 싱겁게 보이지만 사실 엄청난 혁
신을 필요로 하는 일이었다. 이미 '싼 가격'을 경쟁력으로 내세워 성장할
수 있었던 비즈니스 모델이 바로 할인매장, 대형마트였다.

여기에서 다시 가격을 낮추는 방법을 찾기 위해서는 완전한 발상전환
이 필요했다. 가격 경쟁력을 확보할 수 있는 방법으로 '자체 브랜드(PB,
참고로 PB 제품은 유통업체가 제조업체에 제품생산을 위탁, 자체브랜드로 내놓는 제품을 지
칭)' 확장 전략이 대두되었다.

물론 예전과는 달라야 했다. 이미 대형유통업체들은 각자 나름의 PB
제품을 만들어 판매해 왔지만 이는 그동안 전혀 위기 돌파의 수단으로
기능하지 못했다. 소비자들은 PB 제품을 '싸구려'로 인식하고 있었다.

실제 제품의 질도 기존 제조업체 브랜드에 비해 다소 떨어지는 면이

있었고 가격 차이 역시 품질을 상쇄할 수 있는 수준은 아니었다. 마트에서 카트에 가득 담기에는 무언가 찜찜하고 부끄러운 제품, 그게 바로 지금까지 PB 제품의 이미지였다.

그러한 인식을 뒤집을 수 있어야 했다. 1차적으로 자체 제품 개발 프로젝트 태스크포스(FT)팀이 꾸려졌다. 이것이 2014년 12월의 일이다. '에이스' 위주로 조촐한 팀이 하나 구성되었다. 식품 위주의 제품 연구를 할 수 있는 4명이 모였다. 비식품 분야는 바이어들로부터 아이디어를 얻는 방식이었다. TF팀은 일본의 '무지'와 캐나다의 '노네임'처럼 특별한 브랜드 없이 제품 구색을 갖추어 판매하는 모델을 연구하기 시작했다.

무리하게 자체 브랜드를 만들고 홍보할 필요 없이 정말 필요한 기능과 포장으로만 내놓고 굳이 '네이밍'과 '브랜딩'에 투자하지 않는다면 분명 승산이 있다는 판단했다. 소비자들이 PB 제품을 다소 찜찜하게 생각하거나 겉으로 내보이기 창피해한다는 점을 고려해 사용 시 브랜드가 거의 노출되지 않는 제품부터 연구하기 시작했다.

그렇게 건전지, 화장지, 물티슈 등의 소비재와 감자칩, 초콜릿 등으로 초기 노브랜드 제품군이 탄생했다. 처음에는 그저 호기심에 혹은 '싼 맛'에 물건을 집었던 소비자들은 '기대 이상의 품질'에 놀라기 시작했다. 입소문이 퍼졌고 찾는 고객은 점점 늘었다. 단순한 생활용품에서 여러 가전제품으로, 감자칩과 초콜릿 등 간단한 가공식품에서 다양한 식재료로 노브랜드 제품군은 확장되어 갔다.

원칙은 항상 같았다. 커피포트 하나를 만들더라도 '물 끓이는 기능' 이외에는 그 어느 것도 넣지 않되 가격을 파격적으로 낮추었다. 약 1,000개의 제품 구색이 갖추어진 2016년 여름 이후에는 '노브랜드 전문점'이 등장할 정도가 되었다.

'노브랜드'는 '예스 브랜드'일까?

노브랜드 이전의 PB 제품은 특정 제조사의 특정 제품을 타깃으로 놓고, 그 제품보다 얼마나 싸게 팔 수 있는지를 목표로 개발되었다. 하지만 노브랜드는 특정한 타깃 제품을 놓고 '대체할 수 있는 저렴한 제품'을 내놓는 방식이 아니었다.

노브랜드 감자칩의 경우 프링글스라는 직접적 타깃이 존재했지만 이미 너무 많은 종류가 나와 있던 물티슈나 장난감, 1 · 2인분용 밥솥 같은 제품은 딱히 타깃 제품이 존재하지 않았다. 기존 PB 제품들처럼 명백한 타깃이 존재했다면 나올 수 없는 제품들이 '고객에게 필요한 것이 무엇인가'를 중심으로 사고했기에 대거 탄생할 수 있었다.

소비자들이 '꼭 필요로 했던 물건', '필요한 데 시중 제품은 너무 크거나 비싸고 쓸데없는 기능이 많아서 사기 곤란했던 제품들', 혹은 '굳이 비싼 돈을 내고 사먹고 싶지 않던 식품들'이 노브랜드에서 나왔고 소비자들은 '싸구려 제품이나 식품을 산다'는 느낌이 아니라 '현명한 소비를 한다'는 기분으로 적극 구매에 나설 수 있었다.

즉, 노브랜드는 '브랜드가 아니다, 소비자다'라는 신선한 콘셉트로 합리적인 가격 이른바 '가성비'를 내세웠다. 덕분에 PB 제품은 '질 좋은 저가상품'이라는 인식을 심어준 대표 브랜드이자 PB 제품 성공 사례의 주인공이 되었다. (출처: 동아일보 [2017.1.16]를 필자가 재구성.)

노브랜드 전략을 토대로 2018년 신세계푸드는 가격 경쟁력을 앞세운 '노브랜드 버거'를 오픈했다. 또 2022년에는 노브랜드 버거의 계보를 잇는 '노브랜드 피자'까지 론칭했다. 노브랜드 피자는 가성비라는 노브랜드의 정체성을 앞세워 프랜차이즈 시장에 안착한 '노브랜드 버거' 성공 사례가 출발점이 되었다. 이제 '노브랜드'는 국내 시장에서 '노 브랜드'가 아니라, '예스 브랜드'가 되었다.

선발 브랜드가 유리할까?

선발 우위 vs 후발 우위

세계에서 제일 높은 산은?

에베레스트!

달에 가장 먼저 내린 사람은?

암스트롱!

이번에는 또 다른 질문!

세계에서 2번째로 높은 산은?

…?

달에 2번째로 내린 사람은?

…?

선발이 유리? 후발이 유리?

자본주의 역사는 이랬다.

선발자(first mover)와 후발자(second mover) 간에 벌어지는 치열하고 끝없는 경쟁! 산업 주도권을 둘러싼 선발자의 견제와 후발자의 추격은 어쩌면 당연한 모습이다.

더해 기업들은 경쟁전략을 수립하면서 선발자 우위성(advantage)과 후발자 우위성을 두고서도 끊임없는 논쟁을 벌여왔다. 이는 아주 오래된 논쟁거리이자 현재도 논쟁이 거듭되고 있는 중요한 주제이다.

그런 가운데 가장 먼저 시장에 진입한 기업 즉, 선발자가 보편적으로 경쟁우위를 가지게 된다고 알려져 왔다. 20세기 자본주의가 시장에 뿌리를 내리면서 지금까지 성장가도를 달려왔기 때문이다.

사실 시장이 빠른 성장기에 있다면 선발자가 훨씬 유리하다. 그럼에도 꾸준히 후발자가 나타난 것은 고도성장으로 인한 이익의 일부분을 나누어 가질 수 있었기 때문이다.

선발자 우위의 증거로는, 기업명이나 브랜드명이 업계에서 보통명사로 사용되는 경우가 그 전형적인 사례라고 하겠다.

이를 테면, IBM, 포스트 잇, 아이폰, 워크맨, 호치키스, 롤러 브레이드, 스카치 테이프, 코카콜라, 바바리, 제록스, 맥도널드, 폴로라이드, 크리넥스, 구글링 등은 원래 기업의 이름이었으나, 현재는 제품의 총칭으로써 널리 사용되게 되었다.

'인터넷 검색을 한다'는 얘기를 많은 미국인들은 '아임 구글링(I'm googling)'이라고 한다. 그 만큼 '구글(www.google.com)'의 위상은 대단하다. 또 스마트폰은 몰라도 아이폰(i-phone)은 잘 알고 있다.

이처럼 특정 브랜드가 시장을 선도하다 보면 해당 제품군을 통칭하는 보통명사가 되기도 한다. 국내 경우에도 선발자의 브랜드명이 보통(일반)명사로 사용되는 사례가 많다.

_봉고 : 요즘도 밴이나 웨건 타입의 승합차를 가리 켜며 많이들 '봉고차'라고 한다. 봉고 (Bongo)는 1980년대 무너져 가는 기아자동차를 회생시킨 승합차 이름이다.

_에프킬라 : 슈퍼마켓이나 할인점에서 구충제를 찾으면서 '에프킬라 주세요'라고 하며, 거실에서 모기를 발견한 아버지는 서슴없이 '에프킬라 좀 쳐라'고 한다. 사실 매장 안에 가보면 파리나 모기, 바퀴벌레 등의 구충제는 수없이 많이 있는데도 말이다.

_핑퐁 : 영어로 탁구(table tennis)의 다른 이름이다. 1900년 영국의 제이크스 앤드 선 (Jaques & Son)이란 기업이 셀룰로이드 공(현재의 탁구공)으로 만들어진 탁구세트를 '핑퐁(PING PONG)'이라 이름 붙여 판매했는데 이것이 대히트를 치면서 전 세계로 확산되었다.

_정종 : 일본 청주 상표의 하나인 '정종(正宗, まさむね)'을 '청주'라는 말 대신에 '정종'이라고 부른다. 일제시대의 영향력이 여전히 남아있는 탓이다.

_미원 : 국이나 찌개 등을 끓이면서 그 맛을 볼 때 "시원하도록 미원 좀 더 넣어라!"고 한다. 우리 어머니들 세대에 더욱 강하게 남아있다.

_쭈쭈바 : 여름 하면 떠오르는 것은 역시 시원한 빙과류다. 쭈쭈바는 1970년대 롯데삼강이 출시한 어린이들을 위한 획기적인 빙과였다. 덕분에 지금도 짜먹는 아이스크림은 모두들 쉽게 그냥 '쭈쭈바'라고 부른다.

_옥시크린 : 국내 최초의 세탁용 표백제인 옥시크린. 세제만으로는 빠지지 않는 숨은 얼룩까지 말끔히 없애주는 탓에 표백제의 대명사로 자리 잡았다.

_가그린 : 국내 최초의 구강청결제 가그린. 구취제거는 기본이고 충치예방에 좋은 구강청결제로 많은 사랑을 받고 있다.

_딤채 : 딤채는 위니아의 김치냉장고 브랜드를 넘어 김치냉장고란 제품 자체를 상징하는 단어가 되었다.

_비아그라 : 미국 제약회사인 화이자가 개발한 남성 발기부전 치료제 비아그라. 선발 브랜드의 우위성 때문인지 짝퉁 발기부전제 대부분이 비아그라라는 이름으로 판매될 정도다.

그 외에도 주방 세제라면 '퐁퐁', 생리대로는 '화이트', 떠먹는 요구르트 '요플레', 휴대용 버너 '블루스타', 작은 상처는 '대일밴드', 두통에는 '게보린', 진통제라면 '아스피린', 위궤양에는 '겔포스', 인터넷 검색을 의미하는 '구글링' 등을 들 수 있다.

1등만 기억하는 더러운 세상!

"더 좋기보다는 최초가 되는 편이 낫다."

"마케팅 불변의 법칙"의 저자 알 리스와 잭 트라우트(Al Ries & Jack Trout)의 말은 그래서 더욱 실감나게 다가온다.

지금까지 수많은 나라에서 다양한 브랜드의 콜라가 등장했지만, 지구촌 사람들은 여전히 콜라하면 '코카콜라'를 꼽는다. 콜라의 원조이기 때문이다. 결국 시장에서 인정받으려면 경쟁사보다 한 발 앞서 독창적인 제품을 출시할 수 있어야 한다.

스포츠에서 100m 달리기나 수영의 승부는 거의 '출발(start)'에서 결정된다고 한다. 초반에 누가 순발력 있게 앞으로 먼저 치고 나가느냐가 전체 승부를 결정짓는다.

그럼, 시장에 늦게 진입한 후발주자는 늘 불리한 것일까? 그렇지만은 않다. 일반적으로 선발자의 장점은 후발자의 단점으로, 선발자의 단점은 후발자의 장점으로 작용한다. 때문에 후발자의 장점도 무시할 수 없다.

테슬라(TESLA)는 첨단 기술을 앞세운 전기차 기업으로 유명하다. 자율주행 기술을 가장 적극적으로 차량에 적용하고 있고 혁신적인 차량용 소프트웨어를 선보이며 차를 '달리는 정보기술(IT) 기기'로 변모시키고 있다. 경영 방식 또한 테슬라의 핵심 경쟁력인데, 전면 온라인 판매를 단행했다. 온라인 판매로 인건비와 수수료, 판매장 운영비 같은 판매비용을 획기적으로 줄였다. 테슬라가 보여주는 새로운 방식은 거대한 산업에서 후발자가 가진 장점도 잘 보여준다.

그 외에도 컴퓨터의 IBM, PC 운영체제(OS)의 MS, 카메라의 캐논(Cannon), 제트기의 보잉(Boeing) 등 후발자 임에도 불구하고 업계 선두를 지키고 있는 사례 또한 적지 않다.

국내로 시선을 돌려보자. 우지파동이 있기 전까지 시장점유율 60%를 차지할 만큼 라면시장의 최강자는 삼양식품이었으나 현재는 농심이 국내 라면시장에서 55.7%(2020년 12월 기준)를 점유하며 선발자를 저만치 따돌린 상태다.

지난 2001년 출시된 비타500은 1961년 출시된 동아제약의 박카스와 함께 드링크류의 대명사로 자리 잡은 지 오래다. 근래 '정관장'의 홍삼 파워는 박카스의 새로운 경쟁자다. 인터넷업계라면 포털 다음을 밀어낸 후발주자 네이버를 꼽을 수 있겠다.

선발자 vs 후발자의 장점

남보다 한 발 앞서 시장에 깃발을 올린 선발자가 유리할까? 아니면 만반의 준비를 갖추고서 기회를 엿보다 시장에 뛰어든 후발자가 유리할까? 정답은 앞서 언급한대로 일방적이지 않다. 그 내용을 간략히 정리해 보자.

선발자의 장점

"소비자의 의식 속에 '진입장벽'(인지도 측면에서 월등한 우위)을 형성할 수 있다."

"경험효과(규모의 경제)를 통해 원가 우위(비용절감)를 확립할 수 있다."

"기술적으로 업계 표준 획득과 희소자원을 빠르게 선점할 수 있다."

"가격에 크게 민감하지 않는 초기수용자(오피니언 리더)를 우군으로 활용할 수 있다."

"오피니언 리더를 활용해(입소문) 시장에다 좋은 평판을 확산시킬 수 있다."

"새로운 시장에서 먼저 인정받으면 그 상징성 때문에 쉽게 경쟁 우위를 구축할 수 있다."

후발자의 장점

"시장 성장성과 선발자의 문제점(실수 등)을 지켜본 뒤 진입해 리스크(불확실성)가 적다."

"제품 속성과 기능 숙지에 투자되는 판촉비용이 선발자에 비해 적다."

"연구개발비(R&D 비용)를 줄일 수 있다."

"선발자에 대한 철저한 벤치마킹(모방)이 가능하다."

"소비자의 미충족 수요를 찾아내 효과적으로 시장을 공략한다."

"시장과 기술(혁신)의 변곡점, 불황 등에서는 후발자에게 '기회의 창(window of opportunity)'이 열릴 수 있다."

선발자 또는 후발자가 일방적으로 시장에서 경쟁우위를 가지게 된다는 법칙은 성립하지 않는다. 그 우위를 결정짓는 것은 해당 기업의 획기적인 경영 방식과 제품 혁신, 치밀한 브랜드 전략 등에 달려 있다.

다만, 지난 20세기의 경쟁력은 선발자에게 주어졌으며 후발자가 추월에 성공했다고 하더라도 많은 시간과 에너지(자본 등)가 소모되었다. 후발자가 누리는 이익(free rider effect)을 잘 활용하게 되면 선발자보다도 더 빠르고 더 저렴한 비용으로 브랜드를 구축할 수도 있다.

생각해 보기!

1 "더 좋기보다는 최초가 되는 편이 낫다"는 무슨 뜻일까?

2 선발자(first mover)의 장점은 무엇인가?

3 후발자(second mover)의 장점은 무엇인가?

'오거스타GC'가 전하는 명품 비결!

명품 브랜드의 탄생!

똥 냄새나는 오거스타!

"하드웨어만 놓고 보면 오히려 한국 명문 골프장이 한 수 위인 것 같던데요."

세계 최대 골프 축제인 '마스터스 토너먼트'를 현장 취재한 기자에게 "오거스타내셔널GC는 대체 얼마나 좋으냐"고 물었더니 이런 대답이 돌아왔다. 뜻밖이었다.

'프로 골퍼들이 가장 우승하고 싶어 하는 대회'의 무대이자 전 세계 아마추어들의 버킷리스트에 있는 '꿈의 구장'이 한국 골프장만도 못하다니…. 이어지는 기자의 설명은 이랬다.

"미국 기자들도 그러더군요. 오거스타GC보다 좋은 골프장은 수두룩하다고. 화면이 아니라 두 눈으로 오거스타GC의 민낯을 보니 왜 이런 말이 나오는지 알겠더라고요."

기자는 이런 근거를 댔다. 방송 카메라가 없는 홀과 홀 사이는 진흙으로 질척였고, 일부 홀에선 분뇨 냄새가 진동했단다. TV 화면을 초록색으로 채우려고 주변 자갈까지 도색하는가 하면, '숲속의 승부'를 연출하기 위해 미리 녹음한 새 소리를 방송에 튼다고 했다. 클럽하우스는 소박하다 못해 옹색했다고. '유리판 그린'을 빼면 감탄사가 나올 만한 대목이 많지 않았다고 했다. 그래서 든 의문이다.

"그럼 대체 어떤 소프트웨어를 사용했기에 이 정도 하드웨어를 갖춘 골프장이 세계 최고가 되었을까."

골프업계 관계자들이 내놓은 답변은 대체로 비슷했다. 타이거 우즈, 잭 니클라우스 등 역대 최고 골퍼들의 숨결이 깃든 골프장이란 '스토리'와 당장의 돈벌이를 위해 골프 팬을 팔지 않는다는 '신뢰'가 오거스타GC를 명품 브랜드로 만들었다는 것이다.

이런 얘기다. 1934년 제1회 마스터스 대회를 열 때만 해도 오거스타 GC는 넉넉하지 않았다. 대공황 탓이었다. 하지만 경영진은 "명문이 되려면 얘깃거리가 많아야 한다"며 대회를 밀어붙였다. 그렇게 마스터스는 4대 메이저 중 유일하게 골프협회가 아니라 골프장이 주최하는 대회이자, 여러 골프장을 돌지 않고 딱 한 곳에서만 개최하는 유일한 대회가 되었다. 88년이 흐른 지금, 오거스타GC의 모든 홀은 '골프 명인'들의 진기명기로 가득 차게 되었다.

명품 가르는 건 소프트웨어

명품이 되기에 부족했던 2%를 채워준 것은 무엇이었을까?

그것은 '돈 몇 푼에 브랜드 가치를 떨어뜨릴 일은 안 한다'는 경영진의 고집이었다.

오거스타GC는 마스터스 로고가 박힌 기념품을 대회 기간 때 골프장에서만 판다. 수요는 많은데 공급을 제한하니 28달러짜리 모자가 밖에서 150달러에 팔린다. 패션업체에 라이선스를 주면 떼돈을 벌 수 있다는 사실을 모를 리 없지만, 그냥 '공급 부족' 상태로 내버려둔다. 희소성을 위해서다.

이뿐만이 아니다. 골프장 곳곳에 광고판을 내걸면 두둑하게 챙길 수 있지만, TV 화면엔 시퍼런 잔디만 내보낸다. 방송중계권을 입찰에 부치면 매년 1억 달러 넘게 벌 수 있는데도 헐값에 CBS에 준다.

단, 두 가지 조건을 내건다. 품격 있게 중계할 것, 그리고 중간광고는 4분 이내로 할 것. 골프 시청을 방해하지 않기 위해서다. 이러니 골프 팬은 더욱 열광한다.

결국 오거스타GC를 명품으로 만든 건 소프트웨어였다는 얘기다. '하드웨어 최강국'인 우리나라에 세계가 인정하는 명실상부한 명품 브랜드가 없는 이유가 여기에 있는 것은 아닐까.

폴린 브라운 전 LVMH 북미 회장은 최근 발간한 저서 "사고 싶게 만드는 것들"에서 "고객의 85%는 품질이 아니라 '다른 무언가' 때문에 제품을 선택한다"고 했다. 오거스타GC가 보여준 '소프트파워'에 우리 기업들이 주목해야 하는 이유다. (출처: 한국경제 [2022.5.12]를 필자가 재구성.)

오거스타GC는 세계 최고의 명품 브랜드 창조를 꿈꾸는 우리 기업에게 던지는 시사점이 결코 예사롭지 않다. 우리 산업계를 두고서 다양한 생각이 무수히 교차한다.

INTRODUCTION TO MARKETING

시장분석과 경쟁전략

기업의 경쟁자는 왜 5명일까?
포터의 경쟁이론!

김밥 한 줄은 3,500원에 판매되고 있었다. 그러다 500원이 오른 4,000원에 판매하자 김밥집 주변의 맥도날드와 롯데리아와 같은 패스트푸드점으로 손님이 몰렸다. 분명 김밥과 햄버그는 다른 장르의 제품이지만, 가격 인상으로 동일한 가격대의 제품으로 인식되면서 경쟁관계로 바뀌었다. 물가 상승으로 교내식당 식권가격이 5,000원에서 5,500원으로 오르자 인근 편의점이 학생들로 북새통을 이루었다. 불과 500원 차이지만 자주 먹는 끼니라고 생각하면 부담이 크다. 김밥집과 교내식당은 전혀 예상하지 못한 경쟁자와 맞닥뜨린 셈이다.

5가지 경쟁요인

'경쟁자(competitor)'란 누구를 가리키는 것일까?

흔히 경쟁자하면 우선 경쟁 상대(기업) 하나만 머리에 떠올린다. 예컨대 삼양라면의 경쟁자로 오뚜기나 농심라면을 상상한다. 자신과 동일한 제품을 생산하고 판매하는 기업들만 경쟁자로 생각해왔다. 사실 경쟁이라는 것은 동종 기업들 사이의 경쟁만을 의미하는 것이 아니다.

일찍이 경영전략론의 대가라 불리는 '마이클 포터(Michael Porter)'는 해당 업계의 경쟁 상황을 좌우하는 '다섯 가지 경쟁요인(five competitives force)'이란 이름으로 경쟁자와 경쟁구도를 새롭게 규정했다.

1 기존 경쟁자　　　　**2** 신규 진입자　　　　**3** 공급자

4 구매자　　　　**5** 대체품(서비스) 업자

시장에 존재하는 다섯 가지 경쟁요인은 해당 업계의 경쟁을 촉진하거나 혹은 억제하거나 하면서 많은 영향을 미치게 된다. 그런 요인 하나하나를 평가하거나 요인 상호간의 관계를 판단함으로써 업계 전체의 경쟁 상태를 가늠할 수 있다.

기업 입장에서 보면, 해당 업계가 얼마만큼 매력적인지를 판단하는 잣대가 되기도 한다. 또 각각의 경쟁요인이 미치는 영향을 평가함으로써 장래 그 요인은 어떤 식으로 변화하고 그로 인해 업계가 어떻게 변화하게 될지도 예측해볼 수 있다.

즉, 신규 진입에 따른 장벽이 높은지 낮은지, 원재료 등을 둘러쌓고 공급자의 힘이 강한지 약한지, 구매자(소비자)의 힘이 강한지 약한지, 대체품이 존재하는지 그렇지 않은지, 업계 내 경쟁이 치열한지 어떤지 등의 분석을 통해 해당 업계(시장) 내에서의 '경쟁 환경'을 정확히 판단할 수 있다.

포터는 이전 다음과 같은 주장을 펼친바 있다.

"모든 산업은 국내시장이든 해외시장이든, 제품을 생산하든 서비스를 생산하든, 다섯 가지 경쟁요인에 의해 시장을 지배하는 경쟁법칙이 존재한다."

실제로 그런지 다섯 가지 경쟁요인을 하나씩 거론해 그 특징과 경쟁전략을 짚어본다. 그 예로는 막걸리 업계의 강자 '서울탁주'를 진단해 보았다.

265

● 다섯 가지 경쟁요인 분석 ('장수생막걸리'를 생산하는 서울탁주의 경우)

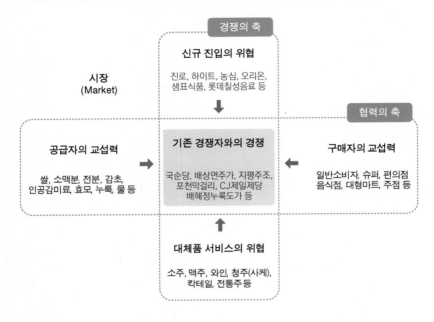

기존 경쟁자

경쟁자라고 하면 주저 없이 동종 업계에서 유사한 제품이나 서비스를 제공하는 기존 경쟁자를 꼽았다. 적어도 포터가 다섯 가지 경쟁요인을 제시하기 전까지는 그랬다.

동종 업계 내 기존 경쟁자들 사이의 경쟁은 상호 경쟁 비용을 끌어올린다. 예컨대 경쟁자를 제압하기 위해 광고나 마케팅 또는 연구개발에 대한 과잉투자가 이루어지게 되고, 가격경쟁으로 인하여 가격은 자연스럽게 떨어진다. 결국 지나친 경쟁은 자승자박하는 상황이 되어 경쟁자들의 수익만 떨어뜨리게 된다.

막걸리를 기준으로 서울탁주의 기존 경쟁자를 꼽으면, 배상면 국순당 창업주의 3남매가 각각 운영하는 회사(국순당, 배상면주가, 배혜정도가)와 지평주조, 이동주조, 지역의 여러 막걸리업체를 들 수 있겠다.

특정 업계 내부에서 기존 경쟁자 사이에 일어나는 대립관계 정도는 그 업계의 경쟁 상태를 가늠하는 중요한 지표가 된다.

대표적 사례로는 글로벌 가전시장의 거두 삼성전자와 LG전자, 대형 할인점의 이마트와 홈플러스(롯데마트), 패스트푸드의 맥도날드와 롯데리아, 음료업계의 코카콜라와 펩시콜라, 카드업계의 비자카드와 마스터카드, 스포츠웨어의 나이키와 아디다스(휠라, 퓨마) 등이 대표적이다.

산업계 내의 경쟁이 격렬할수록 업계의 매력도는 줄어든다. 경쟁 상황은 다음의 요건들을 통해 확인할 수 있다.

- ☑ 제품 차별화가 곤란한가?
- ☑ 전환비용(switching costs)이 낮은가?
- ☑ 업계의 성장 속도가 느린가?
- ☑ 경쟁업자의 전략이 다양한가?
- ☑ 고정비용이나 재고비용이 높은가?
- ☑ 동일 업종이나 규모의 기업이 많은가?
- ☑ 철수장벽(고정자산 투자가 많은 기업)이 높은가?
- ☑ 생산량을 소폭으로 늘리면 과잉생산 상태가 되는가?
- ☑ 구매자가 거래처를 바꿔도 추가 비용이 들지 않는가?

이러한 물음에 1개 이상 해당된다면, 업계(시장) 내부의 경쟁자 사이에는 경쟁이 치열하다고 판단할 수 있다.

신규 진입자

신규 진입은 경쟁자 증가를 의미한다. 새로운 경쟁자의 시장 진입은 필연적으로 경쟁 격화를 몰고 오기 마련이다. 신규 진입이 용이한 업계는 응당 수익성 저하를 불러온다. 그 한편으로 신규 진입이 힘든 업계라면 기존 기업에게는 매우 유리하다.

특히 막걸리는 다른 술에 비해 신규 진입장벽이 낮은 시장이다. 그동안 중소업체와 지방의 영세업체들이 일구어놓은 막걸리 시장을 대기업들이 호시탐탐노리고 있다. 이른바 돈이 된다고 판단하여 이제는 대기업들이 앞 다투어 시장을 위협하고 있는 실정이다.

향후 예상되는 막걸리의 신규 진입자로는, 진로와 하이트, 농심, 오리온, 샘표식품, 롯데칠성음료 등의 기존 주류업체와 식품회사들이다.

막걸리 시장의 경우, 대기업 참여는 긍정적 효과를 불러 올 수 있다. 가장 큰 이유는 막걸리가 여전히 주류(酒類) 시장에서 일정 영역을 차지할 만큼 시장이 크지 않다는 점이다. 이런 까닭에 대기업들이 참여를 하게 되면 자연스레 시장 파이가 커지면서 주류 시장에서 확고부동한 영역을 구축할 수 있기 때문이다.

어떤 업계에 신규로 진입하려는 기업이 여럿 존재할 경우, 기존 기업에게는 심각한 위협요인이 될 수 있다. 시장은 단기적으로는 제로섬(zero-sum) 게임이 지배하기 때문에 한정된 구매자원과 기존의 이익이 분할됨으로써 기업의 이윤은 떨어지기 마련이다. 하지만 막걸리의 경우 아직도 시장이 크지 않아 경쟁은 제로섬 게임이 아니라 시장 확대를 가져올 수 있어 경쟁자 모두에게 득이 될 수 있다.

또한 이러한 신규 진입의 위협은, 진입을 억제하는 장벽(barriers to entry)이 어느 정도 높은지, 그리고 진입자에 대해 기존 기업이 어느 정도 반격할 것인지 등에 따라 결정된다. 진입장벽이 높고 견고하며 기존 기업으로부터 철저한 보복이 예상되는 경우라면 신규 진입의 위협은 그만큼 낮아지게 마련이다.

신규진입에 대한 장벽은 다음과 같은 항목을 통해 점검해 볼 수 있다.

☑ 거액의 투자자본이 필요한가?

☑ 유통 판매망의 확보가 필요한가?

☑ 기업 브랜드는 구축되어 있는가?

☑ 기존 브랜드에 대한 고객의 충성도는 높은가?

☑ 기존 기업의 제품이 차별화되어 있는가?

☑ 기존 기업이 비용우위(학습곡선)를 가지고 있는가?

☑ 신규진입에 대한 정부 방침과 규제가 존재하는가?

☑ 기존 기업으로부터 보복이 예상되는가?

☑ 규모의 경제성(economies of scale)이 발휘되고 있는가?

☑ 기존 기업의 고객이 거래처를 변경하는데 비용(switching costs)이 드는가?

위 물음에 대해 '그렇다(Yes)'가 다수라면, 해당 업계(시장)는 신규 진입자에 대해 진입장벽이 높음을 의미한다. 진입장벽이 높거나 기존 기업의 저항이 예상된다면 신규진입 위협은 자연스레 낮아진다.

공급자

생존경쟁을 위해 심각히 고려해야 할 경쟁자에는 '공급자'도 끼여 있다. 부품이나 원자재를 공급하는 공급자들이 협상력을 가지게 된다면, 그들은 가격을 인상하라는 압력을 꾸준히 가해 올 것이다. 그로 인해 원가가 인상되면 기업이 누리던 이윤은 점차 줄어들 수밖에 없다.

막걸리를 예로 들어보면, 주원료인 쌀이나 인공감미료, 누룩 등의 가격이 폭등하게 되었을 때 막걸리 업체는 가격을 그대로 유지해 이익률 하락을 받아들이거나, 가격을 올려 고객 수가 줄어드는 선택을 본의 아니게 강요받게 된다.

이처럼 공급자는 가격 인상과 품질 조정 등을 통해 구매자에게 교섭력을 행사할 수 있다. 구매자가 비용 증가를 자사 제품과 서비스의 가격 인상으로 보충할 수 없다면, 공급자의 교섭력은 큰 위협이 될 수 있다.

해당 업계를 소수 기업들이 독점하고 있는 경우 공급자의 교섭력은 더욱 높아진다. 이를 테면, 그 기업 특유의 기술을 가지고 제품과 특허를 통해 권리를 보호받고 있는 제품이라면 공급자의 교섭력은 강력해진다.

"몇 년 전 수도권에서 자동차부품을 만드는 A사에 완성차 업체 관계자가 찾아왔다. 단가를 좀 깎자는 것이었다. 전화로 안 되니까 직접 방문한 것이다. 하지만 A사 사장은 버럭 소리를 질렀다. '납품을 못하면 못했지 우리는 그렇게 못하겠으니 당장 나가달라'고. 며칠 뒤 완성차 업체 관계자가 전화를 걸어왔다. '다시는 그런 일 없도록 하겠다'며 정중하게 사과했다."(한국경제, 2010.7.30)

A사는 해당 자동차 부품을 독점 생산하고 있었다. 품질이 뛰어나 어떤 완성차 업체라도 A사 제품을 구매하지 않을 수 없었다. 이런 상황이라면 비록 무명의 중소기업이라 할지라도 A사는 막강한 교섭력을 완성차업체(구매자)에게 발휘할 수 있다.

공급자의 교섭력은 다음과 같은 항목의 점검을 통해 확인할 수 있다.

- ☑ 공급자 수가 적은가?
- ☑ 수급 균형 측면에서 수요가 왕성한가?
- ☑ 공급자 제품이 구매자 사업에서 중요한 제품인가?
- ☑ 공급자가 구매자 사업에 진출(전방통합, forward integration)할 계획을 세우고 있는가?
- ☑ 공급자 업계가 일부 기업에 의해 좌우되고 구매자 업계보다도 집약적인가?
- ☑ 공급자의 제품이 차별화되어 다른 제품으로 대체하게 되면 구매자의 비용은 증가하는가?

위의 물음에 대해 '그렇다(Yes)'를 하게 된다면, 해당 업계(시장)는 공급자의 교섭력이 강하다고 할 수 있다.

구매자

일반적으로 놓치기 쉬운 경쟁자 가운데 하나를 꼽으라면, 단연 '구매자'다. 예로 든 서울탁주의 구매자는 일반 소비자만이 아니라 막걸리 업체로부터 막걸리를 구매하는 대형마트, 슈퍼마켓, 편의점, 음식점, 주점 등이 될 수 있다.

만일 구매자가 시장에서 협상력을 지닐 수 있다면 그런 능력을 최대한 활용해 해당 업체에게 가격 인하나 품질(기능) 향상 등을 요구한다. 이처럼 구매자는 납품가격 인하를 공공연히 요구한다거나 좋은 품질 및 서비스를 요구함으로써 업계 내의 경쟁관계에 많은 영향을 미칠 수 있다.

구매자가 어느 정도 힘을 가지느냐의 교섭력은 시장 상황에 따라 결정된다. 예를 하나 들어 보자.

국내 굴지의 완성차 업체 H사에 에어컨을 납품하는 협력업체 W사가 있다고 하자. 그런데 어느 날 H사는 기존의 W사를 포함해 또 다른 회사로부터도 에어컨을 납품받기로 했다. 이러한 전략 이면에는 협력업체 간에 경쟁을 유도해 품질은 높이고 납품 단가는 인하시키는 이른바 두 마리 토끼를 한꺼번에 잡자는 의도가 숨겨져 있다.

또한 유가급등과 같은 외부 요인으로 완성차 판매가 여의치 않아 에어컨 납품 물량이 대폭 줄었다고 하자. 그러면 울며 겨자 먹기로 협력업체 W사는 품질은 그대로 유지하면서도 납품 단가는 내리는 등의 극단적 조치를 취할 수밖에 도리가 없다. 이런 점들은 모두 H사가 교섭력을 가지기에 가능하다.

제품 차별화가 불가능하거나 공급자 정보가 많은 경우는 구매자의 교

271

섭력은 높아진다. 이를 테면 일상용품에는 구매자의 교섭력이 높아지는 경향이 있다. 일반적으로 구매자의 교섭력은 다음과 같은 포인트를 통해 점검할 수 있다.

- ☑ 구매자 수가 한정되어 있는가?
- ☑ 수급 균형 측면에서 공급이 과다한가?
- ☑ 구매자의 거래처 전환비용이 저렴한가?
- ☑ 구매자가 충분한 정보를 가지고 있는가?
- ☑ 구매자가 공급자 사업에 진출(후방통합, backward integration)할 의사가 있는가?
- ☑ 구매자가 분산되지 않고 하나되어 대량으로 제품을 구입하는가?
- ☑ 구매자가 구입하는 것은 표준제품과 차별화되어 있지 않다?
- ☑ 구매자가 구입하는 제품(서비스)이 공급자의 비용 및 구입 제품 전체에 차지하는 비율이 높은가?

이러한 물음에 대해 긍정적(Yes) 답변이라면, 해당 업계(시장)는 구매자의 교섭력이 강하다고 볼 수 있다.

대체품(서비스)

기존 제품의 대체품(代替品)이나 서비스를 제공하고 있는 기업도 다섯 명의 강력한 경쟁자 가운데 한 명이다. 만일 어떤 제품이나 서비스의 효용을 대체해 줄 수 있는 것들이 새로이 출현한다면 시장에서 기존 업자의 경쟁우위는 필연적으로 약화되게 된다.

막걸리의 대체품(서비스)으로는, 소주와 맥주, 와인, 청주(사케), 칵테일, 전통주 등을 들 수 있겠다. 순댓국집에서 매운 볶음요리를 먹다 목이 컬

컬해 막걸리를 한 병 시켰는데, 주인 말하기를 "우리 가게는 취급 안 해요"라고 한다면 대신에 소주나 맥주를 시킬 수도 있어서다.

최근의 시장 동향을 보면, 패스트푸드와 같은 외식업체의 강력한 경쟁자로 등장하고 있는 것이 바로 도시락을 판매하는 편의점과 분식 전문점이다. 굳이 햄버거가 아니라도 편의점에서 도시락으로 때우거나 김밥 전문점에서 김밥과 우동, 떡볶이를 사먹을 수 있어서다.

또 일전 미국산 쇠고기 수입이 늘면서 삼겹살 가격이 하락했다. 이것은 바로 삼겹살의 대체재로 쇠고기가 얼마든 가능하다는 얘기다. 돼지고기가 먹고 싶어 먹는 것이 아니라, 쇠고기보다 싸다는 점이 매력 포인트이다.

어떤 제품과 직접적으로 경쟁을 하지는 않지만 기업의 판매와 수익에 영향을 준다는 점이 대체품의 특징이다. 때문에 기존 제품이나 서비스보다 뛰어난 대체품의 등장은 장기적으로는 가장 큰 위협요인이 될 수 있다.

가령 국내 항공사라면 서울-부산 간을 2시간 20분에 달리는 고속철도(KTX, GTX)가 대체품이 될 수 있다. 또 잦은 지방출장과 회의가 많은 사람에게는 항공사와 고속철도의 대체품으로 화상회의시스템인 줌(Zoom)과 구글 미트(Meet), 시스코 웹엑스(Webex)가 될 수도 있다. 이처럼 유흥주점의 대체품으로 노래방을, 알루미늄이나 철강 제품의 대체품으로 플라스틱을, 온라인 동영상 서비스(OTT)의 넷플릭스는 디즈니플러스(티빙, 웨이브), 경비회사의 대체품으로 전자경보시스템을, 라면의 대체품으로 우동이나 칼국수·떡볶이·김밥·햄버거(패스트푸드) 등을 들 수 있다.

시장에 대체품이 다양하게 존재하게 되면, 기존 업자의 매출을 빼앗아 제품가격을 저렴하게 책정하도록 하거나 광고 예산을 높이게 하는 등 경영을 압박하는 요인으로 작용할 수 있다.

대체품에 관한 대응전략은 일반적으로 기존 업자들과 손을 잡고 대체품 업자와 대항해 나간다. 이를테면 품질개선과 광고·마케팅 활동, 제품용도 확대 등과 같은 공동 활동을 통해 대체품업자와 맞선다.

- ☑ 고객 관점에서 대체품이 다른 제품에 비해 가격 대비 성능이 뛰어난가?
- ☑ 고객 니즈(needs)와 원츠(wants)가 변화하고 있는가?
- ☑ 높은 수익을 올리고 있는 업계가 대체품을 생산하고 있는가?

위 물음에 대해 '예(Yes)'를 하게 된다면, 해당 업계(시장)는 대체품의 위협이 높다고 볼 수 있다. 대체품에 관한 대응전략은 일반적으로 기업 간 연합을 맺어 대체품 업자와 싸워나간다. 예컨대 품질개선과 광고·마케팅 활동, 제품용도 확대 등과 같은 공동 활동을 통해 대체품업자와 경쟁한다.

변화하는 시장을 읽어라!

이상의 주장을 통해 경쟁 구도에 관해 새로운 눈을 떴으면 좋겠다.

마이클 포터의 '다섯 가지 경쟁요인'은 지금까지 기업의 경쟁전략 수립에 유익한 비교·분석의 기준을 제시했다.

업계에 관계없이 새로운 분야로의 진출 시는 위와 같은 경쟁요인에 대해 충분히 그리고 구체적으로 따져보아야 한다. 그래야 다가올 위험을 사전에 감지하고 대응할 수 있다. 신규 진입을 생각하지 않을 경우에도 포터의 모델은 해당 업계 안에서 체계적인 경쟁을 벌이는 데 중요한 힌트를 제공한다.

업계의 매력과 업계 내부의 경쟁적 지위는 끊임없이 변화한다고 하는 인식도 중요하다. 이러한 까닭에 다섯 가지의 역학관계에 대한 분석이 결코 단발성으로 끝나서는 안 된다.

현재 시장 상황을 근거로 전략을 세웠다면, 다섯 가지의 역학관계가 향후 어떻게 변화하게 될지에 관한 충분한 검토도 병행해야 한다. 시장 환경은 수시로 변모하기 때문이다.

생각해 보기!

1 '경쟁자(competitor)'란 누구를 가리키는 것일까?

2 농심 '신라면'을 예시로 마이클 포터의 '다섯 가지 경쟁요인 (five competitives force)'을 분석해보자.

'레고'의 경쟁자는 누구일까?

경쟁의 순기능!

경쟁의 본질

승리는 아무에게나 나눠주는 무료급식소의 공짜 점심이 아니다.

반드시 피와 땀이라는 희생을 지불해야만 손에 넣을 수 있는 참으로 서럽고 고통스러운 것이다.

그 피와 땀의 실체는 바로 '경쟁(competition)'이다. 스스로 경쟁할 힘이 없으면 정의나 공정, 자유 따위는 먼 곳에 있다.

삶은 경쟁이다. 그냥 경쟁이 아니라 생존을 건 전쟁이다.

개인이나 기업 나아가 한 국가가 넘어야 할 가장 큰 난관도 경쟁이다. 시장 경제의 핵심은 바로 경쟁이기 때문이다.

그래 경쟁을 벌인다는 것은 선(善)이자, 욕망이며, 숙명이다.

이것은 자본주의 사회의 공통원리이자 전 세계 개인 및 기업이 공유하는 소중한 가치이기도 하다. 경쟁이 공유하는 가치는 크게 다섯 가지다.

첫째, 기술 혁신의 유인(motivation)을 가진다.

둘째, 효율적인 자원 배분을 가능하게 한다.

셋째, 잠재된 지식과 정보를 이끌어내고 확산시킨다.

넷째, 업계와 산업구조의 근원적 개혁을 촉진한다.

다섯째, 균제와 균형을 통해 경제 민주주의가 정착된다.

이런 경쟁이 사라지면 도태되거나 소멸되는 것은 시간 문제다. 그래서 생존은 성적순이다.

TV조선 트롯 경연 프로그램 '내일은 미스터 트롯'(2020년)의 우승자 임영웅. 이후 그는 멜론 뮤직어워드, 서울가요대상, 아시아 아티스트 어워즈, 골든디스크 어워즈, 가온차트 뮤직 어워드 등 국내 각종 대중음악 시상식을 석권하며 최고의 인기를 누리고 있다.

그런 임영웅의 경쟁자는 누굴까?

트롯여제 '송가인'이나 막걸리 한잔의 '영탁'일까? 이른바, 유치하다느니 구세대니 운짱이 든는 장르니 하며 경시해오던 트롯을 대중에 확산시킨 주인공이 임영웅이다. 그는 트롯 오디션 출신자지만 트롯에 한정되지 않는 음악성을 지녔다. 더해 탁월한 가창력은 물론, 발라드에다 팝음악까지 스펙트럼도 폭넓다.

만일 임영웅이 빠진 트롯계를 상상해보라. 송가인과 영탁, 이찬원 등이 임영웅의 파이(pie)까지 삼키게 될 것 같지만, 오히려 트롯 시장 자체가 줄어들면서 자신들도 몰락할 수 있다.

트롯 시장의 큰 파이를 서로 나누고 있어 일정 부분 충돌하는 것도 사실이지만, 이들은 기존 파이를 두고서 벌이는 제로섬(나는 살고 너는 죽는) 경쟁이 아니라, 트롯 시장 전체 파이를 키우는(나도 살고 너도 사는) 경쟁과 협력 관계에 있다.

경쟁 구도의 변화

흔히 '경쟁자'하면, 스마트폰의 갤럭시와 아이폰, 영화관 CGV와 롯데시네마, 메신저서비스 카카오톡과 라인(텔레그램), 소주의 하이트진로와 롯데칠성음료(무학, 보해양조, 제주소주) 등을 떠올린다. 그러나 현재 경쟁자에 대한 개념은 과거 양상과는 전혀 다른 방향으로 급속히 이동하고 있다.

이를테면, 피트니스 클럽은 닌텐도와 경쟁하고, 한의사는 비아그라와 홍삼, 프로야구는 TV드라마와 경쟁하는 사회다.

블록회사 레고의 경쟁자는 꼬마버스 타요를 시작으로 뽀로로, 각종 장난감 등을 떠올린다. 실상은 대한민국의 교육열(교육 시스템)이 레고의 진정한 경쟁자다. 방과 후 레고를 가지고 놀아야 할 아이들이 다들 학원에 가 있다. 스터디카페에서 공부하는 고등학생 자녀의 옆을 지키며 잠을 깨워줄 아르바이트생(3,000원)을 구한다는 한 대치동 엄마가 있을 정도니 한국의 교육열은 지구상 그 어떤 나라보다 뜨겁다.

또 나이키의 진정한 경쟁자는 'e스포츠'일 수도, '넷플릭스'일 수도, '유튜브'일 수도 있다. 그 이유는 온라인 게임이나 OTT 드라마에 빠져들어 온종일 화면만 쳐다보는 이들이 많아졌기 때문이다. 온라인상에서는 축구화도 운동복도 축구공도, 모자도, 스포츠 드링크는 물론 헬멧을 포함한 각종 보호대도 필요하지 않다.

한편, 기아자동차의 강력한 경쟁자로 글로벌 통신장비업체 노키아를 꼽을 수도 있다. 노키아(NOKIA)라는 영어 사명을 풀어보면, '타도(NO), 기아(KIA)'를 외치는 듯한 느낌을 소비자들에게 줄 수도 있어서다. 또 제품 측면에서 자동차와 통신장비는 그 장르를 달리하지만, '고객 만족(customer satisfaction)'이라는 측면에서는 바라본다면 결코 무관한 영역에 위치한 별개의 제품이 아니다.

이렇듯 경쟁자는 맞은 편 코너에서 당신과 맞짱 뜰 채비를 서두르는 선수만 있는 것이 아니다. 링 주변 한 모퉁이에서 유심히 당신의 몸짓이나 상태를 지켜보는 이들 가운데서도 존재하고, 객석에 앉아 날카로운 시선으로 링 위를 지켜보고 있는 이들 중에도 경쟁자가 있다.

그래서 점진적으로 경쟁자의 실체나 경쟁요인, 그리고 경쟁 환경을 규명하기 더 까다로워진 것이다. 이렇게 시시각각으로 경쟁대상이 변화되어 가고 있는 현실을 인지하고 거기에 맞추어 전략을 구사해야 한다.

경쟁에는 순기능이 더 많다

혹시 이런 말, 들어 본적 있는가?
"경쟁이 있기에 공생도 가능하다."

모든 사물과 이치에는 순(順)기능과 역(逆)기능이 늘 공존한다. 경쟁에서도 마찬가지다.

다만 경쟁에서 여타 사물이나 이치와의 차별성이 있다면 순기능이 역기능보다 훨씬 많다는 점이다.

경쟁 논리가 가진 역기능, 즉 경쟁이란 단어에서 연상되는 약육강식의 냉정함은 사회에 반목과 질시라는 부작용을 야기하고 개인에게는 과도한 스트레스와 긴장감을 가져와 잘못하면 대혼란을 초래할 수도 있다.

이런 부작용 때문에 지나치게 협력이나 공생만을 강조하다보면, 일부 갈등이나 긴장감은 해소될지 모르지만 인류사의 진화(進化)라는 거대한 수레바퀴를 거꾸로 돌리는 실수를 범할 수도 있다.

경쟁을 의미하는 'Competition'은 라틴어 'Compedare'가 그 어원(語源)이다. 여기서 'com'은 영어 with(함께)를 의미하는 접두어이다. 즉, 경쟁자는 적(敵)이 아닌 '함께' 멋진 게임을 펼치는 '동반자(同伴者)'라는 것이다.

경쟁자를 애초부터 배제하려거나 부정하려는 자세가 아닌, 서로 인정하고 이를 바탕으로 자신들의 성취욕과 노력을 이끌어내어 서로가 가진 역량을 마음껏 발휘하는 것이 경쟁의 본래 의미와 가장 가깝다. 이런 분위기가 형성되어야 우리 사회의 공생이 가능해진다.

경쟁은 우리에게 참다운 삶을 맛보게 하는 청량제요, 흐트러진 삶을 일깨우는 자극제요, 보다 나은 삶을 독려하는 촉진제다. 그런 활력제, 경쟁에 브라보!

패자는 잠재적 승자다!

경쟁은 고통스럽다고 포기할 수 있는 것이 아니다. 마치 우리 삶과 비슷하다. 만일 상대방이 가지고 있는 경쟁력이 부럽다면 막연한 질투심보다는 자신의 피눈물 나는 노력과 인내를 통해 이를 극복할 수 있어야 한다. 이렇게 말이다.

"그래 너 잘한다. 허나 조만간 나는 너보다 훨씬 잘할 수 있어."

우리 사회에서 경쟁 원리의 잣대로만 평가하게 되면, 자신의 선천적 악조건 때문에 처음부터 경쟁을 포기해야 하는 사람도 있다. 이러한 약자들에게는 사회적으로 따뜻한 배려가 뒤따라야 한다.

지금까지 우리 사회에서 무한 경쟁만을 강조하다보니 경쟁에서 일단 한 번이라도 패하게 되면 좀처럼 재도전의 기회가 주어지지 않는다. 그로 인해 경쟁에서 밀려난 자는 패자가 되어 불평불만 세력으로 확산되면 언젠가 우리 사회의 공생을 위협할지도 모른다.

그 가운데서도 특히 '실패를 용납하지 않는 문화'와 '재도전 기회를 주지 않는 문화'는 우리 조직문화의 가장 큰 병폐가 아닌가 생각된다. 실패에 대해 관용적인 문화를 만들어 보자.

"패배를 두려워말고 마음껏 자신의 생각을 실천에 옮겨라!"

이런 모토 아래 개인이나 기업 구성원들이 가진 역량을 마음껏 발휘할 수 있도록 사회적인 장치를 마련해야 한다. 경쟁에서의 패자는 다음 번에 승자가 될 수 있는 기회를 얻은 것이다. 따라서 패자는 '잠재적 승자'이다. 경쟁 만세! 마케팅 만만세!

시장 지위별 경쟁전략이 서로 다르다고?
경쟁 기업의 4가지 유형!

> 언뜻 세상은 **No.1** 혼자서 모두 이끌고 가는 듯 보이지만, 그 아래의 **No.2**와 **No.3**가 없다면 **No.1**이 **No.1**으로 결코 존재하지도 지칭되지도 못한다. 그런 까닭에 세상에는 **No.2**와 **No.3**가 꼭 필요하고 그에 걸 맞는 생존법과 역할도 주어진다.

시장 지위별 분류

경쟁은 몇 명이서 벌이는 것일까?

나 혼자 벌이는 것이 경쟁일 수는 없다. 최소 두 사람 이상이 존재해야 가능하다. 그래야 경쟁이라는 말도 그 전략도 성립한다. 그런 까닭에 우열도 가려진다.

또 자신의 상대적 시장 지위를 먼저 파악해야 경쟁전략 수립이 가능하다. 우리 기업이 시장에서 어느 위치에 있는지를 정확하고 객관적으로 읽어 낼 수 있어야 한다.

시장점유율이 가장 높은 기업과 그 발끝에도 미치지 못하는 시장점유율을 가진 기업이 동일한 전략을 추진할 수는 없다. 물론 그렇게 해서도 안 된다. 자신의 위상에 걸맞게 선택과 집중이 이루어져야 경쟁전략을 효율적으로 추진하고 펼쳐나갈 수 있다.

특히, 성숙기 시장 경쟁에서 승리하기 위해서는 무엇보다 경쟁 기업의 분석을 게을리 해서는 곤란하다. 기업 간 경쟁은 실제로 기업이 놓여 있는 환경이나 인재, 제품, 기술, 자본, 정보 등과 같은 한정된 기업의 경영자산을 무기로 경쟁을 벌인다.

시장 지위별로 크게 나누면, 선도자 기업과 추종자 기업의 두 가지로 분류할 수 있다. 현재 1등이 누리는 갖은 영화(榮華)를 변함없이 누리며 그 위상을 누구에게도 넘겨주고 싶지 않은 것이 바로 선도자의 변함없는 입장이다.

그렇다면 선도자와 동일한 전략으로 정면 승부하는 것은 추종자로서 결코 합리적인 전략이 아니다. 동일한 시장에서 경쟁을 하고 있는 경우, 선도자가 전략상의 실수를 하지 않는 한 선도자에게 경쟁 우위성이 존재하기 때문이다. 추종자의 가장 확실한 전략은 기존 시장의 룰(rule)을 바꾸고 이를 통해 경쟁우위를 구축하는 것이다.

한편, 코틀러는 시정점유율의 크기를 기준으로 선도자 기업 외에 추종자 기업을 더 세부적으로 분류해 경쟁전략을 제시하고 있다.

즉, 시장의 40%를 차지하는 기업을 선도자로, 30%를 차지하는 기업을 도전자로, 나아가 20%를 차지하는 기업을 추종자로, 10%를 차지하는 기업을 틈새공략자로 분류해 경쟁전략을 구체화시켰다.

● 시장점유율과 업계 내 위상

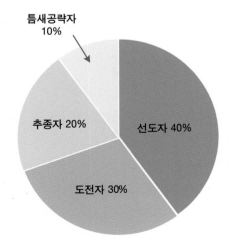

선도자

선도자 기업이란 시장에서 질적, 양적 측면 모두에서 최대의 경영자원을 가지고 해당 시장을 주도적으로 이끌고 있는 기업을 가리킨다. 또한 대부분의 경우 선도자는 최대의 매출액과 시장점유율을 가지고 있는 명실상부한 업계 최고의 기업이다. 국내 자동차업계라면 현대차·기아가, 항공업계라면 대한항공이, 전자업계라면 삼성전자가, 조선업계라면 현대중공업이 여기에 해당한다.

선도자는 업계 시장점유율 No.1 기업을 가리킨다. 질적 경영자원, 양적 경영자원 모두 업계에서 다른 기업을 능가한다.

선도자는 최대 시장점유율, 최대 이윤, 최고 이미지 유지 등을 전략 과제로 하고 있으며 시장 구석구석까지를 커버하고 있는 전방위(全方位) 전략을 펼친다. 구체적으로는 주변 수요의 확대, 동질화 대응(me-too), 비가격 대응 등을 취한다. 동질화 대응이란 다른 기업이 어떤 전략을 펼치더라도 자본과 인지도에 앞서는 선도자가 동일한 전략을 추진하게 되면 결국 선도자가 승리할 수 있다는 판단 때문이다.

도전자

도전자란 경영자원의 양적인 면에서는 선도자에 필적할 만큼의 잠재력을 가지고 있으나, 질적으로는 선도자에 미치지 못하는 기업을 가리킨다. 선도자에게 도전장을 내밀고서 언젠가는 자신이 선도자로 올라서겠다는 야심을 공공연히 드러내는 기업으로, 관련 업계 2위, 3위의 기업을 가리키는 경우가 많다. 국내 자동차업계라면 르노코리아와 쉐보레, 항공업계라면 아시아나항공이, 전자업계라면 LG전자가, 조선업계라면 삼성중공업과 대우조선해양이 여기에 해당한다.

도전자는 명성을 획득하기 전에 먼저 시장점유율 확대(시장 No.1)를 목표로 한다. 양적인 정면 승부로서는 좀체 승리할 수 없으므로 선도자가 할 수 없는 것 혹은 원하지 않는 것을 해야 한다. 즉, 선도자가 지닌 제약조건(constraint)을 파악하는 것이 중요하다.

추종자

추종자가 가진 질적, 양적 측면의 경영자원은 선도자나 도전자와 비교할 수 없을 뿐만 아니라, 이렇다 할 시장점유율도 가지고 있지 못한 기업이다. 때문에 단기간에 선도자의 자리를 넘볼 수 있는 위상의 기업이 아니다. 선도자와 도전자의 성공사례를 모방하면서 시장 흐름에 편승해 생존을 추구하는 기업이다. 국내 자동차업계라면 쌍용자동차, 통신업계라면 KT, 조선업계라면 부침을 거듭해온 중견기업 케이조선(옛 STX조선해양)을 들 수 있겠다.

추종자는 독자적으로 거대한 투자를 하거나 새로운 연구개발을 추진하는 등의 행위는 어렵기에 선도자나 도전자 기업을 모방함으로써 한 차원 높은 성장을 목표로 한다.

그러면서 독자적인 경영자원을 축적하고, 질적 및 양적으로 승부할 수 있는 체제를 구축한다. 또 단지 모방만 하는 것이 아니라, 자신만의 색깔(고유함)이 가미된 모방을 통해 점차 독창성을 확보해 나가야 한다.

틈새공략자

틈새공략자는 선도자나 도전자가 전혀 관심을 가지지 않는 시장에서 경쟁우위를 구축해 실질적으로 한정된 소규모 시장에서 선도자 위치를 확보하려는 기업이다. 경영자원의 양적 측면에서는 선도자 및 도전자에 미치지 못하지만, 특정 시장에서의 세분화와 독자 기술 등에 관한 질적 측면에서는 비교적 높은 경영자원을 가지고 있다.

자동차업계라면 국내 최초 커스텀 오더 스포츠카 제조사 알비티모터스(RBT Motors)를 들 수 있겠다. 또 항공업계라면 저비용항공사(LCC, Low Cost Carrier)인 제주항공과 진에어, 티웨이항공 등이 여기에 해당된다. 그동안 국내 항공업계는 대한항공과 아시아나항공과 같은 FSC(Full Service Carrier)의 독과점 체제로 인해 공급자 중심의 시장구조가 계속되어 왔으나, LCC가 본격적으로 운항을 시작하면서 소비자 중심 시장으로 시장구조가 바뀌고 있다.

틈새공략자는 업계 전체의 시장점유율은 크지 않지만, 질적 경영자원에 있어서는 눈에 띄는 독자성을 보유하며 특정 시장에 특화된 기업이다.

양적인 경영자원에서는 승리할 수 없으나 질적으로는 뛰어난 노하우와 기술, 브랜드, 시스템 등을 구비함으로써 특정 시장에서 압도적인 지지 획득을 목표로 한다.

경쟁전략과 교훈!

앞서 코틀러의 시장 지위별 분류는 어떤 지위가 좋고 나쁜지를 의미하는 것이 아니다. 해당 시장에서 어떤 경쟁전략을 취하는 것이 효과적일지, 반대로 그렇지 못할지를 따져보는 것이다.

거듭 이야기하지만, 시장에서 1등을 차지하고 있는 선두기업과 그렇지 못한 기업들이 추진해야 할 경쟁전략에는 분명한 차이가 있다. 여성용 속옷을 남성에게, 아이 바지를 아빠에게 무리하게 입히거나 걸치도록 할 수는 있어도 만족스러운 일상생활을 이어가기란 힘들다.

마찬가지로 시장 선도자에게는 선도자 위상에 걸 맞는 경쟁전략이,

도전자에게는 도전자로서 추진해야 할 경쟁전략이 별도로 존재한다. 뱁새가 황새를 따라 가려다가는 가랑이 찢어지기 십상이다. 뱁새에게는 뱁새 나름의 경쟁전략이, 황새에게는 황새에 어울리는 경쟁전략이 따로 존재한다.

● 경영자원의 양과 질의 포지셔닝

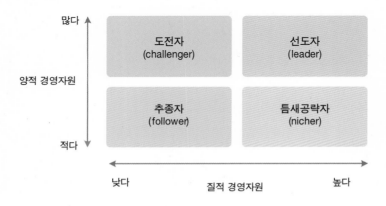

위 그림에서 제시한 '양적 경영자원'이란 영업사원 수와 투입 자금력, 생산 능력 등을 지칭하며, '질적 경영자원'이란 기업 브랜드 이미지와 마케팅 능력, 연구개발 능력, CEO의 리더십 등을 꼽을 수 있겠다.

아무나 1등 기업이 되는 것은 아니다. 왜냐하면 1등을 만들어주는 건 바로 소비자이다. 2등도 3등도 물론 마찬가지다. 그 핵심 역시 소비자가 틀어쥐고 있다.

'승자효과(winner effect)'라는 것이 있다. 한 번 이겨본 개체는 그 다음 시합에서도 이길 확률이 높다는 생물학적 개념이다. 승리를 되풀이하면서 누구나 불패불사(不敗不死)의 존재가 되는 걸까! 그 답을 찾기 위해서는 승리의 지표인 권력의 속성을 꿰뚫어볼 필요가 있다.

"권력을 쥐면 사람의 뇌가 바뀐다. 권력이 강할수록 뇌를 마비시키는 도파민 분비가 많아져 자신의 정당성을 의심하지 않는 성격이 된다."(이언 로버트슨의 저서 "승자의 뇌"에서) 때문에 권력자는 늘 스스로를 돌아보며 경계해야 한다.

엄격한 자기 성찰을 통해 권력의 부작용을 억제하고 순기능을 극대화해야 한다. 선도자가 새겨들어야 할 대목이다. 권력과 마찬가지로 시장역시 영원한 승자도 선도자도 없다는 사실을 명심해야 한다. 변화무쌍한것이 시장의 큰 특징이기에 방심은 절대 금물이다.

일예로 20세기 초 미국 자동차업계를, 가까이는 한국의 삼성전자를들 수 있겠다.

당시 부동의 1위였던 포드는 검정색 T형 한 모델로 맞서다가, GM의쉐보레에게 무릎을 꿇었다. 그리고 근래에는 GM이 도요타에게 다시 무릎을 꿇었다.

한동안 회자되었듯 지난 2009년 삼성전자의 영업이익은 과거 그 스승이었던 일본의 주요 전자회사를 전부 합쳐놓은 영업이익보다 많았다.이로써 그간 한국기업은 일본기업의 뒤꽁무니만 쫓아다닌다는 평가를단숨에 잠재웠다.

또한 잘나가는 소니를 누르고 디지털 카메라 시장에서 1위로 나선 캐논을 꼽을 수 있다. 디지털 카메라 시장에서 경쟁사들이 화소 경쟁에 집중할 때 제품 디자인을 전면에 내세움으로써 캐논은 단숨에 업계 1위로올라섰다.

사실 선도자로 치고 나가느냐, 아니면 추종자로 머무느냐 하는 것은산업계에서 꽤 오래된 논쟁 가운데 하나다. 그런 논쟁이 가능한 까닭은선도자는 선도자대로, 추종자는 추종자대로 장단점을 모두 가지고 있는때문이다.

다만, 과거 스마트폰 시장이 그랬던 것처럼 시장이 빠르게 재편되고팽창하는 분야라면 선도자가 유리하다는 것이 정설(正說)이다. IT 분야에서는 그러한 특징이 뚜렷하다.

그럼에도 추종자가 꾸준히 등장하는 것은 빠른 성장으로 인한 시장 파이(pie)의 일부분을 나누어 먹을 수 있다는 기대감도 한몫을 하고 있다.

다만, 잊지 말아야 할 것이 있다. 모든 싸움은 선도자 주도로 이루어지게 된다는 사실. 때문에 싸움을 일으킨 쪽, 즉 선도자 쪽이 자연히 유리한 환경에서 싸움은 전개될 수밖에 없다.

생각해 보기!

1 선도자란 누구인가?

2 도전자가 펼쳐야 할 핵심 전략은 무엇인가?

3 특정 업계에 존재하는 '틈새공략자'의 예를 들어보자.

선도자와 도전자의 싸움 결말은?

선도자 vs 도전자

경쟁전략의 정석

업계의 선도자와 도전자란 누구를 가리키는 것일까?

이 둘은 분명 업계 1등과 2등이라는 매우 높은 위상을 가지고 있다.

가령 해당 업계가 오래 전부터 성숙기에 진입해 있고, 그 내부에서 시장 지위가 어느 정도 고착된 상황이라고 하자. 이때 선도자는 어떤 기본 방침을 가지고 경쟁을 벌여야 할까? 반대로 선도자의 지위를 호시탐탐 엿보고 있는 도전자는 어떤 기본 전략을 내세워 경쟁을 해야 할까?

이 둘 사이에 벌어지는 경쟁의 '정석'이라면 바로 이렇다.

"도전자 기업은 차별화를 통해 선도자 기업의 시장점유율을 위협한다."

"선도자 기업은 이에 맞서 모든 시장 영역을 커버하면서(full line), 모방(me-too) 전략으로 대응해 도전자의 차별화를 무위로 돌려버린다."

다시 말해, 도전자는 '차별화' 전략을 적극 내세우고, 선도자는 도전자의 '모방(me-too)'을 이어가는 전략이 둘 사이 싸움의 정석이다. 물론 도전자의 차별화는 간단히 모방되지 않는 것이어야 한다. 이를 위해서는 독자적인 경영자원에 기반을 둔 차별화를 시도해야 한다.

도전자의 차별화와 선도자의 모방 전략에는 문제점이 존재한다. 그 논리만을 추종한다면, 지침에 충실한 도전자는 선도자를 이길 수 없다. 다시 말해, 도전자가 '차별화'를 통해 선도자를 극복한다는 것은 현실적으로 어렵다. 선도자와 도전자는 통상적으로 기업규모가 다르고 기업의 기초 체력 측면에서도 큰 차이가 존재한다. 즉, 선도자는 강하고, 도전자는 약하다. 그런 탓에 도전자는 선도자의 뒷줄에 서있다.

또 양자가 정면대결을 펼칠 경우, 강자의 피해는 적지만 약자의 피해는 실로 엄청나다. 게다가 처음부터 투자한 전력 차이 이상으로 피해 격차는 커진다. 근대전의 철칙으로 널리 알려진 란체스터 법칙이 선도자와 도전자의 싸움법칙에서도 고스란히 적용될 가능성이 높기 때문이다.(란체스터 전략에서 구체적으로 설명한다.)

선도자가 몰락하는 까닭!

선도자는 도전자의 차별화된 재화나 용역과 동일한 것을 제공하면서 도전자의 공격을 무력화 시킨다. 선도자의 도전자 공략 정석이다. 선도자의 이런 전략이 가능한 것은 동일한 재화와 용역을 제공하게 되면 자금력과 유통채널 지배력, 브랜드, 이미지 등 다양한 측면에 걸쳐 우위에 서있는 자신이 훨씬 유리하기 때문이다.

가령 도전자가 가진 독자적 기술을 통해 뒤통수치기 차별화라면, 물론 선도자가 단기간에 모방하기는 쉽지 않다. 하지만 그런 기술을 반드시 선도자가 보유하고 있지 않다고도 할 수 없다. 기존 고객이 높이 평가하는 기술(가치) 가운데 도전자가 보유하고 있고, 선도자가 보유하고 있지 않은 경우는 실제 그리 많지 않다. 기존 고객이 높이 평가하는 제품이라면 연구개발(R&D) 투자 자원이 많고 연구개발 인력 층이 두터운 선도자 기업도 당연히 준비하고 있을 가능성이 높다.

기술력으로 차별화가 어렵다면 전략이나 마케팅 등의 다양한 수법을 통해 차별화하기란 더욱 어렵다. 그런 까닭에 쉽사리 모방할 수 없는 차별화란 결코 녹록한 작업이 아니다.

그럼 도전자는 절대 선도자를 물리칠 수 없는가? 물론 그렇지는 않다. 지금까지 무소불위의 선도자가 어느 날 돌연 패자로 돌변하는 경우도 이따금씩 목격한다. 또 평소 유약해 보이던 도전자가 어느 날 승자로 돌변해 있다.

일반적으로 도전자가 선도자를 물리치고 그 자리를 탈환하는 경우는 선도자의 자기 과실(過失)이나 시장 급변에 따른 원인 탓이지 도전자와 정면대결에서 패했기 때문이 아니다. 선도자 기업의 조직 균열, 부패, 불연속적 기술(혁신) 등장 등의 문제가 없는 상황이라면 필시 도전자 기업의 공격은 유효타가 되기 힘들어서다.

자리바꿈은, 선도자 기업이 가진 조직 내부의 어떤 문제로 인해 경쟁전략 논리로는 있을 수 없는 대응을 선도자 기업이 선택하게 되고, 결국에는 그것이 단초가 되어 서서히 몰락의 길을 걷게 되는 경우가 다반사다.

실제로 국내 거대 재벌기업의 흥망사를 뒤져보라. 강력한 경쟁자와의 싸움에 밀려 추락한 기업이 과연 얼마나 존재하는가? 대부분 정치적이거나 내홍에 휘말려 몰락의 길을 가지 않았던가!

자기 과실과 같은 내부 균열만 없다면 선도자가 도전자와의 싸움에서 밀릴 요소는 그리 많지 않다. 다만 주의해야 할 것은 선도자 내부에서 추진되는 모든 전략은 최선이라는 전제 아래 이뤄지기에 과실이 잘 드러나지 않는다. 하여 영원한 선도자란 없는 법이다.

● 시장지위와 경쟁전략

	경쟁전략	
	전략 과제	기본 전략
선도자	• 시장점유율 • 이익 • 이미지(명성)	• 시장점유율 확보 • 시장규모 확대 • 모방 • 전방위 • 비(非) 가격경쟁 • 고가격·품질
도전자	• 시장점유율	• 시장점유율 확대 • 차별화 • 전방위 • 차세대 제품을 앞서 출시
추종자	• 이익	• 선도자·도전자의 철저한 모방 • 리스크 회피 • 인기제품 발굴
틈새공략자	• 이익 • 명성 • 시장 확대	• 최초의 영역 개척 • 전문화 • 진입장벽

강점과 약점, 기회와 위협은 무엇인가?

SWOT 분석!

손자병법(孫子兵法)의 모공(謀攻第三)편에는 이런 내용이 등장한다. "적과 아군의 실정을 잘 비교 검토한 후 승산이 있을 때 싸운다면 백 번을 싸워도 결코 위태롭지 아니하다.(知彼知己 百戰不殆)"

또 "적의 실정은 무지한 채 아군의 실정만 알고 싸운다면 승패의 확률은 일승일패다.(不知彼而知己 一勝一負) 또 적의 실정은 물론 아군의 실정까지 무지한 채 싸운다면 모든 싸움에서 패한다(不知彼而不知己 每戰必敗)"라고 했다.

SWOT 분석의 기초

지피지기하는 최고의 분석기법!

다름 아닌 'SWOT 분석'이 그 주인공이다. 기업 내외부 경영환경에 대한 전체적 평가를 실시한 다음, 이를 토대로 '경쟁전략'을 세울 수 있는 유용한 도구다.

이 분석은 경영에 한정된 것이 아니라, 다양한 분야에 걸쳐 적절히 응용 가능하다. 그렇다면 SWOT 분석을 추진할 경우 어떤 점을 집중적으로 조사해야 할까?

먼저 해당 조직이나 기업이 안고 있는 강점과 약점에 대한 내부환경 분석에서부터 시작해야 한다.

즉, 자사가 가지고 있는 자원(resource)을 평가해본 후 경쟁 상대와 비교해 강점이나 약점이 존재하는지를 명확히 파악한 다음, 경쟁전략(싸움법)을 수립해야 한다. 다만, 자신의 강점과 약점을 객관적으로 정확히 파악하기란 쉽지 않다는 사실도 명심하라.

● SWOT 분석

내부환경(SW) 고려사항

"제품의 품질, 시장점유율, 가격, 유통채널, 고객서비스, 광고"
"연구개발력, 정보시스템"
"자금조달력, 현금 흐름의 안정성"
"경영능력, 노사 간의 가치관 공유"
"종업원의 의욕, 인적 유동성"
"생산능력, 재고 및 품질관리, 생산원가"

이러한 분석 결과를 기초로 경쟁 기업보다 명백히 뛰어난 점을 자사의 '강점'으로 인식한다. 반면에 경쟁 기업과 비교했을 때 도저히 앞선다고 자신할 수 없는 요인을 '약점'이라 규정짓는다.

한편, '내부'만을 봐서도 안 된다. '외부'도 파악해야 한다. 그래서 등장한 것이 '외부환경'이라 할 수 있는 '기회'와 '위협'이다. 기회와 위협이란, 단기적으로 자사(자신)의 능력으로는 흐름을 바꿀 수 없는 환경변화를 가리킨다.

이를테면, 종합부동산세와 재건축 규제 등 정부의 부동산 관련 세금과 제도는 국민들의 재산권 문제에 대한 의식 변화나 정부에 대한 반감으로 인해 기업의 경영전략이나 마케팅 시장에 큰 변화를 가져온다.

때문에 이러한 제도적 변화는 기업 입장에서 보면, 때로 기회가 되기도 하고 역으로 위협으로 작용하기도 한다. 훨씬 더 중요한 것은 위협에 대한 관리감독이다. 이 부분은 특히 세심한 주의를 기울여야 할 것이다.

외부환경(OT) 고려사항

"인구 동태, 사회구조의 변화"

"정부의 법률 및 규제 변화, 세금"

"금리 동향, 환율 변동"

"신기술, 제품가격 변동"

"소비자의 의식 변화"

"마이클 포터의 5가지 경쟁요인"

(기존 경쟁자, 신규 진입자, 공급자, 구매자, 대체품)

근래 발표된 우리나라의 출산율은 충격적이다. 지난 2021년 대한민국의 합계출산율은 0.81명으로 인구유지선인 2.1명의 1/3에 불과해 전 세계 최저 수준이다. 이대로라면 2050년 한국은 세계에서 고령화 비율이 가장 높은 나라가 되며, 지방 소멸 더 나아가 국가 소멸로 이어진다.

극단적이라 할 만큼 낮은 출산율과 급속한 고령화는 기업에게는 엄청난 위협이 아닐 수 없다. 갈수록 생산가능인구와 소비인구가 급속히 감소될 것이 자명해서다. 이로 인해 시장전체의 축소, 수요의 감소가 진행되고, 동시에 세대규모의 축소와 가족형태의 변화 등도 예상되며 그 영향은 우리의 상상을 초월하는 수준일지도 모른다. 아이를 낳는 편이 훨씬 유리하다고 할 만한 파격적인 출산장려정책이 필요하다.

기업은 이러한 위협에 대해서도 적절히 대응할 수 있는 유효한 처방전(전략)을 내놓아야 한다. 이미 일부 기업들은 외형적인 규모의 확대보다는 내실을 키우는 쪽으로 기업의 장기 전략을 바꾸고 있다. 항상 눈에 불을 켜고 관심을 가지지 않으면 이미 늦어 대응이 불가할 수도 있다. 유단은 절대 금물이다.

강점과 기회를 적절히 조율하면 대단히 매력적인 경영전략이 도출될 수 있다. 즉, 기업의 강점을 최대한 활용함으로써 외부환경에서 발생하는 기회를 경쟁 상대 이상으로 끌어올리려는 전략이다. 분명 강점과 기회가 잘 접목되면 매우 강력한 경쟁우위를 확보할 수 있다.

또 강점은 위협에 대한 효과적인 대항 수단이 될 수 있다. 위협이 가져온 악영향에 대해 강점이 완충(buffer) 역할을 하도록 활용한다. 바로 전화위복(轉禍爲福) 전략이라 하겠다. 다가온 환경변화를 위협으로 받아들일 것인지, 아니면 기회로 받아들여 활용할 것인지는 기업의 경영전략 능력과도 밀접한 관련이 있다.

약점과 관련해 중요한 점은 위협과의 관계이다. 직면하게 될 환경변화로서의 위협이 바로 기업의 약점을 겨냥해 온다면 피해는 상상을 초월해 자칫 기업의 존속마저 힘들게 만들 수 있다. 이러한 징후가 포착된다면 그 사업으로부터의 철수전략도 심각하게 고려해야 한다. 기업이 치명상을 입기 전에 생존전략을 먼저 취해야 옳다.

SWOT 분석의 응용

"나의 최대 단점은 공부를 잘 못한다는 것이다."
"이번 주 가장 지우고 싶은 기억은 지난주 치른 시험점수다."
"안 왔으면 좋겠다 싶은 수업은 수학시간이다."

이런 생각들은 학창시절 과도한 학업 부담이 야기한 부정적 산물이 아닐까. 다음과 같은 경우를 떠올려 보았다.

"나(대한)는 영어라면 명실 공히 전교 최고인데, 수학 때문에 매번 우리 반 1등을 놓치고 있다. 그러던 어느 날, 수학이라면 전교 최고의 성적을 자랑하는 '윤서'가 내 짝이 되었다. 윤서의 공부 비법을 전수받아 수학 실력을 늘릴 수 있는 절호의 기회. 그 대가로 내가 터득한 영어 공부법을 윤서에게 알려주면 될 것 같다. 그러던 차에 얘기치 않은 문제가 생겼다. 이전 윤서의 단짝이었던 현재 반 1등 '한준'이 우리의 관계를 시기하며 훼방 놓기 시작했다."

가령 그대가 '대한'이라면 이런 상황을 어떻게 타개해 나갈 것인가? 우선 다각도로 경쟁 환경을 따져보고 전략을 세워 추진한다. SWOT 분석을 활용해 전략을 세워보자.

우선적으로 자신(대한)의 능력과 상대(한준)의 능력을 객관적으로 파악하고, 들이닥칠 환경 변화(윤서의 조언 도출, 한준의 방해)에 어떻게 대응할 것인지 치밀한 전략을 세워야 한다.

_**나의 강점(S)** : 영어
_**나의 약점(W)** : 수학
_**나의 기회(O)** : 윤서로부터 수학 공부 비법을 전수
_**나의 위협(T)** : 한준의 견제

대한의 목표는 명확하다. 자신을 둘러싼 내외부 환경에 대한 철저한 SWOT 분석을 통해 다음번 시험에서 당당히 한준을 물리치고 반 1등이 되는 것이다.

그럼, SWOT 분석에서 지칭하는 강점(S)이란 뭘까?

중요한 것은 어디까지나 상대적(相對的) 강점을 얘기하는 것이지, 절대적(絶對的) 강점을 얘기하는 것이 아니라는 사실이다. 누군가와 비교했을 때 내가 강하다고 평가할 수 있는 것으로, 그 '누군가'가 중요하다는 것을 반드시 명심해야 한다. 즉, 자사(자신)와 경쟁을 벌여야 하는 상대, 라이벌기업(경쟁자)과 비교했을 경우에 드러나는 강점이다.

또한 여기서 중요한 것은 '적'이라거나 '경쟁자'에 대해서도 막연한 것이어서는 안 된다. 어디까지나 분명한 '표적시장'을 두고서 쟁탈전을 벌이는 상대여야 한다. 이를테면, 첫머리에 언급한 이야기처럼 반 1등이라는 표적시장을 두고, 우리 반 1등을 노리는 '대한'과 기존 1등인 '한준'과의 사이에 벌어지는 경쟁구도라 하겠다. 대한이 한준을 경쟁자로 두고 자신의 강점을 평가한다면 이런 항목이 아닐까.

'강한 집중력의 소유자인가?'
'평소 부지런한가?'
'특별한 공부법이란 무엇인가?'
'반 친구들과의 관계는?'
'두뇌 회전은 빠른가?'
'부모님의 관심은 어떤가?'
'선생님과의 관계는 좋은가?'

이상과 같은 기준을 가지고 대한은 경쟁자 한준이 가지고 있는 상대적 강점을 객관적으로 평가한다.

● SWOT 분석과 활용 예시

		외부환경	
		기회(O)	위협(T)
내부환경	강점(S)	자사의 강점을 활용해 기회를 최대한 획득하는 전략 :: 대한이는 전교 최고라는 자신의 영어 실력을 활용해 옆 짝이 된 윤서와 친하게 지내면서 수학 공부법을 배운다.	자사의 강점을 활용해 위협으로 인한 악영향을 최대한 회피하는 전략 :: 전교 최고라는 영어 실력을 활용해 윤서와 친하게 지내며 한준의 시기와 훼방을 적극적으로 방어한다.
	약점(W)	자사의 약점으로 인해 모처럼 다가온 기회를 놓치지 않는 전략 :: 대한이는 자신의 부족한 수학 실력을 윤서에게 솔직히 털어놓고 수학 공부법에 대한 조언을 적극적으로 요청한다.	자사의 약점이 위협과 결합돼 최악의 결과가 나오지 않도록 극구 회피하는 전략 :: 수학도 제대로 풀지 못하는 녀석(대한)과는 같이 어울리지 말라는 한준. 그런 한준의 윤서에 대한 접근을 적극 차단한다.

SWOT 분석을 포함해 전략 수립을 위한 여러 기법은, 항상 경쟁 상대와의 관계를 정확히 읽어내는 것이 더 없이 중요하다. 다시 말해 '반드시 승리하겠다'는 의지를 불태우는 경우 무엇보다 '상대방'에 관한 정보가 대단히 중요하다. 이른바 '전략'이라고 하는 그럴듯한 용어도 그 속을 뒤집어 보면 경쟁 상대의 '뒤통수치기'에 가깝다.

결국 SWOT 분석에서 '약점'이라는 것은 상대가 공격해 오면 가장 취약한 곳, 경쟁을 벌인다면 패배의 원인 제공을 할 수 있는 곳을 사전에 정확히 파악해두자는 의미다.

상대적 강점과 약점

현대차 · 기아에 부품을 공급하는 K사가 있다. K사가 내세우는 강점과 약점은 이렇다.

강점

"마케팅 전략이 탁월하다."
"모든 직원들이 외국어를 자유자재로 구사한다."

약점

"규모가 그리 크지 않다."
"시장의 브랜드 인지도가 낮다."

K사는 먼저 '마케팅 전략이 탁월하다'는 점을 강점으로 분류했다. 관점을 달리하면, 마케팅에 관해서는 월등한 능력을 가지고 있으나, 경영전략이나 생산관리, 금융 및 재무관리 등과 같은 다른 분야에는 이른바 '먹통'일 수도 있다는 얘기다.

이 경우 이것은 과연 K사의 강점인가? 아니면 약점인가?

다음으로 '외국어를 자유자재로 구사한다'라는 점에 대해서도 따져보자. 고객의 대부분이 외국계 기업이라면 이건 엄청난 강점일 수 있겠다. 하지만 외국어(영어, 중국어, 일본어)를 전혀 사용하지 않거나 그럴 기회가 적은 기업에게는 그다지 의미가 없다.

이 경우 이것은 강점인가? 아니면 약점인가?

반면, 규모가 그리 크지 않다는 얘기는 약점처럼 비칠지 모른다. 허나 '큰 것이 작을 것을 제압'하는 과거 발상과는 달리, 현재는 '빠른 것이 느린 것을 제압'하는 시대다. 때문에 CEO의 결단 하나에 재빨리 움직이고 변신하는 회사야 말로 진정 시장의 강자는 아닐까. 이러한 점은 K사의 강점인가? 아니면 약점인가?

이와 같이 '강점'과 '약점'이라고 하는 것은, 자의적인 해석이 아니라 해당 기업이 어떤 전략을 취하는 가에 따라 완전히 다른 모습을 할 수 있다.

대규모 프로젝트를 추진하거나 수많은 고객을 상대로 하는 경우, 규모가 크지 않다는 것은 분명 약점일 수 있다. 하지만 시간에 쫓겨 스피드를 가장 중시하는 프로젝트라면 소규모라는 측면이 오히려 강점이 되기고 한다. 즉, 프로젝트의 성격에 따라 얼마든 강점이 약점으로 약점이 강점으로 바뀔 수 있다.

나아가 강점과 약점이라고 하는 판단은 비교 대상에 따라 얼마든 달라질 수 있다. 경쟁 상대에 따라 강점과 약점은 달라진다.

'소규모와 스피드'라고 하는 강점은, 경쟁을 대기업과 벌이는 경우에는 통용될 수 있다. 하지만 동일 규모의 기업과 경쟁을 하는 경우에는 강점이 될 수 없다. 상대도 우리 기업과 유사한 특징을 가지고 있어서다. 즉, 경쟁 상대에 따라 강점과 약점은 뒤바뀌는 것이다.

결국 강점과 약점이라고 하는 것은, 경쟁자에 대한 '상대적 문제'라는 사실을 결코 잊어서는 안 된다.

생각해 보기!

1 왜 'SWOT 분석'을 하는 것일까?

2 '지피지기 백전불태(知彼知己 百戰不殆)'란 무슨 뜻일까?

3 강점과 약점은 경쟁자에 대한 '상대적(相對的) 문제'의 의미는?

SWOT 분석이 전부일까?

이제는 TOWS 분석!

SWOT 분석의 핵심은 무엇일까?

기업이 현재 놓여 있는 내부환경과 외부환경을 자세히 분석한 다음, 이를 토대로 최선의 마케팅 전략을 수립하는데 있다.

아래에서는 한식점의 경우를 예로 들어 SWOT 분석을 진행해보았다. 먼저, 내부환경에 대한 점검이다.

내부환경

강점

1 솜씨가 뛰어난 주방장이 존재한다.

2 가게 이름이 주변에 널리 알려져 있다.

3 원재료를 저가격에 확보할 수 있는 거래처를 확보하고 있다.

약점

1 가게 브랜드에만 의존하다보니 메뉴 개선을 소홀히 하고 있다.

2 주방과 홀에서 근무하는 종업원의 서비스 교육이 미흡하다.

3 주방과 홀에 근무하는 종업원 간에 갈등이 존재한다.

이상과 같이 한식점의 내부환경 분석이 이뤄졌다면, 이번에는 외부환경에 대한 분석을 진행한다.

외부환경

기회
1 가게 주변의 신도시 개발로 인구 유입이 급증하고 있다.
2 웰빙과 건강식에 대한 소비자 수요가 커지고 있다.
3 스마트폰(SNS)으로 인해 구전효과(입소문)의 영향력이 한층 커지고 있다.

위협
1 대기업 계열회사가 주변에 한식점을 오픈할 계획이다.
2 전반적 물가상승으로 원재료 가격의 인상이 불가피하다.
3 소비자 입맛과 취향이 점차 다양화, 까다로워지고 있다.

소비자들의 입맛이 까다로워지고 있다는 위협요인을 잘 파악해 대처한다면, 오히려 경쟁자를 물리치고 단골 고객을 더 많이 확보할 수 있는 기회요인이 되기도 한다. 반대로 까다로워진 고객 입맛을 따라가지 못한다면, 기존의 단골 고객마저 잃어버릴 수 있는 위협요인이 되기도 한다. 한 마디로 양날의 칼이다.

이와 같이 자사의 강점(기회)과 약점(위협)을 객관적으로 파악하면, 개선해야 할 점과 어느 곳에 역점을 두어야 할 것인지 등이 파악된다.

한편 마케팅의 대가 필립 코틀러는 이러한 주장을 펼친바 있다.

"SWOT 분석은 TOWS 분석으로 불러야 한다."

경영전략을 확립하는 기본 도구인 SWOT 분석에서는 기업이나 조직이 가진 경영자원과 핵심역량 등의 내부환경을 강점과 약점의 관점에서, 시장 및 경쟁자, 각종 규제 등의 외부환경을 기회와 위협의 관점에서 순차적으로 살펴보게 된다.

그 순서는 S(강점) → W(약점) → O(기회) → T(위협)의 순서로 이루어져 내부환경을 먼저 검토한 후 그 다음으로 외부환경을 검토하게 된다.

하지만 기업의 내부환경에만 너무 집중하게 되면 오히려 시야가 좁아질 위험성을 내포하게 된다는 것이 코틀러의 주장이다. 즉, 내부환경을 우선적으로 관찰하다보면 시야에 넣어야 할 외부환경이 경시될 가능성이 높다.

이에 새롭게 등장한 것이 'TOWS 분석'이다. 그 프로세스는 글자 그대로 T(위협) → O(기회) → W(약점) → S(강점)의 순서로 이루어지게 된다. 안에서 바깥을 내다보는 것이 아니라, 바깥에서 안을 들여다보는 것이 더 효과적이고 객관적일 수 있다.

TOWS 분석은, 자사의 약점과 위협을 최소화 하고, 기회를 발견했을 때 자사의 강점을 어떻게 살려나갈지를 염두에 두고 있다.

결론적으로 SWOT 분석은 내부환경으로부터, TOWS 분석은 외부환경으로부터 답을 찾아나간다는 것이 가장 큰 차이점이다. 다만, 기존의 SWOT 분석은 자사의 힘으로 컨트롤 불가능한 OT가 나중에 나오므로 그 대상에 대해 부정적인 이미지를 심어주기 쉽다.

약자가 승리하는 비결은 무엇인가?
란체스터 법칙!

강자(强者)와 약자(弱者)는 서로 동일한 전략을 내세워서는 안 된다.

강자가 추진해야 할 전략과 약자가 추진해야 할 전략은 분명 따로 있다. 자신이 강자인지 아니면 약자인지에 따라 싸움에 임하는 방법(태도)은 완전히 달라야 한다. 이것이 바로 경쟁전략 수립의 기본이자 핵심이다.

병력과 손실은 어떤 관계?

싸움에는 필연적으로 따라붙는 것이 하나 있다.

정도의 차이는 있을지언정 피아(彼我)를 막론하고 손실이 따른다. 그렇다면 피아의 병력과 손실 사이에는 어떤 상관관계가 존재하는 것일까?

그런 물음에 명쾌한 해법을 던져주는 것이 바로 '란체스터 법칙(Lanchester's Laws)'이다. 일부에서는 란체스터 법칙은 이제 진부하다고 폄하하기도 하지만, 오히려 지금이야말로 란체스터 법칙을 되새겨야 한다는 주장이 전문가 사이에는 존재한다. 필자도 그 중 한 사람이다.

이 법칙의 주인공 '란체스터(Frederick William Lanchester)'는 영국에서 태어나고 자란 공학도(engineer)였다. 그는 원래 가솔린엔진의 연구자로 영국에서 제1호 가솔린엔진 자동차를 만든 사람이다. 또 비행기에 관한 연구도 병행하여 항공 공학의 엔지니어로 비행기 부력이론의 기초를 다진 사람이기도 하다.

● '란체스터 법칙'의 주인공

　제1차 세계대전 발발 당시 실제로 비행기가 전투에 활용되는 것을 지켜본 그는 공중전에 지대한 관심을 가지고 연구에 몰두한다. 아군과 적군이 각각 몇 대의 전투기로 공중전을 펼쳤을 때, 쌍방이 각각 몇 대나 격추되는지 알 수 있는 이른바 전투기의 수와 손실에 대해 분석했다.

　이와 더불어 란체스터는 지상에서 벌어진 각종 전투 자료 등도 수집해 병력의 비율과 손실과의 사이에는 어떤 상관관계가 있는지를 연구한다.

　그 결과 전투를 벌임에 있어 병력 소모는 일정 법칙에 근거한다는 것을 발견한다. 여기에 관해서는 약간의 논란이 존재한다. 즉, 란체스터가 실전 연구를 통해 법칙을 발견한 것이 아니라, 피타고라스의 정리로부터 힌트를 얻어 가설로 정리했다는 것이다. 어느 쪽이 진실인지 현재로서는 확인할 길이 없다.

　한편, 란체스터는 연구 결과를 "교전시의 비행기 : 제4 무기의 여명 (Aircraft in Warfare : The Dawn of the Fourth Arm)"이라는 저서를 통해 발표했다.

　저서의 핵심 내용은 '란체스터의 제1법칙'과 '란체스터의 제2법칙'에 대해 언급하고 있다. 손자병법의 서양판(版)이라고 해도 과언이 아니다.

　먼저 란체스터의 제1법칙은, 공중전(空中戰)처럼 1대 1로 승부를 벌일 경우 전투기 수가 많은 쪽에 손실이 적고, 동일한 수의 전투기라면 무기 효율을 높여야 손실률을 줄일 수 있다고 했다.

이어 제2법칙은, 지상전(地上戰)과 같은 그룹 간 전투에서 병기의 성능이나 기능이 다양화한 확률병기가 사용될 경우, 손실은 병력수의 2제곱 비율로 증가해 병력수가 적은 쪽이 엄청난 손실을 입게 된다고 했다.

그러한 란체스터 법칙에 정작 관심을 가진 사람은 미국의 수학자들이었다.

이 법칙은, 제2차 세계대전 중에는 연합군 측의 군사전략으로 활용되었고, 1960년대부터는 경영과학으로서도 주목을 받아 OR(Operation Research : 경영자의 의사결정을 계량적으로 행하는 수법)을 한 단계 업그레이드 시키는 계기가 되었다.

제1법칙의 특징

란체스터의 제1법칙은 일반적으로 '1대 1 법칙'이라고도 부른다. 전근대적 전투에서 사용되는 이른바 창이나 칼로 상대를 찌르거나 총으로 쏘는 것처럼, 한 사람이 한 사람을 상대로 찌르거나 조준해 쏠 수밖에 없는 1대 1 형태의 싸움(Hand-to-hand Combat)을 전제로 이루어진 법칙이기 때문이다.

예컨대, 칼, 활, 창 등의 원시적인 무기를 사용한 고대의 전투를 떠올려 보라. 이러한 전투에서는 병기의 성능이 아군과 적군 모두 같다면, 병사 수가 많은 쪽이 그 만큼 승리할 가능성이 높다는 것이 란체스터의 기본적 철학이다.

아래 그림과 같이 A군 5명과 B군 3명이 1대 1의 형태로 전투를 벌인다면, A군은 3명 전사하고 2명은 살아남을 수 있다. 반면에 B군은 3명 모두가 전사하면서 전멸(패전)하게 된다.

● 제1법칙의 특징

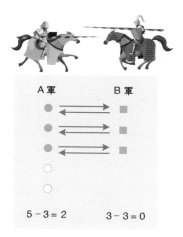

A軍　　　　　B軍

5 - 3 = 2　　　3 - 3 = 0

결과적으로 병력수가 많은 쪽이 그 만큼 생존 수가 많고 승리할 수 있다는 것이 '1대 1 법칙'의 기본 철학이다. 란체스터는 이 법칙을 다음과 같은 식으로 표현하고 있다.

$$A_0 - A = E (B_0 - B)$$

A_0는 아군의 초기 병력수(Initial number of army A troops), A는 아군의 잔존 병력수(Final number of army A troops), 따라서 $A_0 - A$는 아군의 손실이 되며, 같은 방법으로 B_0는 적군의 초기 병력수(Initial number of army B troops), B는 적군의 잔존 병력수(Final number of army B troops), $B_0 - B$는 적의 손실을 표시한다.

나아가 E는 'Exchange rate of weapon efficiency'의 약자로 무기효율(무기 성능의 비율이나 혹은 사용자의 숙련도 ; Performance of weapons, skill of user)의 교환비율을 가리킨다.

아군과 적군의 무기 성능이 동일하다는 가정 아래, 1대 1 형태의 싸움이 벌어지는 경우 'E = 1'이 되지만, 이 때 적군을 전멸시키는 조건(즉, 적군의 잔존 병력수를 제로(0)로 만드는 조건)은 다음 식과 같이 표현될 수 있다.

$$A_0 - A = 1 (B_0 - 0)$$
$$A_0 - A = B_0$$
$$A_0 - B_0 = A$$

아군과 적군의 초기 병력수 차이가 그대로 아군의 잔존 병력수로 직결된다.

이처럼 아군과 적군의 초기 병력수 차이가 승부의 결정요인이 된다는 것, 다시 말해 1명의 병사라도 많은 쪽이 그 만큼 항상 이길 수 있다는 원리가 제1법칙에서 도출되는 핵심 결론이다.

그렇다면 병력이 적은 약자는 싸우기도 전에 패자가 된다는 것을 사전에 알고 있어 앞으로 벌어질 전투는 무의미한 것일까? 즉, 약자는 패할 게 명약관화하니 싸울 필요도 없다는 말인가?

결코 그렇지 않다. 약자에게도 승산은 있다. 그렇다면 약자가 강자를 물리치고 싸움에서 승리하기 위해서는 어떻게 해야 할까?

위의 식에 따르면, 약자 B군이 승리하기 위해서는 병력수를 5명 이상으로 증원시켜야 한다. 그것이 불가하다면 무기의 성능을 3분의 5(약 1.7)배 이상으로 높이는 방법을 사용하면 승산이 있다.

제2법칙의 특징

1대 1의 싸움을 전제로 도출된 것이 제1법칙이다. 이번에는 그와는 달리 대포나 기관총과 같이 한 사람이 몇 명 아니 몇 십 명의 상대를 동시에 쓰러트릴 수 있는 근대병기(확률병기)를 사용해 싸우는 경우 그 손실은 어떻게 될까?

이러한 상황을 전제로 추론된 법칙이 바로 란체스터의 제2법칙이다.

기관총이나 대포, 전투기와 같은 확률병기를 사용한 공격은 어느 탄환이 표적(적군)에 맞을지는 모르지만, 확률적으로 손실이 발생함에 따라 제2법칙을 가리켜 일반적으로 '확률전투의 법칙'이라 부른다. 그 외에도 '집중효과의 법칙'이나 '2제곱의 법칙'이라고도 한다.(Mechanized Combat)

현재 A군 5명, B군 3명이라고 하는 병력수로 같은 성능의 확률병기를 사용해 전투가 벌어졌다고 가정해보자.

이 경우 B군으로부터 받는 A군 1명 당 공격량은, 아군이 5명이므로 1/5로 분산되고, 적군이 3명이기 때문에 그것을 3개 받게 된다. 즉, A군 1명 당 1/5의 확률을 가진 공격력을 3개 받게 되는 셈이다. 동일한 방법으로 B군은 1명 당 1/3의 확률을 가진 공격력을 5개 받게 된다.

그에 따라 쌍방이 적군으로부터 받는 공격력 비율은 다음과 같다.

● 제2법칙의 특징

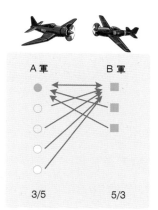

A군1/5×3 : B군1/3×5 = A군3/5 : B군5/3 = A군9 : B군25

결과적으로 전투력은 초기 병력수의 2제곱 차이로 드러난다.

제2법칙 형태의 싸움에서 쌍방의 병기 성능이 동일하다면, 아군과 적군 모두 초기 병력수의 2제곱과 2제곱의 역학관계로 싸우게 된다.

그 말은 수가 많은 쪽은 제2법칙으로 싸우는 편이 유리하다는 해석이 가능하다. 병사 1명 당 받게 되는 공격량이 상대 병력의 2제곱이 되므로, 쌍방이 입는 손실 차이도 당연히 그만큼 커지게 된다는 의미다.

_4명 : 3명 → 16 : 9 (1.78배)
_5명 : 3명 → 25 : 9 (2.78배)
_6명 : 3명 → 36 : 9 (4.00배)

이처럼 싸움에서 쌍방 사이의 격차가 점점 더 벌어지게 된다.
란체스터는 이 제2법칙을 다음과 같은 식으로 나타내고 있다.

$$A_0{}^2 - A^2 = E\,(B_0{}^2 - B^2)$$

A_0, A, E, B_0, B의 의미는 이미 언급한 제1법칙의 경우와 같다. 이 경우 E를 1로 보고 적군의 잔존 병력수를 제로(0)로 만드는 조건은 다음과 같다.

$$A_0{}^2 - A^2 = 1\,(B_0{}^2 - 0)$$
$$A_0{}^2 - A^2 = B_0{}^2$$
$$A_0{}^2 - B_0{}^2 = A^2$$

앞의 그림(제2법칙)을 예로 들어 설명해보자.

A군은 모두 4명이 생존해 싸움을 승리로 장식하는 반면, B군은 3명이 모두 전사해 전멸한다. 이처럼 A군이 입는 손실은 비교적 적은 반면에 B군이 입는 손실은 실로 엄청나다는 것을 확인할 수 있다.

실제 전투의 경우!

예시를 들어 자세히 설명해보자.

A군의 전투기 10대, B군의 전투기 8대가 공중전을 벌였다. 쌍방 간에 전투기 성능은 물론 파일럿의 능력에 별다른 차이가 없다. B군의 전

투기 8대가 모두 전멸(격추)될 때까지 공중전을 벌였다고 할 경우, A군은 몇 대의 전투기가 무사히(생존) 기지로 귀환할 수 있을까?

A군 전투기가 10대, B군 전투기가 8대이지만, 병기효율은 같기 때문에 E = 1로 하여 이것을 제2법칙에 그대로 적용시키면 된다.

$$10^2 - A^2 = 1 \times (8^2 - B^2)$$

여기에서 B는 B군의 잔존 병력수이다. 이것이 제로(0)가 될 때까지 공중전을 벌였기에 B에 0을 대입시킨다.

$$10^2 - A^2 = 1 \times (8^2 - 0^2)$$
$$A^2 = 10^2 - 8^2 = 36$$
$$A = \sqrt{36} = 6$$

A = 6이라는 결론이 도출된다. B군 전투기가 전멸하는 단계에서 A군 전투기는 10대 가운데 4대가 격추되고 6대의 전투기가 무사히 기지로 돌아간다는 결론이다.

다음으로 앞의 예시와 동일하게 A군 전투기 10대, B군 전투기 8대가 맞붙은 공중전이 전개되었다고 가정해보자.

파일럿의 능력 차이는 없어 원래대로라면 A군의 승리로 끝났겠지만, 어떻게 된 영문인지 B군이 공중전을 승리로 이끌었다. 이러한 경우라면 원인은 단 한 가지! B군 전투기 성능이 A군 전투기보다 월등히 뛰어났기 때문이다.

병력수 측면에서 열세에 놓인 약자가 강자와 싸워 승리하기 위해서는 병력수를 상대보다 늘리거나 또는 무기효율을 높이는 방법 외에는 대안이 없다는 것을 앞서 몇 차례 지적한바 있다. 제2법칙 형태의 싸움에서 무기효율의 향상을 고려하는 경우에는, 그것을 2제곱 비율로 적용시켜야 한다.

$$10^2/8^2 = 100/64 ≒ 1.6$$

즉, B군의 무기효율은 약 1.6배 향상시키게 되면, A군과의 전투력은 균형을 이루게 된다. 결국 B군은 A군의 1.6배 이상 성능을 가진 전투기로 맞섰기에 전투를 승리로 이끌었다는 추론이 가능해진다.

쌍방의 대응 전략

약자

상대에 비해 현재 아군의 전력이 열세에 놓여있다면, 병력수로 승부를 걸든, 아니면 무기효율 향상을 통해 승부수를 던지든, 약자는 반드시 아군이 받는 손실이 적은 제1법칙 형태의 전법을 구사해야 한다.

"좁은 범위의 국지전을 선택한다."
"1대 1 형태의 상황을 유도한다."
"접근전을 펼친다."
"병력을 집약시켜 특정 부분을 집중 공략한다."
"아군의 움직임을 속여 적군의 주의를 한 쪽으로 몰아간다."

이러한 원칙은 약자가 추진해야 할 전략의 기본이요 핵심이다. 약자는 제1법칙 형태의 1대 1의 싸움으로 몰아가게 되면, 아군과 적군이 동일조건 아래 놓이게 되면서 강자도 약자도 모두 사라진다.

강자

약자만을 위한 전략이 존재하는 것은 아니다. 강자에게도 그 나름의 전략이 있다. 강자는 약자보다 전략 운용의 폭이 넓고 크다. '약자 전략'의 기본 원칙이 란체스터의 제1법칙에서 도출되었다면, '강자 전략'의 기본 원칙은 란체스터의 제2법칙으로부터 도출되었다.

다시 말해, 강자의 전략이라는 것은 강자가 보다 유리하게 싸움을 전개하기 위한 전략이며, 그러자면 상대에게 미치는 손실이 엄청난 제2법칙 형태의 전법을 구사해야 옳다.

"광범위한 전면전을 선택한다."
"집단형 전투방식인 확률전을 펼친다."
"간접적이며 원(遠)거리 전투상황을 만든다."
"압도적인 물량과 병력으로 단기간에 승패를 결정짓는다."
"유도작전을 구사해 적을 분산시킨다."

제2법칙 형태의 싸움이 전개되면, 병력수가 많은 쪽이 압도적으로 유리하며 약자는 엄청난 손실을 입게 된다. 그러한 의미에서 제2법칙 형태의 전투는 강자의 논리가 지배하는 근대전의 특징을 지닌다.

군사력 2위 vs 20위권

2022년 2월, 세계 제2위의 군사대국 러시아가 군사력 20위권의 우크라이나를 침공했다. 전문가들의 예상과는 달리 초기 러시아는 무기력한 모습을 고스란히 드러냈다. 그 나름의 이유와 속셈은 있었겠으나 '란체스터 법칙'을 무시한 병력 운용에는 강한 의구심을 자아냈다.

우크라이나 병력이 20만 명에 달하는 상황에서 이보다 무려 5만 명이나 적은 15만 명의 러시아 병력을 전선에 투입했다. 더해 키이우(북부)와 돈바스(동부), 크름반도(남부) 등 세 방면으로 병력을 분산 투입해 우크라이나를 공격했다. 란체스터 법칙에 근거한다면, 이건 명백한 러시아의 오류이자 패착이다.

강자인 러시아가 약자 우크라이나를 제압하는 방법은, 철저히 란체스터 제2법칙 형태의 전법을 구사하는 것이다. 광범위한 전면전을 선택하고, 집단형 전투방식인 확률전을 펼치면서, 압도적인 물량과 병력(항공력을 동원해 대규모 공습)으로 단기간에 승패를 결정짓는 싸움법이다. 물론 러시아는 우크라이나의 수도 키이우를 침공 시작 사흘 안에 점령하는 것이 목표라 제한된 전법만을 펼쳤을 수도 있다.

생각해 보기!

1 '란체스터 법칙(Lanchester's Laws)'을 한 마디로 축약하면?

2 란체스터 '제2법칙의 특징'은 무엇인가?

3 약자가 취해야 할 기본 전략은?

란체스터 법칙의 심오한 교훈!

강자와 약자의 전략은 따로 있다!

두 가지 결론!

란체스터 법칙은 사실 단순한 법칙이다.

법칙 그 자체는 이른바 1대 1의 전투 형태와 집단형 전투 상황에서 각각의 싸우는 방법을 규정지은 실로 단순한 법칙이라 하겠다. 이러한 단순성 때문에 다양한 논란이 존재하기도 한다.

하지만 란체스터 법칙의 발견은 그 자체만으로도 큰 의미를 가지고 있다. 뿐만 아니라 주어진 전제 아래서는 매우 타당성을 지닌 법칙이기도 하다.

이 법칙은 경쟁에 관한 법칙이므로 경쟁이 존재하는 곳이라면 어디에서나 적용이 가능하다. 란체스터의 두 가지 기본 법칙에서 도출된 결론은 다음과 같다.

"상대와의 차별화가 승패를 결정하는 요인이다."
"전투력은 병력수와 병기의 성능으로 결정된다."
"강자는 약자에 비해 항상 유리한 입장에 서있다."
"실전에서는 국지전과 확률전을 나눌 필요가 있다."
"싸움의 승패는 아군과 적군의 역학관계로 결정된다."

"특정 부분의 집중공략이야말로 최대의 성과를 올릴 수 있다."

"전략에는 강자의 전략과 약자의 전략이 존재하나, 양자의 위상은 근본적으로 다르다."

란체스터 법칙은 한 마디로 '머릿수'가 많은 쪽이 승리한다고 하는 인식을 강하게 심어준다. 하지만 머릿수로 열세에 몰렸을 경우 어떤 전략을 취해야 하는지에 대해서도 다양한 전략적 대안을 제시한다.

우선 'No.1'이 되라!

소규모 자본의 중소기업이 거대 자본의 대기업을 상대로 경쟁을 벌여야 할 상황이라고 하자. 피할 수 없는 싸움이라면 당당히 맞붙어 이겨야 한다. 중소기업이라고 해서 항상 기죽거나 해서는 안 된다.

이제 싸움이다. 중소기업은 먼저 특정 부분에 자신이 가진 모든 역량을 집중한다. 다음으로 대기업이 갖추지 못한 분야나 제품을 적극적으로 개척해 파고든다. 그리고 그 틈새시장에서 당당히 1등이 되는 것이다.

란체스터 법칙 가운데는 'No.1 전략'이라고 하는 것이 있다.

싸움에서 No.2란 패자를 가리킨다. 올림픽에서는 금, 은, 동으로 3등까지 색깔이 다른 메달이 주어지지만, 싸움에서 2등은 개죽음밖에 없다. 아무리 소규모 시장이나 지역, 제품이라도 괜찮다. 압도적으로 강한 No.1 분야(시장)를 하나라도 구축해 나가는 것이 중요하다.

특정 부문에서 압승이라고 표현할 수 있는 일반적 조건은 다음과 같다.

"전체의 40% 이상 점유율이나 매출액을 확보."

"No.2의 2배 이상 점유율이나 매출액을 확보."

"No.2와 No.3의 합계 이상의 점유율이나 매출액을 확보."

이러한 조건을 갖추고 있는 경우라면 명실공히 No.1이라 할 수 있겠다. 소자본의 중소기업이 거대 시장이나 지역을 공격 대상으로 삼아서는 위 조건을 충족시키기 불가능하다. 중소기업은 대기업과의 경쟁에서 소규모 시장이나 지역, 그리고 특정 제품과 같은 한정된 부문에서 우선 No.1을 목표로 하는 것이 장래 큰 승리의 디딤돌이 될 수 있다.

남들이 하는 것을 그대로 따라 해서는 큰 이익을 기대할 수 없다. 또 기왕 뛰어들었다면 그 분야에서 No.1을 지켜나가야 한다. 현실적인 면에서 본다면 아무도 뛰어든 사람이 없기에 위험이 많을 것 같지만, 미래를 생각한다면 오히려 이익이 될 수 있다.

그러자면 중소기업은 대기업과 동일한 시장에 동일한 제품을 들고 나와서는 경쟁이 안 된다. 대기업의 손이 닿지 않는 분야나 제품을 비집고 들어가 개척할 때 비로소 꿈을 이룰 수 있다.

불가피하게 대기업과 경쟁을 벌여야 하는 제품의 경우라도 품질을 높인다거나 원가절감, 혁신, 기능 추가와 같은 명백한 차별성을 내세울 수 있다면 얼마든 우위에 설 수 있다. 물론 말처럼 쉬운 것은 아니지만, 그렇다고 멍하니 한탄만 하고 있을 수는 없지 않은가!

● 약자 vs 강자의 전략

	약자의 전략	강자의 전략
기본 전략	차별화 전략	Me-too 전략
영역	국지전	광역전
전략	일대일로 싸움 (단품 승부)	확률전 (제품 아이템수, 유통수)
	접근전 (직접판매, 방문판매, 지역판매 등)	원격전 (광고홍보량)
	일점 집중 (목적 특화, 고객 특화)	종합전 (대량판매, 다품종판매)
	양동작전	유도전

어느 쪽의 이익이 더 클까?
문제의 본질을 관통하라!

어느 강가에서 낚시꾼이 낚시를 하고 있었다. 그런데 그 낚시꾼은 유달리 큰 고기는 놓아 주고, 중간 크기의 고기만 잡고 있었다. 그래서 다가가서 물어 보았다. "왜 큰 고기는 놓아 주고, 작은 고기만을 잡는 것입니까?" 그러자 그가 이렇게 대답했다. "저희 집에 프라이팬 크기가 딱 요만해서, 큰 고기는 구울 수가 없기 때문입니다."

마케터의 책무!

지금까지 대부분의 연구(조사)는 사전에 추론 결과를 충분히 예측할 수 있었다.

더해 그 외형이 어느 정도 그려질 수 있는 부문에 초점이 맞추어져 연구가 진행되어 왔다.

때문에 사전 예측이 도저히 불가능하고 그 형태마저 흐릿한 경우에는 단편적이고 비합리적이며 관련성이 없다는 이유로 주류 연구나 관심으로부터 도외시되어 왔다.

마치 위의 '낚시꾼 이야기'처럼 말이다. 분명한 것은 이제 더 이상 외부로 드러나는 단편적인 숫자나 형태만으로 관련 사물을 평가하거나 판단해서는 안 된다.

세상은 점점 더 복잡다단해지고 있으며, 과거처럼 특정 영역의 테두리 안에서만 존재하는 연구 분야는 없다. 모든 것이 카오스(chaos)의 세계마냥 무질서하게 서로 얽혀있으며 외형적으로 금방 표출되지 않는 것과도 내면적으로는 서로 많은 영향을 주고받기 때문이다.

유감스럽게도 작금 마케팅의 세계에서는 앞서 얘기한 경향이 매우 짙다. 사물에 대한 이해나 접근 방식에 있어 겉으로 보이는 외형적 숫자나 형태에만 집착한 나머지 문제의 본질과 전체 이미지를 간과하는 경우가 허다하다.

채산성과 더불어 또 다른 잠재적 문제점과 내면세계까지 파헤치는 날카로운 통찰력이 요구된다. 마케팅 담당자들에게 주어진 중요한 직무요, 책임이라 하겠다.

달콤이네와 새콤이네의 마케팅 전쟁!

한반도는 지난 100년 동안 평균기온이 무려 1.5℃나 올랐다. 기온 상승으로 인해 작물지도가 완전히 변화하고 있다고 전문가들은 말한다. 주산지가 점차 북상하면서 재배 시기는 물론 수량과 품질 등에도 많은 영향을 주고 있다.

제주와 남해 지방에서는 옛날 같으면 상상도 못했을 망고, 파파야, 아보카도 등 아열대성 과일들이 재배되고 있다. 특히, 멜론은 과거 전남 일부에서나 가능했지만 지금은 강원도까지 재배 지역이 확대되고 있다. 조만간 사과를 제치고 국내 대표 과일이 될 가능성까지 점쳐지고 있다.

멜론은 꽤나 비싼 과일 가운데 하나였으나, 이제는 일반인들도 큰 부담 없이 즐길 수 있는 과일 가운데 하나로 자리 잡고 있다.

서울 구로에서 과일가게를 운영하고 있는 '달콤이네'와 '세콤이네'는 동네 과일상권을 두고서 다투는 치열한 경쟁관계에 있다.

지금껏 달콤이네는 새콤이네의 일방적 마케팅 전략에 휘둘려 왔다. 이른바 늘 뒷북만 치며 냉가슴을 앓아왔다. 그랬던 달콤이네가 이번에는 전격적으로 치고 나왔다. 그 전략은 이랬다.

개업 10주년을 겸한 사은행사로 크기가 거의 수박만한 멜론 5개를 한 세트(box)로 묶고 그 가격을 15% 할인한 12,750원에 판매하기로 한 것이다. 대형할인마트의 특판 행사에서도 개당 3,000원에 팔리는 멜론이다.

이 모습을 지켜보던 라이벌 가게 새콤이네는 또 다른 마케팅 전략으로 맞불을 놓았다. 멜론 5개를 구입하는 소비자에게는 덤으로 멜론 1개를 끼워주는 전략으로 나왔다.

위 두 과일가게가 내세운 마케팅 전략은 주변 어디에서나 흔히 볼 수 있는 광경이다. 하지만 마케팅을 공부하는 독자라면, 이 문제를 가볍게 넘기기 보다는 조금 심도 있게 바라보면 어떨까.

먼저 질문이다.

조만간 달콤이네와 새콤이네 가운데 어느 쪽이 결론적으로 더 많은 이익을 낼까? 참고로 두 가게 모두 중간 도매상으로부터 공급받는 멜론 1개의 가격(원가)은 2,000원이라고 가정하자.

● 달콤이네와 새콤이네의 전략

달콤이네

1세트(box) 5개를 정가의
15% 할인하여 판매

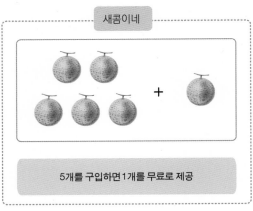

새콤이네

5개를 구입하면 1개를 무료로 제공

이익은 얼마?

그럼 달콤이네와 새콤이네 과일가게가 서로 추진하고 있는 마케팅 전략의 본질 속으로 빠져보자. go go.

전략의 본질은 바로 멜론 1개 당 실제 판매가격에 있다. 달콤이네와 새콤이네 모두 과일 도매상으로부터의 공급가격(2,000원)은 동일하다고 가정할 경우, 평균 판매가격이 조금이라도 높게 되면 그 만큼 이익은 커지게 된다.

달콤이네의 평균 판매가격은, 정가 3,000원인 멜론을 15%(450원) 할인했으므로 '3,000 − 450 = 2,550'원이다.

문제는 새콤이네의 평균 판매가격이다. 새콤이네에서는 소비자가 멜론 5개를 정가로 구입하게 되면, 1개를 공짜로 제공한다는 조건이어서 합계 금액은 가격 변동 없이 15,000원이고, 합계 판매수량은 6개다. 그러므로 평균 판매가격은 '15,000원 ÷ 6개'가 되고 이를 계산하면 2,500원이다.

한꺼번에 구입한다거나 자세한 판매조건을 빼고 생각한다면, 이 문제는 다음과 같이 단순히 생각할 수 있다.

과일 도매상으로부터 동일한 공급가격(2,000원)의 멜론 1개를 '새콤이네는 2,550원에 판매', '새콤이네는 2,500원에 판매'하고 있다.

여기까지는 달콤이네 과일가게 쪽이 분명 이익이라는 사실은 누구나 안다. 판매가격에다 공급가격 2,000원을 제하면 아래와 같은 이익이 도출된다.

● 달콤이네와 새콤이네의 이익

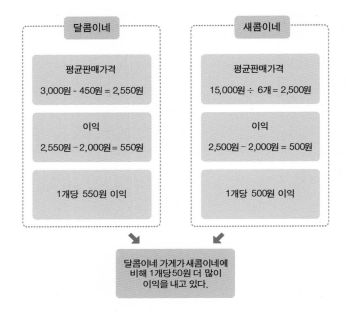

'추가비용'이라는 변수

앞서 살펴본 것처럼 달콤이네의 멜론 5개 한 세트는 박스로 포장해 판매한다. 이 얘기는 박스 대금과 포장에 따른 작업 비용(인건비) 등 별도의 비용이 발생함을 가리킨다.

멜론 1개 당 이익은 550원이었으므로 가령 단돈 100원이라도 추가비용이 발생하게 되면, 1개 당 이익은 곧바로 450원으로 줄어든다.

1개 당 이익 = 예상이익 − 추가비용 = 550원 − 100원 = 450원

한편, 새콤이네의 경우는 멜론 5개를 구매한 소비자에게 1개를 덤으로 제공하게 되므로 추가비용은 발생하지 않는다.

굳이 새콤이네의 추가비용을 따져본다면, 달콤이네보다 1개를 더 추가해 판매함으로써 그에 따른 운반비나 관리비용 등이 증가할 수 있다. 그러나 달콤이네 대비 추가비용은 그리 크지 않다.

박리다매(薄利多賣)

실질적으로 새콤이네의 판매방법은, 달콤이네와는 달리 통상적으로 한 번에 5개 판매하던 것을 1개를 더 추가해 6개를 판매한다. 이점이 의미하는 사실은, 할인기간 중 별도의 소비자 수 증가가 없을지라도 멜론의 취급수량은 정확히 20% 증가하는 셈이다.

상거래에서 구입수량이 늘어나면 늘어날수록 구매자의 가격 교섭력이 높아져 도매상과의 거래가 보다 유리한 조건으로 바뀐다.

가령, 공급수량이 20% 증가하게 되면 도매상으로부터 멜론 가격의 1%를 할인(2,000원×1% = 20원) 받을 수 있다고 치자. 그렇게 되면 새콤이네의 멜론 1개 당 이익은 520원으로 늘어나게 된다.

1개 당 이익 = 예상이익 + 공급가격 개선 = 500원 + 20원 = 520원

이처럼 달콤이네와 새콤이네의 판매 전략 차이는 비용 면에서 예상치 못한 결과를 낳을 수 있다.

기업 경영의 세계는 동네 구멍가게보다 훨씬 복잡하고 다양한 숫자와 연관되어 있어 어떤 요인 하나가 바뀌게 되면 그 영향은 예기치 못한 부분으로까지 파급되기도 한다.

멜론 60개의 행방?

이번에는 소비자 측면에서 바라본 매출액과의 상관관계를 짚어보자.

동네사람들은 달콤이네에서 1개 2,550원하는 멜론을 새콤이네에서는 2,500원에 구입할 수 있다. 그로 인해 동네사람들은 1개 당 50원을 절약할 수 있게 되는데, 과연 어느 정도 동네사람들에게 어필되면서 얼마만큼의 매출액 향상으로 이어질까?

예를 들어, 달콤이네와 새콤이네의 평소 하루 멜론 판매량은 각각 100개이며, 두 과일가게를 합한 동네상권의 멜론 시장규모는 200개라고 하자.

두 과일가게의 특별할인 효과로 인해 기존의 시장규모가 일시적으로 30% 정도 늘어났다고 친다면, 판매수량은 60개(200개×30%) 증가한다는 계산이다.

여기서 또 한 번 논리 전개와 판단이 필요하다. 즉, 마케팅 전략이 가져온 시장규모의 한시적 증가로 인해 멜론 60개의 행방이 어떻게 될 것인가 하는 사안이다.

역전승을 거두다!

소비자는 한 푼이라도 저렴한 곳에서 물건을 구입하려 무척 애를 쓴다. 소비자는 항상 자신이 합리적인 경제인이길 원하는 때문이다.

그 결과 새콤이네가 멜론을 40개 판매하게 되면, 달콤이네는 나머지 20개밖에 판매할 수 없게 된다.

이렇게 되면 달콤이네의 이익이 306,000원인데 반해, 새콤이네의 이익은 350,000원이 되면서 두 가게의 채산성은 마침내 역전된다.

● 새콤이네의 역전승

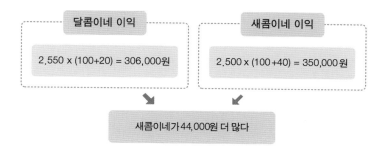

달콤이네 이익	새콤이네 이익
2,550 x (100+20) = 306,000원	2,500 x (100 +40) = 350,000원

새콤이네가 44,000원 더 많다

이처럼 숫자로 곧장 드러나지 않는 측면(이익의 본질)까지도 냉철하게 꿰뚫어 볼 수 있는 능력의 주인공이라면 분명 경영자나 관리자로 성공할 가능성이 높다.

그럼, 이것으로 달콤이네와 새콤이네가 각각 내세운 마케팅 전략의 본질이 모두 파헤쳐진 것일까? 그건 아니다.

경영의 세계는 철저한 '빈익빈 부익부(貧益貧 富益富)'의 논리가 지배하는 곳이다. 때문에 달콤이네가 기존의 전략을 계속 고수하게 된다면, 새콤이네와의 경쟁에 밀려나 언젠가는 가게 문을 닫아야 할지도 모른다.

하지만 달콤이네는 바보가 아니다. 그런 최악의 상황은 피하고 싶다. 그럼 향후 어떤 마케팅 전략을 추진해야 할까? 가격을 바꾸어 대응할 것인가? 판매수량을 변경시킬 것인가? 아니면 업종을 바꿀 것인가?

우리 삶이 지속되는 한 진검승부는 계속 이어진다. 오늘도, 내일도 그리고 모레도. 끝날 때까지 끝난 것이 아니다. Never say never.(절대 안되는 일이란 없다.)

생각해 보기!

1 '박리다매(薄利多賣)'의 뜻을 설명하시오.

2 '경영의 세계는 철저히 빈익빈 부익부(貧益貧 富益富)의 논리가 지배하는 곳'
이란 무슨 의미인가?

왜 특정 제품만 장수하는가?

K-푸드의 장수비결!

'초코파이'

오리온 초코파이 정은 1974년 4월 '초코파이'라는 이름으로 처음 선을 보였다.

오늘날 소비자에게 익숙한 한석봉 서체의 '정(情)' 콘셉트를 도입한 것은 1989년의 일이다.

오리온이 꼽는 초코파이의 장수 비결은 '맛'과 '품질'을 지키기 위한 끊임없는 노력의 결실이다. 지난 1995년의 '초코파이 소각 사건'이 대표적이다. 그해 여름 고온다습한 중국 남부 지역을 장마가 휩쓸면서 제품에 곰팡이가 발견되었다는 소비자 불만이 다수 접수되었다. 그러자 오리온은 생산 제품 10만 개를 모두 회수해 한데 모으고 불태웠다. 열과 공기가 잘 통하는 낱개 포장지는 제품 보호에 더 효과적인 것으로 바꾸었다.

사건 이듬해인 1996년 본사 초코파이 개발팀도 1년여 동안 신제품을 출시하지 않고 제품 개선에만 매달렸다. 최적의 수분 함량을 찾기 위해 수술용 메스로 파이를 분해하고, 수분 함량에 따른 미생물 번식과 식감 차이를 연구해 13% 정도가 최적이라는 사실도 찾아냈다. 그 결과 방부제나 알코올을 쓰지 않고도 6개월 이상 제품의 품질과 맛을 유지할 수 있게 되었다.

초코파이는 한국과 중국, 베트남, 러시아 등 총지에서 4,790억 원의 매출(2021년 기준)을 올리는 등 글로벌 시장에서 자신만의 자리를 구축했다. 오리온 관계자는 "한국인의 감성코드이자 초코파이의 핵심 브랜드 가치인 '정'을 각 나라 사람들의 고유한 정서에 접목시키는 현지화 전략이 굳게 잠겨 있던 세계 시장의 문을 여는 열쇠가 되었다"고 설명한다.

'투게더'와 '누가바'

오직 맛으로만 빙과 시장의 패러다임을 바꿔 놓은 뒤 꾸준히 사랑받는 아이스크림들도 1974년에 출시되었다. 빙그레 투게더와 해태아이스크림 누가바의 등장은 설탕물을 얼린 10원짜리 '아이스께끼'만을 먹던 70년대에는 혁명과도 같았다.

빙그레 관계자는 "투게더는 먹거리가 귀했던 1970년대 국내 고급 아이스크림 시장을 본격적으로 열게 한 대표 아이스크림"이라며 "당시 투게더가 출시되고 나서 대리점 차량들이 투게더 제품을 먼저 받기 위해 공장 앞에 길게 늘어설 정도로 큰 인기를 얻었다"고 전한다.

해태아이스크림 관계자 역시 "동네 구멍가게에서는 누가바가 없어서 못 팔 정도였고, 생산공장에 근무하는 직원들은 친구들로부터 '누가바를 좀 구해 달라'는 부탁을 받는 일이 다반사였다"고 한다.

　　빙그레의 기술제휴 업체였던 퍼모스트 멕킨슨사가 '정통 아이스크림' 개발에 비협조적인 태도를 보였지만, 빙그레는 2년여간의 독자 기술 연구 끝에 진짜 우유 성분을 사용한 투게더를 선보일 수 있었다.

　　자동화 설비를 갖추지 못했던 출시 초기에는 아이스크림을 사람 손으로 용기에 퍼 담아야 했던 웃지 못할 일들도 있었다. 양산까지 넘어야 할 어려움이 많았지만, 빙그레는 투게더 출시를 통해 얻은 자신감을 바탕으로 몇 년 후 퍼모스트와의 제휴를 끝내고 독자적인 제품을 생산하기에 이른다. 현재 누가바는 그 역사만큼이나 중·장년층 이상 연령대의 소비자로부터 특히 많은 사랑을 받고 있다.

'바나나맛우유'

　　'뚱바'(뚱뚱한 바나나맛우유)라는 애칭으로 불리며 널리 사랑받는 빙그레 바나나맛우유는 맛뿐만 아니라 독보적인 시그니처 디자인으로 롱런할 수 있었다. 1974년 출시 이후 배 부분이 불룩한 단지형 용기 디자인과 용량은 단 한 번도 변경된 적이 없다.

　　빙그레는 당시 우유 용기의 주류를 이루고 있던 유리병, 비닐 팩과 차별화하기 위해 폴리스티렌으로 만든 용기를 고안했다. 용기 형태는 우연히 찾은 도자기 박람회에서 본 '달항아리'를 보고 영감을 얻어 디자인했다고 한다.

　　빙그레 관계자는 "바나나맛우유 용기는 다른 용기들에 비해 제작 과정이 복잡하고 비용이 더 든다. 흔히 사용하는 사출이나 압착 방식이 아닌 분리된 상하 컵을 고속 회전시켜 마찰열로 접합하는 방식을 사용한다"며 "현재는 해당 설비 제조사가 없어졌기 때문에 전 세계에서 이런 방식으로 용기를 만들 수 있는 회사는 빙그레뿐"이라고 전한다.

또한 "내용물을 단순히 담기에 급급했던 당시 분위기에서 기능과 모양, 컬러 그리고 한국적 정서까지 고려한 획기적인 포장 전략이었다"며 "제품 용기 디자인이 바로 상표이자 브랜드인 셈"이라고 덧붙였다.

'에이스'

3년간의 개발 기간 끝에 1974년 출시된 해태제과 에이스는 출시 직후 생산공장을 24시간 돌려야 할 정도로 폭발적인 인기를 얻었다. 당시 짜장면 한 그릇 값인 138원과 맞먹는 100원으로 출시되어 비교적 고가였음에도, 고급스러운 이미지에 트렌디함을 더하며 날개 돋친 듯 팔려 나갔다.

특히 2년 뒤인 1976년 국내에 커피믹스가 본격적으로 출시된 이후로는 따뜻한 믹스커피에 에이스를 찍어 먹는 방식이 여대생들을 중심으로 유행하기 시작했다. 특히 음악 다방에 앉아 커피에 에이스를 찍어 먹는 것이 가장 '힙'하다고 여겨질 정도였다.

2021년까지 판매된 에이스의 개수는 총 20억 개, 연 매출은 500억 원 규모에 이른다. 국민 1인당 평균 40개 이상을 먹은 셈이다. 제품을 모두 이으면 둘레가 4만km인 지구를 약 7바퀴 돌 수 있는 분량이다.

해태제과 관계자는 "우리나라 사람들의 입맛에 잘 맞는 단맛과 짠맛의 조화에 더해, 소리 없이 우아하게 과자를 즐길 수 있다는 점이 인기 요인으로 보인다"고 전한다.(출처 : 뉴시스 [2022.1.2]를 필자가 재구성.)

그 외에도 국내에는 장수 제품이 많다. 농심과 오뚜기의 대표 상품인 '새우깡'과 '토마토 케챂'은 2023년으로 출시 52주년을 맞은 장수 제품이다. 국내 최초이자 현존하는 라면 가운데 가장 오래된 삼양라면 역시 2023년으로 출시 60주년이란 장수 제품이다. 또 1986년 첫 선을 보인 이후 꾸준히 사랑을 받으면서 '국민라면'으로까지 자리 잡은 농심 신라면 역시 2023년으로 출시 37주년이다.

장수 제품은 말 그대로 오래된 제품이지만 시대를 읽는 마케팅 전략으로 꾸준히 소비자의 선택을 받고 있다. 이제는 국내를 넘어 전 세계로까지 뻗어나가고 있다. 장수 제품은 시대 흐름을 읽고 끊임없이 변신하고 있다는 공통점이 존재한다. 더해 항상 소비자에게 친숙하면서도 새로운 브랜드로 다가가기 위해 최선의 노력을 경주하고 있다. K-푸드의 새로운 진화와 변신, 도약을 기대한다.

● K-푸드별 출시 연도

출처: CEO스코어데일리(2021.8.12).

참고문헌

_김광희(2019), "아베가 일본이라는 착각", 온크.

_김광희(2018), "약점 많은 사람이 모두가 부러워하는 사람으로 당당하게 성공하는 법", 홍재.

_김광희(2018), "창의력에 미쳐라(개정판)", 넥서스BIZ.

_김광희(2018), "생각은 왜 Yes 아니면 No 뿐일까?", 넥서스BIZ.

_김광희(2018), "미친 발상법(개정판)", 넥서스BIZ.

_김광희(2018), "누워서 읽는 경영학 원론(전면 개정2판)", 내하출판사.

_김광희(2016), "생각 밖으로 나가라", 넥서스BIZ.

_김광희(2015), "일본의 창의력만 훔쳐라", 넥서스BIZ.

_김광희(2013), "미친 발상법", 넥서스BIZ.

_김광희(2013), "누워서 읽는 경영학 원론"(전면 개정판), 내하출판사.

_김광희(2012), "당신은 경쟁을 아는가", 넥서스BIZ.

_김광희(2011), "창의력은 밥이다", 넥서스BIZ.

_김광희(2011), "누워서 읽는 마케팅 원론", 내하출판사.

_김광희(2010), "창의력에 미쳐라", 넥서스BIZ.

_김광희(2009), "미니멈의 법칙", 토네이도.

_김광희(2008), "유쾌한 이야기 경영학", 내하출판사.

_김광희(2007), "부자들의 경영학 카페", 국일증권경제연구소.

_김광희(2006), "유쾌한 팝콘 경쟁학", 국일증권경제연구소.

_김광희(2005), "누워서 읽는 경영학 원론", 내하출판사.

_김광희(2004), "상식이란 말에 침을 뱉어라(마케팅 입문서)", 넥서스BIZ.

_김광희(2004), "이수일은 심순애를 어떻게 꼬셨나!(경영학 입문서)", 넥서스BOOKS.

_김광희(2003), "네 안에 있는 파랑새를 키워라!", 미래와경영.

_김광희(2003), "경영학을 씹어야 인생이 달콤하다", 미래와경영.

_짐 랜덜/김광희·김대한 역(2013), "창의력, 쉽다", 상상채널.

_엔도 이사오/손애심·김광희 역(2008), "끈질긴 경영", 국일증권경제연구소.

_제프리 A. 무어 / 윤영호 역(2021), "제프리 무어의 캐즘 마케팅", 세종서적.

_필립 코틀러 외 2인/이진원 역(2017), "필립 코틀러의 마켓 4.0", 도서출판 길벗.

_엘렌 랭어/김현철 역(2016), "마음챙김 학습혁명", 더퀘스트.

_토마스 슐츠/이덕임 역(2016), "구글의 미래", 비즈니스북스.

_구본권(2015), "로봇 시대, 인간의 일", 어크로스.

_김인수(2015), "뺄셈의 리더십", 명태.

_로드 주드킨스/이정민 역(2015), "대체 불가능한 존재가 돼라", 위즈덤하우스.

_마스다 무네아키(2015), "지적자본론", 민음사.

_애덤 그랜트/홍지수 역(2015), "오리지널스", 한국경제신문.

_제이크 브리든/김태훈 역(2015), "성과를 내려면 원칙을 비틀어라", 한국경제신문.

_허연·장영철(2015), "피터 드러커 재즈처럼 혁신하라", 비즈 페이퍼.

_데이비드 와인버거/이진원 역(2014), "지식의 미래", 리더스북.

_버나뎃 지와/장유인 역(2014), "그들이 시장을 뒤흔든 단 한 가지 이유", 지식공간.

_유정식(2013), "착각하는 CEO", 알에이치코리아.

_이안 로버트슨 / 이경식 역(2013), "승자의 뇌", 알에이치코리아.

_IGM세계경영연구원(2012), "세상 모든 CEO가 묻고 싶은 질문들", 위즈덤하우스.

_하워드 라이트/이순미 역(2012), "그레이트 이노베이션 아이디어 100", 비즈앤비즈.

_볼프강 헤볼트/안성찬 역(2003), "클라시커 50 승리와 패배", 해냄.

_웨인 코데이로/양혜정 역(2003), "태도를 바꾸면 성공이 보인다", 예수전도단.

_존 맥스웰/강준민 역(2003), "리더십의 법칙", 비전과리더십.

_허브 코헨/전성철 역(2003), "이것이 협상이다", 청년정신.

_렁청진/장연 역(2003), "지전1, 2, 3, 4", 김영사.

_스티브 힐튼·자일스 기번스 (2003), "멋진 비즈니스", 아카넷.

_윤주협(2003), "기분 좋게 속여라 성공 웹카피 전략", 제우미디어.

_서용구(2003), "시장을 창조하는 마케팅 시장에 끌려가는 마케팅", 시대의창.

_스티브 힐튼·자일스 기번스(2003), "멋진 비즈니스", 아카넷.

_김홍탁(2003), "광고, 리비도를 만나다", 동아일보사.

_고동희 외 6인(2002), "경영학원론", 명경사.

_박충환 외 2인(2002), "마케팅관리", 박영사.

_최낙환 역(2002), "판단과 의사결정의 심리", 대경.

_자멜 발로·다이애너 몰(2002), "숨겨진 힘 - 감성", 김영사.

_로조 르윈·버루트 레진/김한영 역(2002), "인컴플렉소노믹스", 황금가지.

_나폴레온 힐(2002), "생각하라 그러면 부자가 되리라", 국일미디어.

_자멜 발로·다이애너 몰(2002), "숨겨진 힘 - 감성", 김영사.

_토마스 J.스탠리(2002), "부자의 지갑을 열어라", 미래의창.

_스튜어트 크레이너/송일 역(2001), "75가지 위대한 결정", 더난출판.

_최정환·이유재(2001), "죽은 CRM, 살아있는 CRM", 한국언론자료간행회.

_리처드 코치(2000), "80/20 법칙", 21세기북.

_무라야마 토오루 외(2000), "CRM 고객관계관리", 대청.

_박성수(2000), "CRM과 짜장면 배달", 시대의창.

_박충환 외 2인(2002), "마케팅관리", 박영사.

_빌 비숍(2000), "관계우선의 법칙", 경영정신.

_토머스 J. 스탠리(2000), "백만장자 마인드1, 2", 북하우스.

_황규대 외 7인(1999), "조직행위론", 박영사.

_조선일보, 중앙일보, 동아일보, 한국경제, 매일경제, 한겨레신문, 뉴시스, CEO스코어데일리,
    AI타임스, 서울파이낸스, 전자신문, 경인일보(경제전망대), 월간 인재경영 등.

_Jim Randel(2010), "The Skinny on Creativity: Thinking Outside the Box", Rand
    Media Co.

_Paul Sloane(2010), "How to be a Brilliant Thinker: Exercise Your Mind and Find
    Creative Solutions", Kogan Page.

_Amrit Tiwana(2001), "The Essential Guide to Knowledge Management:
    E-Business and CRM Applications", Prentic Hall.

_Brian Sher(2001), "What Rich People Know & Desperately Want to Keep Secret"
    Prima Publishing.

_Ravi Kalakota & Marcia Robinson(2000), "e-Business 2.0: Roadmap for
    Success", Addison-Wesley Pub Co.

_Jeffry A. Timmons (1999), "New Venture Creation: Entrepreneurship for the
    21st Century", McGRAW-HILL.

_Gareth R. Jones, Jennifer M. George, Charles W. L. Hill(1998), "Contemporary Management", Irwin McGraw-Hill.

_Richard L.Daft, Dorothy Marcic(1998), "Understanding Management", The Dryder Press.

_Jerald Greenberg, Robert A. Baron(1997), "Behavior in organizations", Prentice Hall.

_Stephen P.Robbins, Mary Coulter(1996), "Management", Prentice Hall.

_James A.F. Stoner, R.Edward Freeman, Daniel R. Gilbert(1995), "Management", Prentice Hall.

_Robert B. Reich(1990.1), 'Who is Us?', "Hardvard Business Review".

_Everett M. Rogers(1982), "Diffusion Of Innovations: Third Edition", The Free Press.

_Business Week.

_Nikkei Business.

_News Week.

_Yahoo Japan.

_前田信弘(2011), "知識ゼロからのビジネス論語", 幻冬社.

_水越豊(2003), "BCG戦略コンセプト", ダイヤモンド社.

_神原清則(2002), "經營學入門(上)(下)", 日本經濟新聞社.

_阪口大和(2002), "痛快! サバイバル經營學", 集英社インターナショナル.

_青木三十一(2002), "經營のしくみ", 日本實業出版社.

_Masatsugu Fujii & Richard Sheehan(2002), "英語で學ぶMBAベーシックス", NHK出版.

_石上芳男(2001), "會社の數字に強くなる本", かんき出版.

_飯田信夫(2000), "ひとめでわかるコストマネジメント", 東洋經濟新報社.

_山田英夫(1998), "先發優位・後發優位の競爭戰略", 生産性出版.

_大瀧精一(1997), "經營戰略", 有斐閣アルマ.

_日本經濟新聞社編(1992), "ベーシック 經營入門", 日本經濟新聞社.

_日本國語大辭典, 小學館, 2001.

_日本經濟新聞, 日經産業新聞.

누워서 읽는
마케팅

발행일 2022년 8월 25일

저 자 김광희
발행인 모흥숙

발행처 내하출판사
주 소 서울 용산구 한강대로 104 라길 3
전 화 TEL : (02)775-3241~5
팩 스 FAX : (02)775-3246

E-mail naeha@naeha.co.kr
Homepage www.naeha.co.kr

ISBN 978-89-5717-556-9 93320
정 가 22,000원

※ 이 저서는 2022년도 협성대학교 교내연구비 지원에 의한 연구임(제2022-0002호)